2013年第二季度
Quarter Two, 2013

中国货币政策执行报告
CHINA MONETARY POLICY REPORT

中国人民银行货币政策分析小组
Monetary Policy Analysis Group of
the People's Bank of China

中国金融出版社
China Financial Publishing House

责任编辑：吕冠华
责任校对：刘　明
责任印制：裴　刚

图书在版编目(CIP)数据

2013年第二季度中国货币政策执行报告(2013 nian Dier Jidu Zhongguo Huobi Zhengce Zhixing Baogao)/中国人民银行货币政策分析小组编.—北京：中国金融出版社，2013.10

ISBN 978-7-5049-7163-0

I.①2… II.①中… III.①货币政策－研究报告－中国－2013 IV.①F822.0

中国版本图书馆CIP数据核字(2013)第246311号

出版
发行　中国金融出版社

社址　北京市丰台区益泽路2号
市场开发部　(010)63266347，63805472，63439533 (传真)
网 上 书 店　http://www.chinafph.com
(010)63286832，63365686 (传真)
读者服务部　(010)66070833，62568380
邮编　100071
经销　新华书店
印刷　北京侨友印刷有限公司
装订　平阳装订厂
尺寸　210毫米×285毫米
印张　11.25
字数　232千
版次　2013年10月第1版
印次　2013年10月第1次印刷
定价　98.00元
ISBN 978-7-5049-7163-0/F.6723
如出现印装错误本社负责调换　联系电话 (010)63263947

本书执笔人

总　　纂：张晓慧　张翠微

审　　稿：李　波　林建华　宣昌能　盛松成　张正鑫　王　宇
　　　　　刘　薇

统　　稿：李　斌　张　蓓　郑志丹

执　　笔：

第一部分：陈婷婷　曾冬青　陈文弢

第二部分：赵　婷　王文静　穆争社　杨　璐

第三部分：朱海燕　谢智芳　刘延明

第四部分：丁　康　向晓岚　马志扬　蹇　娜　杨　娉

第五部分：付竞卉　潘宏胜

附录整理：林振辉　段　炼等

提供材料的还有：管　化　李文喆　周轶海　史蓉菊　罗　瑜
　　　　　　　　程艳芬　曾园园　李肖钰　刘　琨　黄明皓
　　　　　　　　康建卓　李　麟　杜海均　邝希聪　周俊桃
　　　　　　　　许　玥　陈　敏　李夏炎　刘　晔　徐彩霞
　　　　　　　　王洪波

英文总纂：宋湘燕

英文统稿：曹志鸿

英文翻译：曹志鸿　刘文中　马　辉　滕　锐　齐　喆　彭春辉

英文审校：Nancy Hearst（美国哈佛大学费正清东亚研究中心）

Contributors to This Report

CHIEF EDITORS:

ZHANG Xiaohui ZHANG Cuiwei

READERS:

LI Bo LIN Jianhua XUAN Changneng SHENG Songcheng ZHANG Zhengxin WANG Yu LIU Wei

EDITORS:

LI Bin ZHANG Bei ZHENG Zhidan

AUTHORS:

PART ONE: CHEN Tingting ZENG Dongqing CHEN Wentao

PART TWO: ZHAO Ting WANG Wenjing MU Zhengshe YANG Lu

PART THREE: ZHU Haiyan XIE Zhifang LIU Yanming

PART FOUR: DING Kang XIANG Xiaolan MA Zhiyang JIAN Na YANG Ping

PART FIVE: FU Jinghui PAN Hongsheng

APPENDIX: LIN Zhenhui DUAN Lian et al.

OTHER CONTRIBUTORS: GUAN Hua LI Wenzhe ZHOU Yihai SHI Rongju LUO Yu CHENG Yanfen ZENG Yuanyuan LI Xiaoyu LIU Kun HUANG Minghao KANG Jianzhuo LI Lin DU Haijun KUANG Xicong ZHOU Juntao XU Yue CHEN Min LI Xiayan LIU Ye XU Caixia WANG Hongbo

ENGLISH EDITION

CHIEF EDITOR: SONG Xiangyan

EDITOR: CAO Zhihong

TRANSLATORS: CAO Zhihong LIU Wenzhong MA Hui TENG Rui QI Zhe PENG Chunhui

PROOFREADER:

Nancy Hearst (Fairbank Center for East Asian Research, Harvard University)

内容摘要

2013年上半年，中国经济总体平稳，转型升级有新的进展。消费平稳增长，投资增长较快；农业生产形势较好，工业结构调整逐步推进；价格、就业形势基本稳定。实现国内生产总值24.8万亿元，同比增长7.6%；居民消费价格同比上涨2.4%。

2013年以来，中国人民银行按照党中央、国务院的统一部署，继续实施稳健的货币政策，同时根据国际资本流动不确定性增加、货币信贷扩张压力较大等形势变化，前瞻性地进行预调微调。合理运用公开市场操作、再贷款、再贴现及常备借贷便利、短期流动性调节工具等创新组合，继续发挥好差别准备金动态调整工具的逆周期调节作用，引导货币信贷平稳适度增长。在全国范围内拓宽支农再贷款适用范围，充分发挥其引导农村金融机构扩大"三农"信贷投放的功能。积极开展信贷政策导向效果评估，推动信贷结构优化。进一步推进利率市场化改革，自2013年7月20日起全面放开贷款利率管制。扩大人民币在跨境贸易和投资中的使用。继续稳步推进金融企业改革。深化外汇管理体制改革。

货币信贷增长高位回落。2013年6月末，广义货币供应量M2同比增长14.0%。人民币贷款余额同比增长14.2%，比年初增加5.08万亿元，同比多增2 217亿元。上半年社会融资规模为10.15万亿元，同比多2.38万亿元。金融机构存贷款利率小幅波动，6月非金融企业及其他部门贷款加权平均利率为6.91%。6月末，人民币对美元汇率中间价为6.1787元，比上年年末升值1.73%。人民币汇率预期总体平稳。

当前，中国经济处在结构调整和转型升级的关键时期。实现经济持续健康发展的积极因素和有利条件依然较多，工业化、城镇化空间还很广阔，区域协调发展还有较大空间，经济结构调整正在取得积极进展，现代服务业、高技术产业及一些新型业态发展势头较好，尤其是一些积极推进转型升级和自主创新的产业和企业呈现出较强的抗风险能力和发展活力。但当前经济运行中也面临不少风险和挑战，在经济潜在增速呈阶段性趋缓的大背景下，与以往高增长相匹配的传统制造业产能过剩问题比较突出，部分企业负债和杠杆水平上升较快，一些地方平台融资渠道更加复杂，资源环境承载较重。当前关键是要统筹考虑稳增长、调结构、促改革、防风险之间的关系，促进经济持续健康发展。物价形势相对稳定，但呈现出一定的结构性特征，对需求扩张也比较敏感，要继续引导、稳定好通胀预期。

中国人民银行将继续按照党中央、国务院的统一部署，贯彻宏观稳住、微观放活和稳中求进、稳中有为、稳中提质的要求，坚持政策的稳定性和连续性，继续实施稳健的货币政策，增强调控的针对性、协调性，适时适度预调微调，把握好稳增长、调结构、促改革、防风险的平衡点，为经济结构调整与转型升级创造稳定的金融环境和货币条件。综合运用数量、价格等多种货币政策工具组合，健全宏观审慎政策框架，引导货币信贷及社会融资规模平稳适度增长。进一步优化金融资源配置，盘活存量、优化增量，整合金融资源支持小微企业发展，加大对“三农”领域的信贷支持力度，进一步发展消费金融促进消费升级，更好地引导和推动重点领域和行业转型及调整。扩大民间资本进入金融业，为实体经济发展提供广覆盖、差异化、高效率的金融服务。继续通过改革增强市场机制的作用，完善货币政策传导机制，有效防范系统性金融风险，促进经济持续健康发展。

Executive Summary

In the first half of 2013 the performance of the economy was stable, with structural adjustments and upgrading making new headway, consumption growing steadily, and investment expanding rapidly. The agricultural sector was in good shape and the structural adjustment of the industrial sector was making progress. The overall price level and employment situation were generally stable. The GDP reached RMB24.8 trillion yuan, up 7.6 percent year on year and the consumer price index was up 2.4 percent year on year.

Since the beginning of the year, the PBC has followed the overall arrangements of the Central Committee of the Communist Party of China (CPC) and the State Council and continued to implement a sound monetary policy. Given the increased uncertainty in international capital flows and the build-up of pressures in money and credit expansion, fine-tuning and preemptive adjustments were carried out in a forward-looking manner. A mix of instruments was used, including open market operations, central bank lending and discounts, the Standing Lending Facility (SLF), Short-term Liquidity Operations (SLO), and so forth, and the dynamic adjustment tool of differentiated reserve requirements continued to play a counter-cyclical role in guiding the stable and reasonable growth of money and credit. The coverage of agro-linked central bank lending was expanded nationwide to guide rural financial institutions to lend more to the agricultural sector, the rural areas, and farmers. The assessment of the impact of the credit policy guidance continued to promote improvements in the credit structure. As a further step in the market-based interest-rate reforms, controls over lending interest rates were removed as of July 20, 2013. The use of RMB in cross-border trade and investment activities was expanded. The reform of financial institutions was advanced and the foreign exchange administration reform was deepened.

The growth of money and credit declined from the previously high level. At end-June 2013, broad money M2 was up 14 percent year on year. Outstanding RMB loans were up 14.2 percent year on year, an increase of RMB5.08 trillion yuan from the beginning of 2013, RMB221.7 billion yuan more than the growth registered in the first six months of last year. During the period under review, all-system financing aggregates totaled RMB10.15 trillion yuan, an increase of RMB2.38 trillion yuan year on year. The deposit and lending rates of financial institutions fluctuated slightly. In June, the weighted average lending rate offered to non-financial enterprises and other sectors was 6.91 percent. At end-June, the central parity of the RMB against the US dollar was RMB6.1787 yuan per dollar, an appreciation of 1.73 percent from the end of 2012. RMB exchange-rate expectations were generally stable.

At present, the Chinese economy is at a critical stage of structural adjustments, upgrading, and transformation. There are still many positive factors and favorable conditions to support sustainable and sound development, and there remains ample room for further industrialization and urbanization. But balanced regional development has much room for improvement. Adjustment of the economic structure is making positive progress. A modern service industry, high-tech industry, and some emerging sectors are developing at a good momentum. In particular, enterprises and sectors that have worked actively to promote upgrading, transformation, and independent innovation have shown remarkable resilience and dynamism. However, there are many risks and challenges. Against the background of deceleration of potential GDP growth, the excess capacity in the traditional manufacturing industries, which matched the growth pattern during the high-growth period, is quite serious. The indebtedness and leverage ratio of some enterprises have risen rapidly. Some of the local financing platforms are using even more complicated financing channels. Natural resources and the environment are overly stretched. At the moment, the key is to take into full consideration and properly handle relations among maintaining stable economic growth, adjusting the economic structure, furthering the reform, and managing risks to promote sustainable and sound economic growth. The price situation is generally stable, but structural issues remain. Price movements are quite sensitive to the expansion of demand. Therefore, it is necessary to continue to guide and manage inflation expectation.

The PBC will follow the overall arrangements of the CPC and the State Council, follow the principle of seeking macro-economic stability, enhancing vitality at the micro-level, and making progress and improving quality amidst stability, maintain policy stability and continuity, continue to implement a sound monetary policy, make policy measures more targeted and better coordinated, conduct fine-tuning and preemptive adjustments when necessary, strike a balance among preserving stable economic growth, adjusting the economic structure, promoting reform, and preventing risks, and create a stable financial environment and monetary conditions for economic structural adjustments, transformation, and upgrading. A variety of monetary policy tools will be used, including quantity-based and price instruments, and the macro-prudential policy framework will be improved to guide money, credit, and all-system financing aggregates to grow in a stable and reasonable manner. The allocation of financial resources will be further optimized and financial institutions will be encouraged to properly manage their stock of credit assets and to make good use of new loans, to consolidate resources to support small- and micro-sized enterprises, and to step up credit support to the agricultural sector, rural areas, and farmers. Consumer financing will be further developed to support an upgrading of consumption so as to guide and support the transformation and adjustment of key sectors and industries. Private capital will be given access to the financial sector to provide differentiated and highly efficient financial services with broad coverage. The reform will be furthered to strengthen the role of market mechanisms, to improve the monetary policy transmission mechanism, to effectively prevent systemic financial risks, and to promote sustainable and sound economic growth.

目　录

图

①数据来源：中国人民银行、国家统计局、商务部、海关总署、国家外汇管理局、世界银行、国际货币基金组织、世界贸易组织、联合国贸易和发展会议等。

②数据来源：相关中央银行、国家统计机构、世界银行、国际货币基金组织等。

Contents

Figures

1. Source: The People's Bank of China, National Bureau of Statistics, Ministry of Commerce, General Administration of Customs, State Administration of Foreign Exchange, World Bank, International Monetary Fund, World Trade Organization, and United Nations Conference on Trade and Development, etc..

1. Source : Central banks, national statistical agencies in relevant countries, The World Bank, IMF, etc..

第一部分　货币信贷概况

2013年上半年，国民经济运行平稳，信用总量总体增长较快，5月、6月略有回落，贷款结构有所优化。

一、货币供应量增速高位回落

2013年6月末，广义货币供应量M2余额为105.4万亿元，同比增长14.0%，增速比3月末低1.7个百分点，比上年年末高0.2个百分点。狭义货币供应量M1余额为31.4万亿元，同比增长9.1%，增速比3月末低2.7个百分点，比上年年末高2.6个百分点。流通中货币M0余额为5.4万亿元，同比增长9.9%。上半年现金净回笼509亿元，同比少回笼956亿元。

6月货币供应量增长有所放缓，6月末M2增速已较4月末高点回落了2.1个百分点。货币增速放缓的直接原因是存款同比少增。主要是随着相关金融管理政策出台，商业银行按照宏观审慎要求，加大了调整资产负债结构的力度，适度调整了过快的信贷投放节奏，同业运用渠道有较大幅度的收缩，减少了存款派生。加之上年同期基数相对较高，对货币增速也有一些影响。此外财政存款同比少减较多，由此也相应地少增了一部分存款。总体来看，货币供应量增速回落符合宏观调控的预期和稳健货币政策的要求，也更趋近于年初确定的13%的预期增长目标，有利于为经济平稳健康发展提供良好的货币环境，更好地发挥金融对经济结构调整和转型升级的支持作用。

6月末，基础货币余额为25.8万亿元，同比增长13.0%，比年初增加5 432亿元。货币乘数为4.09，与3月末基本持平。金融机构超额准备金率为2.1%；其中，农村信用社为3.9%。

二、金融机构存款同比多增

6月末，全部金融机构（含外资金融机构，下同）本外币各项存款余额为103.6万亿元，同比增长14.1%，增速与上年年末持平，比年初增加9.2万亿元，同比多增1.0万亿元。人民币各项存款余额为100.9万亿元，同比增长14.3%，增速比上年年末高0.9个百分点，比年初增加9.1万亿元，同比多增1.7万亿元。外币存款余额为4 415亿美元，同比增长9.0%，比年初增加313亿美元，同比少增988亿美元，主要是上年同期基数较高，也与2013年以来美联储退出量化宽松政策预期增强等有关。

从人民币存款部门分布看，住户存款增长平稳，非金融企业存款增速提升较快。6月末，金融机构住户存款余额为44.8万亿元，同比增长14.5%，比年初增加4.1万亿元，同比略少增729亿元。非金融企业人民币存款余额为35.0万亿元，同比增长12.4%，增速比上年年末高4.5个百分点，比年初增加2.3万亿元，同比多增1.2万亿元；其中，定期存款比年初增加2.6万亿元，同比多增1.1万亿元，在一定程度上反映出企业在经济增长预期不稳时倾向于多储备资金。6月末，财政存款余额为3.4万亿元，比年初增加9 588亿元，同比多增4 274亿元。

三、金融机构贷款平稳增长

6月末，全部金融机构本外币贷款余额为72.9万亿元，同比增长15.1%，增速比3月末和上年年末分别低0.9个和0.5个百分点，比年初增加5.6万亿元，同比多增4 296亿元。

人民币贷款增长略有放缓。6月末，人民币贷款余额为68.1万亿元，同比增长14.2%，增速比3月末和上年年末分别回落0.7个和0.8个百分点，比年初增加5.08万亿元，同比多增2 217亿元。第二季度各月贷款分布更为均衡，月均新增贷款7 736亿元，较第一季度少1 447亿元。

中长期贷款增速稳步提升，信贷结构总体改善。一是产业部门中长期贷款增长回暖。6月末，产业部门中长期贷款同比增长7.4%，分别较上年年末和上年同期回升1.1个和0.2个百分点。二是服务业中长期贷款增长加快。6月末，服务业中长期贷款同比增长7.9%，较上年年末和上年同期回升5.7个和6.6个百分点。分机构看，中资全国性大型银行与中资区域性中小型银行贷款同比多增较多。

外币贷款持续较快增长。6月末，金融机构外币贷款余额为7 758亿美元，同比增长33.2%，比年初增加924亿美元，同比多增486亿美元，主要受上半年外贸形势相对稳定、银行外币存款资金充裕以及中长期外债额度较为宽松等因素的影响。从投向看，进出口贸易融资增加477亿美元，同比多增298亿美元；境外贷款与境内中长期贷款增加271亿美元，同比多增73亿美元。

表1　2013年上半年分机构人民币贷款情况

单位:亿元

	2013年上半年		2012年上半年	
	新增额	同比多增	新增额	同比多增
中资全国性大型银行①	23 286	1 141	22 145	1 902
中资全国性中小型银行②	13 948	677	13 271	-365
中资区域性中小型银行③	8 179	1 371	6 808	4 240
小型农村金融机构④	8 814	224	8 590	1 558
外资金融机构	-90	-379	289	5

注：①中资全国性大型银行是指本外币资产总量大于等于2万亿元的银行（以2008年年末各金融机构本外币资产总额为参考标准）。

②中资全国性中小型银行是指本外币资产总量小于2万亿元且跨省经营的银行。

③中资区域性中小型银行是指本外币资产总量小于2万亿元且不跨省经营的银行。

④小型农村金融机构包括农村商业银行、农村合作银行、农村信用社。

数据来源：中国人民银行。

专栏1　关于金融与经济数据不同步问题

2013年前几个月，货币信贷增速相对较高，社会融资规模增长也比较快，金融和经济数据不同步现象引起关注。金融和经济数据之间有一定相关性，但严格匹配的情况比较少。从历史数据来看，两者或多或少会有偏离。近期金融与经济数据的不同步现象，背后主要还是结构性和周期性问题。

从结构性角度看，一是传统产能过剩和新增长点不足，更多资金投向基础设施和房地产等领域，其中土地储备、购置需要大量资金投入，但在项目开工之前并不产生GDP。二是产业结构调整过程会占用两套资金，放大融资需求。在传统低效产业边际产出递减的同时，新兴产业尚未产生明显经济效益。三是金融深化过程也会使融资环节增加、链条拉长。

从周期性因素看，在形势和预期不稳时，企业更倾向多储备资金。中国仍处于经济扩张和转型阶段，一直以来经济主体对资金的需求都比较强。企业在有机会获得贷款、债券等融资时，往往都倾向于把钱先拿到手上，在经济形势和预期不稳时更是如此。占有资金不仅可为债务清偿进行储备，并可通过借给其他资金需求者获取收益，而且还可以在经济复苏时快速扩大再生产。不过，在经济潜在增长率阶段性放缓的情况下，这种使用资金的传统理念也会带来一些负面影响。

从历史上看，M2增速与GDP增速之间的不同步并不是新现象，如在2003年、2005年及2009年，M2增速均超出GDP增速较多。比较而言，经济偏热和通胀上行期M2增速与GDP增速偏差较小，甚至会低于名义经济增速（如2004年、2007～2008年及2011年）。在经济景气度相对较低时，M2增速则会明显超出GDP增速。这与企业预期不乐观、投资领域不足从而导致货币流通速度下降有关。初步估算，2013年第一季度货币流通速度降幅就较2012年第四季度扩大了2.1个百分点。

此外需要指出的是，实体经济的范围很广，从产业划分有第一、第二、第三产业，其中还有细分，从企业规模划分有大中小微企业，不能单纯从制造业或者某种类型企业贷款的占比来衡量资金流入实体经济的程度。无论是贷款还是其他融资方式体现的都是金融体系对实体经济的支持。

应当看到，经济结构决定金融结构，提高资金运用效率的关键还是要加快经济

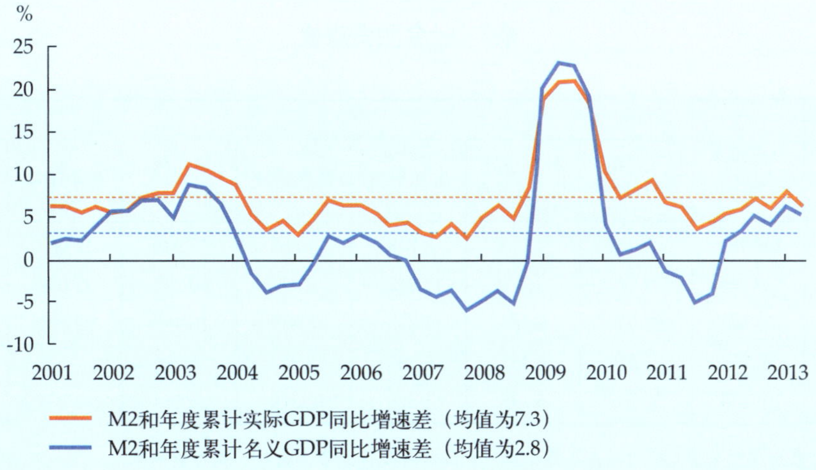

数据来源：中国人民银行、国家统计局。

图1 M2和GDP同比增速历史走势

结构调整步伐，形成新的增长点和内生增长动力。近几年货币信贷增长较快，对支持实体经济发展发挥了重要作用。但一些过剩产能、低效率企业还占用着大量的金融资源，容易导致资金的使用效率偏低，对经济增长的推动作用下降。需要进一步优化金融资源配置，盘活存量、优化增量，更好地支持实体经济发展。更为重要的是，要加快推进经济结构调整，转变发展方式，拓展资金运用空间。

四、社会融资规模明显多于上年同期

社会融资规模旨在对一定时期内（每月、每季度或每年）实体经济(即企业和个人)从金融体系获得的全部资金进行衡量，以更全面地监测和反映全社会融资活动，为货币政策调控提供参考。初步统计，2013年上半年社会融资规模为10.15万亿元，比上年同期多2.38万亿元，创历史同期最高水平。其中，6月社会融资规模为1.04万亿元，分别比上月和上年同期少1 485亿元和7 427亿元。

从结构看，上半年社会融资规模主要有以下几个特点：一是人民币贷款新增额多于上年同期，但占比明显下降。上半年人民币贷款同比多增2 217亿元；占同期社会融资规模的50.0%，同比低12.4个百分点。二是外币贷款、企业债券、委托贷款和信托贷款增长较快，在社会融资规模中的占比提高较大，融资结构继续多元化。上半年外币贷款、企业债券、委托贷款和信托贷款占比分别为5.7%、12.1%、11.0%和12.1%，同比分别提高2.1个、1.5个、4.8个和7.8个百分点。此外，未贴现银行承兑汇票波动较大。1月放量至增加5 798亿元的月度历史最高水平，而6月转为减少2 620亿元，同比少增5 733亿元。上半年小贷公司及贷款公司新增贷款1 122亿元，比上年同期多增144亿元。

表2　社会融资规模

单位:亿元

时期	社会融资规模①	其中：人民币贷款③	外币贷款(折合人民币)	委托贷款	信托贷款	未贴现银行承兑汇票	企业债券	非金融企业境内股票融资
2010年	140 191	79 451	4 855	8 748	3 865	23 346	11 063	5 786
2011年	128 286	74 715	5 712	12 962	2 034	10 271	13 658	4 377
2012年	157 631	82 038	9 163	12 838	12 845	10 499	22 551	2 508
2013年第一季度	61 652	27 547	4 453	5 235	8 244	6 706	7 571	617
2013年上半年②	101 511	50 768	5 791	11 118	12 319	5 164	12 234	1 248

注：①社会融资规模是指一定时期内实体经济从金融体系获得的资金总额，是增量概念。
②当期数据为初步统计数。
③表中的人民币贷款为历史公布数。

数据来源：中国人民银行、国家发展和改革委员会、中国证券监督管理委员会、中国保险监督管理委员会、中央国债登记结算有限责任公司和中国银行间市场交易商协会等。

五、金融机构存贷款利率小幅波动

6月，非金融企业及其他部门贷款加权平均利率为6.91%，比3月上升0.27个百分点。其中，一般贷款加权平均利率为7.10%，比3月下降0.12个百分点；票据融资加权平均利率为5.88%，比3月上升1.26个百分点。个人住房贷款利率略有走高，6月加权平均利率为6.29%，比3月上升0.02个百分点。

从利率浮动情况看，执行下浮、基准利率的贷款占比有所上升，执行上浮利率的贷款占比下降。6月，一般贷款中执行下浮、基准利率的贷款占比分别为12.55%和24.52%，比3月分别上升1.11个和0.73个百分点；执行上浮利率的贷款占比为62.93%，比3月下降1.84个百分点。

外币存贷款利率在国际金融市场利率波动、境内外币资金供求变化等因素的综合作用下低位小幅波动，总体较3月末有所上升。6月，活期、3个月以内大额美元存款加权平均利率分别为0.12%和1.07%，比3月分别上升0.01个和0.15个百分点；3个月以内、3（含）～6个月美元贷款加权平均利率分别为2.23%和2.34%，比3月分别上升0.26个和0.18个百分点。

表3 2013年1～6月金融机构人民币贷款各利率区间占比

单位：%

月份	下浮	基准	上浮					
	[0.7，1.0)	1.0	小计	(1.0，1.1]	(1.1，1.3]	(1.3，1.5]	(1.5，2.0]	2.0以上
1月	10.62	25.08	64.30	19.84	25.23	7.87	8.28	3.07
2月	11.69	25.05	63.26	19.57	23.96	7.88	8.83	3.02
3月	11.44	23.79	64.77	19.55	24.71	8.15	9.28	3.09
4月	10.56	23.53	65.91	18.96	25.52	8.96	9.23	3.24
5月	11.89	22.45	65.66	19.65	25.92	8.84	8.46	2.79
6月	12.55	24.52	62.93	19.47	24.95	7.95	8.01	2.52

数据来源：中国人民银行。

表4 2013年1～6月大额美元存款与美元贷款平均利率

单位：%

月份	大额存款						贷款				
	活期	3个月以内	3(含3个月)～6个月	6(含6个月)～12个月	1年	1年以上	3个月以内	3(含3个月)～6个月	6(含6个月)～12个月	1年	1年以上
1月	0.11	0.90	1.35	1.75	1.90	2.45	1.74	2.04	1.87	2.00	3.25
2月	0.12	0.84	1.42	1.75	2.04	2.12	2.18	1.91	1.82	2.14	4.08
3月	0.11	0.92	1.57	1.91	2.44	1.54	1.97	2.16	2.07	2.35	3.03
4月	0.10	0.82	1.36	2.04	2.36	1.27	1.99	2.13	2.22	2.30	3.26
5月	0.12	0.80	1.39	1.89	2.31	1.20	2.00	2.11	2.34	2.38	3.02
6月	0.12	1.07	1.69	1.86	2.50	1.14	2.23	2.34	2.40	2.78	3.33

数据来源：中国人民银行。

六、人民币汇率弹性明显增强

2013年以来，人民币小幅升值，双向浮动特征明显，汇率弹性明显增强，人民币汇率预期总体平稳。6月末，人民币对美元汇率中间价为6.1787元，比上年年末升值1.73%；2005年人民币汇率形成机制改革以来至2013年6月末，人民币对美元汇率累计升值33.95%。根据国际清算银行的计算，2013年上半年，人民币名义有效汇率升值5.89%，实际有效汇率升值5.67%；2005年人民币汇率形成机制改革以来至2013年6月，人民币名义有效汇率升值30.47%，实际有效汇率升值39.28%。

第二部分　货币政策操作

2013年以来，中国人民银行按照党中央、国务院的统一部署，继续实施稳健的货币政策，根据国际资本流动不确定性增加、货币信贷扩张压力较大等形势变化，前瞻性地进行预调微调。

一、灵活开展公开市场操作

中国人民银行加强对银行体系流动性供求的分析监测，结合春节前后银行体系流动性先降后升的季节性特征，第一季度，合理搭配公开市场短期逆回购和28天期正回购，灵活开展公开市场双向操作；第二季度以来，根据流动性管理需要以28天正回购为主开展公开市场对冲操作，并适时恢复发行3个月期央行票据，灵活调节银行体系流动性。6月以来，根据流动性变化调减操作力度与频率，并采取公开市场操作、常备借贷便利（SLF）等工具手段有效应对多种因素引起的短期资金波动。上半年，累计开展短期逆回购操作约1.34万亿元，开展正回购操作7 650亿元，发行央行票据1 140亿元。

保持公开市场操作利率稳定。在外部环境复杂多变的情况下，中国人民银行加强对市场利率走势的分析监测，保持公开市场操作利率稳定，有效引导市场预期。截至6月末，28天期正回购操作利率为2.75%，3个月期央行票据发行利率为2.9089%。

适时开展中央国库现金管理操作。上半年开展了三期6个月期国库现金管理商业银行定期存款业务，共计1 200亿元。

近两年来，随着银行体系流动性供求形势的变化，央行票据发行量总体小于到期量，余额持续下降，一定程度上影响了其二级市场交易的活跃度及作为定价基准的有效性。为此，中国人民银行对部分到期的3年期央行票据开展了到期续做，采用市场化方式定价。续做对象是流动性相对充裕、市场影响力相对较大的金融机构。续做后的央行票据可在银行间市场交易流通并作为公开市场操作工具。同时，中国人民银行根据一些参与续做机构的当期需要，向其提供了必要的短期流动性支持。把冻结长期流动性和提供短期流动性两种操作结合起来，其对流动性影响的综合效果总体上是中性的，同时兼顾了稳健的货币政策下保持流动性适中水平和维护货币市场稳定的双重要求，也是中国货币政策操作方式上的创新。在当前国际金融市场波动较大，流动性供求方向复杂多变的情况下，中国人民银行通过对部分到期的央行票据进行续做，不仅有助于增强中央银行实施货币政策的主动性和灵活性，对于稳步推进利率市场化改革、促进债券市场发展等也具有重要意义。下一阶段，中国人民银行将继续相机开展此类操作，与其他政策工具相配合，有效实施稳健货币政策，为金融市场平稳运行和经济发展创造良好的货币条件。

二、加强宏观审慎管理，继续发挥差别准备金动态调整机制的逆周期调节作用

中国人民银行继续运用差别准备金动态

调整机制加强宏观审慎管理。根据国内外经济金融形势变化以及金融机构稳健性状况和信贷政策执行情况，对差别准备金动态调整机制的有关参数进行调整，引导信贷平稳适度增长，增强金融机构抗风险能力，并支持金融机构加大对小微企业、“三农”等薄弱环节的信贷支持。

专栏2　危机以来完善金融宏观调控的探索

2008年国际金融危机爆发以来，各国在应对危机过程中面临双重任务：一方面要灵活运用宏观政策应对危机冲击，保持经济平稳增长；另一方面也需要汲取危机教训，反思和完善金融宏观调控框架。就前者而言，主要经济体充分运用了传统的利率调节工具，并在利率触及下限时实施了非常规货币政策，这包括中央银行通过调整资产负债表规模和结构实施量化宽松政策，也包括一些中央银行更加重视使用前瞻性指导，在公布政策措施之外，明确告知公众对未来政策前景的看法。其中的原因，正如美国哥伦比亚大学教授迈克尔·伍德福德（Michael Woodford）所言，当利率触及下限、名义利率较长时间持续不变时，人们的预期会对经济形势产生显著的影响，此时中央银行的指导就会更加重要。在实践中，美联储已明确将货币政策与失业率和通胀水平挂钩，并就政策退出等进行条件预判以引导预期，日本也提出了比较明确的通胀目标水平。就完善金融宏观调控框架而言，在理论研究和金融改革实践方面也都有一定进展。其中较为显著的一点，就是认识到货币稳定不等于金融稳定。在20世纪80年代至本次金融危机前的较长时间里，全球货币政策的主流是所谓“单一目标（CPI）和单一手段（调节短期利率）”框架，其中最为典型的就是通胀目标制（IT）。这一模式有助于缓解动态不一致性的问题，提升政策透明度和规则性，从而有利于稳定市场预期。但也存在一些问题，例如，若通胀指标衡量出现偏差，政策就可能出现系统性的偏离，加之只有调节短期利率的单一手段，因而难以应对前些年普遍出现的CPI基本稳定但资产价格和金融市场大幅波动的局面。这就需要丰富和补充新的调控手段和政策工具。英格兰银行前行长莫文·金（Mervyn King）认为，通胀目标制仍有必要保留，但仅用通胀目标制也是不够的，需要同时采取宏观审慎措施来遏制银行的过度扩张。巴西中央银行的有关研究报告也提出，通胀目标制面临来自汇率难以完全自由浮动、信贷市场不完美以及忽视金融稳定等方面的挑战，有必要引入考虑金融稳定的宏观审慎手段来加以完善。

比较而言，早期的货币政策重在刺激增长和相机抉择，后来转向盯住物价和使用单一利率调控，强调规则性和稳定预期。从危机以来国际上金融宏观调控的演进看，一方面在运用传统利率工具的同时，主要中央银行更多借助量化工具并重视承诺与预期的作用，另一方面在金融改革中提出宏观审慎政策框架，开始强调货币稳定与金融稳定的统一，主张对政策工具和调控手段进行丰富和补充。宏观审慎管理理念的提出，也使我们对金融宏观调控的目标、手段、传导机制乃至货币政策与金融监管之间的关系有了新的思考和认识。

近些年，强化宏观审慎政策已成为全球金融管理制度改革的核心内容之一，并不断取得进展。在政策工具方面，2010年年末G20批准了巴塞尔协议Ⅲ的基本框架，包含了加强宏观审慎管理、增强逆风向调节的诸多进展。如在最低监管资本要求之上增加基于宏观审慎的资本要求，设置了资本留存缓冲、逆周期资本缓冲、系统重要性附加资本要求等。汲取危机过程中金融机构在流动性管理上表现出的脆弱性，还特别加强了对流动性和杠杆率的要求，新的杠杆率测算将表外风险纳入其中，以限制商业银行过度加杠杆行为。

在国际金融管理改革实践方面，美国强化了美联储对系统重要性金融机构的监管，授权美联储负责对大型、复杂金融机构实施监管。英国政府授权英格兰银行负责宏观审慎管理，并把金融监管权从金融服务局转移到中央银行。欧洲建立起欧洲系统性风险委员会（ESRB），协调欧元区宏观审慎政策的有效实施。同时，欧盟委员会提出建立欧洲银行业联盟。2013年5月欧洲议会初步通过了欧洲银行业单一监管机制（SSM）法案，按照这一法案，欧洲中央银行将直接监管大型银行，并对其他银行监管享有话语权。欧洲中央银行可以运用法律所赋予的所有宏观审慎管理措施，包括逆周期资本缓冲、系统重要性资本要求以及流动性要求等。

某种程度上看，国际金融危机以来金融宏观调控的理论与实践，集中在对传统“单一目标、单一手段”框架的改进和完善上。基于结构性的物价变化、信贷市场非完美、不完全信息等因素，完全盯住某一个指标，完全依靠数量型调控或价格型调控都可能存在不足。需要更多关注更广泛意义上的整体价格水平稳定，更好地把货币稳定与金融稳定结合起来，并据此完善相应的政策手段和组织架构。从中国情况看，目前采用了数量型调控、价格型调控以及宏观审慎政策相结合的调控模式。这是符合中国国情的选择，在一定程度上看也符合危机以来国际上对传统政策框架进行反思而产生的新思潮。数和量往往紧密联系，数量型调控和价格型调控有等价的一面，也有互补的作用。需要根据国内外经济金融形势的发展变化，灵活选择和搭配使用公开市场操作、存款准备金率、利率等多种工具，着力强化宏观审慎管理，提高金融宏观调控的有效性。随着金融创新和金融市场发展，也需要进一步增强价格型调控和传导机制的作用，推动金融宏观调控从数量型为主向价格型调控为主逐步转变。

三、利率市场化改革迈出新步伐

2013年7月20日，经国务院批准，中国人民银行决定全面放开金融机构贷款利率管制。一是取消金融机构贷款利率0.7倍的下限，由金融机构根据商业原则自主确定贷款利率水平。二是取消票据贴现利率管制，改变贴现利率在再贴现利率基础上加点确定的方式，由金融机构自主确定。三是对农村信用社贷款利率不再设立上限。四是为继续严格执行差别化的住房信贷政策，促进房地产市场健康发展，个人住房贷款利率浮动区间暂不作调整。

全面放开贷款利率管制后，金融机构与客户协商定价的空间将进一步扩大，有利于促进金融机构采取差异化的定价策略，降低企业融资成本；有利于金融机构不断提高自主定价能力，转变经营模式，提升服务水平，加大对企业、居民的金融支持力度；有利于优化金融资源配置，更好地发挥金融支持实体经济的作用，更有力地支持经济结构调整和转型升级。

四、加强窗口指导和信贷政策引导

中国人民银行继续发挥货币政策工具、宏观审慎政策工具以及信贷政策的结构引导作用，加强与产业政策的协调配合，支持经济结构调整和转型升级，增强金融服务实体经济的水平。鼓励和引导金融机构在调整优化存量信贷结构的同时，更多地将新增信贷资源配置到“三农”、小微企业等重点领域和薄弱环节，满足国家重点在建续建项目资金需求。按照有保有压、有扶有控的原则，加大对先进制造业、战略性新兴产业、劳动密集型产业、企业“走出去”和服务业、传统产业改造升级等的信贷支持，提高资金的使用效率。继续完善民生金融服务，做好区域经济协调发展的金融支持和服务工作。严格控制对高耗能、高排放行业和产能过剩行业的贷款，支持对整合过剩产能的企业定向开展并购贷款。严格实施差别化住房信贷政策，坚决抑制投机投资性购房，继续支持保障性住房、棚户区改造、中小套型普通商品住房建设和居民首套自住普通商品房消费。

小微企业和“三农”信贷支持保持了较强力度。6月末主要金融机构及农村合作金融机构和外资银行小微企业人民币贷款余额同比增长12.7%，比大型和中型企业贷款增速分别高2.3个和1.9个百分点。上半年，主要金融机构及农村合作金融机构、村镇银行、财务公司本外币农村贷款、农户贷款和农业贷款分别增加1.48万亿元、4 505亿元和2 900亿元，同比分别多增1 168亿元、860亿元和311亿元。

五、发挥常备借贷便利、再贴现工具的流动性供给功能

继2013年春节前通过常备借贷便利解决部分商业银行因现金大量投放产生的资金缺口后，6月在货币市场受多种因素叠加影响出现波动时，中国人民银行开展了常备借贷便利操作，接受高等级债券和优质信贷资产等合格抵押品，向贷款符合国家产业政策和宏观审慎要求、有利于支持实体经济、总量和进度比较稳健的金融机构提供了流动性支持；对流动性管理出现问题的机构，也视情况采取了相应措施提供流动性支持，维护金融稳定。截至6月末，中央银行常备借贷便利余额为4 160亿元。

同时，强化地方法人金融机构流动性管理，通过再贷款和再贴现向一些符合宏观审慎要求的地方法人金融机构提供了流动性支持。6月27日，中国人民银行增加再贴现额度120亿元，进一步对符合宏观审慎要求的金融机构提供流动性，支持金融机构扩大对小微企业和“三农”的信贷投放。截至6月末，全国流动性再贷款、再贴现总额度共计4 641亿元。

六、跨境人民币业务平稳发展

跨境贸易和投资人民币结算业务平稳有

数据来源：中国人民银行。

图2　跨境贸易人民币结算情况

序发展。初步统计，上半年，银行累计办理跨境贸易人民币结算业务2.05万亿元，同比增长64%。其中，货物贸易结算金额为1.37万亿元，服务贸易及其他经常项目结算金额为6 837.8亿元。跨境贸易人民币结算实收8 852亿元，实付1.16万亿元，收付比为1∶1.3。直接投资方面，2013年上半年银行累计办理人民币跨境直接投资结算金额1 834.9亿元，其中，人民币对外直接投资结算金额为219.6亿元，外商直接投资结算金额为1 615.3亿元。

七、进一步完善人民币汇率形成机制

继续按主动性、可控性和渐进性原则，进一步完善人民币汇率形成机制，重在坚持以市场供求为基础，参考一篮子货币进行调节，增强人民币汇率弹性，保持人民币汇率在合理均衡水平上的基本稳定。上半年，人民币对美元汇率中间价最高为6.1598元，最低为6.2898元，113个交易日中59个交易日升值、54个交易日贬值。上半年，最大单日升值幅度为0.20%（126点），最大单日贬值幅度为0.15%（91点）。

人民币对欧元、日元等其他国际主要货币汇率双向波动。6月末，人民币对欧元、日元汇率中间价分别为1欧元兑8.0536元人民币、100日元兑6.2607元人民币，分别较上年年末升值3.28%和16.68%。2005年人民币汇率形成机制改革以来至2013年6月末，人民币对欧元汇率累计升值24.34%，对日元汇率累计升值16.69%。

银行间外汇市场人民币直接交易成交活

表5　2013年上半年银行间外汇即期市场人民币对各币种交易量

单位：亿元人民币

币种	美元	欧元	日元	港币	英镑	澳元	加元	林吉特	卢布	泰铢
交易量	108 654.4	1 121.1	7 105.3	536.5	25.9	472.0	3.5	6.9	18.9	4.0

数据来源：中国外汇交易中心。

跃，流动性明显提升，降低了微观经济主体的汇兑成本。上半年，银行间外汇市场人民币对日元成交7 105.3亿元人民币，同比增长7.5倍；人民币对澳大利亚元成交472.0亿元人民币，同比增长21.3倍。

2013年上半年，中国人民银行与境外货币当局共开展双边本币互换交易4 720亿元人民币，境外货币当局共动用93.2亿元人民币，对促进双边贸易投资发挥了积极作用。

八、深入推进金融机构改革

中国农业银行"三农金融事业部"的信贷投放和金融产品服务创新力度均不断加大，服务"三农"的水平显著提升。6月末，12个试点省（区、市）县事业部贷款余额为9 206.4亿元，较2012年年末增长9.1%，比试点分行全部贷款增速高1.5个百分点。试点分行重点加快农业产业链融资、"三农"个人金融、农村地区自助服务终端和城镇化服务产品研发，大力推动电子金融服务渠道创新，积极探索金融服务新模式，更好地满足农村金融的需求。截至6月末，累计发放惠农卡8 073.6万张，设立金穗"惠农通"工程服务点30.9万个，布放各类电子机具66.9万台，对乡镇和行政村的服务覆盖率超过80%和60%。

农村信用社改革试点取得重要成果。经营财务状况持续改善。按贷款五级分类口径统计，6月末，全国农村信用社不良贷款余额为3 452亿元，比上年年末下降88亿元，不良贷款比例为4.0%，比上年年末下降0.5个百分点。资本充足率为11.5%。涉农信贷投放明显扩大。6月末，全国农村信用社的各项贷款余额为8.7万亿元，占全国金融机构各项贷款余额的比例为12.8%，比上年年末提高0.3个百分点。涉农贷款和农户贷款余额分别为5.9万亿元和2.9万亿元，比上年年末分别增加0.5万亿元和0.3万亿元，分别增长10%和11%。产权制度改革稳步推进。截至6月末，全国共组建以县（市）为单位的统一法人农村信用社1 771家，农村商业银行383家，农村合作银行134家。

九、深化外汇管理体制改革

适时加强外汇资金流入管理。针对年初以来外汇净流入压力加大的局面，5月初外汇局下发《关于加强外汇资金流入管理有关问题的通知》（汇发[2013]20号），重点加强银行结售汇综合头寸管理、进出口企业货物贸易外汇收支分类管理以及外汇检查等。5月以来结售汇顺差、跨境收支顺差均出现大幅下降，政策效果有所显现。同时，严厉打击外汇领域违法犯罪。截至6月末，联合公安机关共破获地下钱庄10起，非法买卖外汇案件21起，网络炒汇1起，涉案金额79亿元人民币。

进一步提升贸易投资便利化水平。出台海关特殊监管区便利化政策，大幅简化区内经常项目外汇管理流程。在北京等五个地区开展跨境电子商务外汇支付业务试点，允许试点机构通过银行为小额电子商务交易提供集中收付汇和结售汇服务。调增2013年金融机构短期外债和融资性对外担保指标15%左右，并优先向中西部地区和中小企业倾斜。

稳步推进人民币资本项目可兑换。推进外债管理简政放权，建立以外债登记为核心的外债管理框架。稳步实施QFII、QDII和RQFII制度。2013年上半年，批准52家QFII机构境内投资额度60.2亿美元，批准13家QDII机构境外投资额度62.8亿美元，调减7家QDII机构境外投资额度60亿美元，批准37家RQFII

机构境内投资额度379亿元人民币。全面推广资本项目信息系统，为深化资本项目外汇管理改革、切实防范跨境资本流动风险夯实基础。推广中资企业“外保内贷”业务试点，允许中资企业在额度内接受境外担保取得境内贷款。

第三部分　金融市场分析

2013年上半年，金融市场总体平稳运行。货币市场交易量增长放缓，季末利率大幅上升后回落；债券发行规模继续扩大；股票市场成交量同比上升；保险业总资产增长有所减缓；外汇市场交易活跃。

一、金融市场运行

（一）货币市场交易量增长放缓，季末利率大幅上升后回落

银行间回购交易量增长放缓，拆借交易量下降。上半年，银行间市场债券回购累计成交79.5万亿元，日均成交6 519亿元，同比增长13.3%，增速比第一季度下降12.2个百分点；同业拆借累计成交20.6万亿元，日均成交1 687亿元，同比下降13.3%。从期限结构看，市场交易仍主要集中于隔夜品种，上半年回购和拆借隔夜品种的成交分别占各自总量的80.9%和85.3%。交易所国债回购累计成交23.1万亿元，同比增长55.9%。

从融资主体结构看，主要呈现以下特点：一是大型银行整体继续向市场供给资金，但融出资金量同比明显减少。主要是6月质押式回购和同业拆借交易量大幅下降，同比少融出4万亿元。二是中小型银行融入资金量大幅减少。三是证券及基金公司资金需求继续扩大。

6月，质押式债券回购和同业拆借月加权平均利率分别为6.82%和6.58%，分别比上年年末高420个和397个基点。6月末，隔夜、1周Shibor分别为4.94%和6.16%，分别较年初上升108个和158个基点；3个月和1年期Shibor分别为5.44%和4.41%，分别上升154个和1个基点。6月货币市场利率出现短期波动，有多种原因，既有美国退出QE预期等带

表6　2013年上半年金融机构回购、同业拆借资金净融出、净融入情况

单位：亿元

	回购市场		同业拆借	
	2013年上半年	2012年上半年	2013年上半年	2012年上半年
中资大型银行①	-231 822	-283 691	-25 048	-40 005
中资中小型银行②	71 558	134 390	-16 551	6 789
证券及基金公司	73 112	61 475	22 751	17 681
保险公司	29 045	25 709	—	—
外资金融机构	8 307	7 287	4 159	2 167
其他金融机构和产品③	49 800	54 831	14 690	13 368

注：①中资大型银行包括中国工商银行、中国农业银行、中国银行、中国建设银行、国家开发银行、交通银行、中国邮政储蓄银行。

②中资中小型银行包括招商银行等17家银行、小型城市商业银行、农村商业银行、农村合作银行、村镇银行。

③其他金融机构和产品包括城市信用社、农村信用社、财务公司、信托投资公司、金融租赁公司、资产管理公司、社保基金、投资公司、企业年金、其他投资产品等，其中部分金融机构和产品未参与同业拆借市场。

④负号表示净融出，正号表示净融入。

数据来源：中国外汇交易中心。

来的外汇市场变化的影响，也有节日现金投放、补缴准备金、税收清缴等时点性因素的影响，既有金融机构在流动性风险控制和资产负债管理方面的不足，也有外部“唱空”中国的噪音引起的市场预期变化等情绪性因素，还有监管政策集中出台的叠加影响。6月下旬以来，随着中央银行采取一系列措施稳定市场利率，以及时点性、情绪性因素的逐步消除，货币市场已恢复平稳运行，7月质押式债券回购和同业拆借月加权平均利率分别回落至3.61%和3.60%。

专栏3 巴塞尔银行监管委员会流动性管理新规

一、国际上关于流动性管理的新规则和新进展

国际金融危机暴露了银行流动性管理的重大缺陷，凸显了流动性对金融市场及银行体系正常运转的重要性。为加强流动性风险管理，巴塞尔银行监管委员会（BCBS）于2010年12月发布《流动性风险计量、标准和监测的国际框架》，提出建立全球性的流动性风险管理框架，并引入两个定量监管指标，流动性覆盖比率（LCR）和净稳定融资比率（NSFR），以增强银行体系应对流动性冲击的能力。LCR与NSFR是两个相互独立但又互为补充的指标。2010年以来，BCBS持续对LCR与NSFR进行定量测算和校准，并于2013年1月发布《流动性覆盖比率与流动性风险监测工具》，确定了LCR监管的最终版本，NSFR指标仍在校准过程中。

LCR为优质流动性资产与未来30日现金净流出量的比率，反映压力状态下银行短期流动性状况，一般要求大于或等于100%。优质流动性资产包括现金、在压力情况下可以提取的存放中央银行的准备金、高质量债券等无变现障碍的资产储备，分为一级资产和二级资产，其中二级资产占比最高不得超过40%，且应当在当前市场价值上进行至少15%的扣减。现金净流出量定义为在压力状态下未来30日内预期现金流出总量减去预期现金流入总量，其中现金流入总量最高不能超过现金流出总量的75%。设置LCR的目的是提高银行应对短期流动性风险的弹性，增强银行部门应对不同来源的金融和经济冲击的能力。BCBS要求LCR监管框架自2015年生效，达到60%即算合格，以后逐年提高10%，至2019年1月1日完全达标（达到100%）。BCBS以2011年年底数据定量测算结果显示，全球银行业LCR平均水平为127%。

NSFR为可用稳定资金来源与业务所需稳定资金的比率，反映银行中长期流动性状况，一般要求大于100%。可用稳定资金是指在持续存在的压力情景下，在一年内能够保证稳定的权益类和负债类资金来源，业务所需的稳定资金主要是指银行资产类业务所需要的长期资金。设置NSFR的目的是防止银行在市场繁荣、流动性充裕时期过度依赖短期批发性融资，鼓励银行对表内外资产的流动性风险进行充分评估，引导银行通过结构调整减少期限错配，增加长期稳定资金来源，提高中长期抗风险的能力。NSFR原计划于2018年生效。但由于目前指标的校准工作尚未完成，生效日期也可能随之调整。

二、国内金融机构流动性管理的现状、问题及改进方向

目前，中国商业银行已初步建立了流动性风险管理体系，设立了一些流动性风险监测指标，包括流动性比率、超额准备金率等。有关LCR实施的具体方案相关部门也在研究制订之中。近年来，随着银行经营环境、业务模式、资金来源等变化，商业银行流动性风险管理面临的挑战日趋增大，其在流动性管理方面存在的一些问题也相应显现。2013年6月，货币市场利率出现短期上行和波动，这既是受外汇市场变化、节日现金投放、补缴准备金、税收清缴、一些监管政策放大资金需求等多种因素叠加影响，也反映出商业银行在流动性风险控制和资产负债管理方面存在一定不足。一是流动性与盈利性等经营指标的平衡性有待加强。出于提高资金使用效率、实现利润目标的考虑，商业银行通过扩张贷款等增加盈利的冲动较强，在权衡流动性、安全性、盈利性三者关系时，容易轻视流动性风险。二是信贷资产配置结构和投放进度的平稳性有待提高。商业银行“早投放、早收益”的行为惯性仍然存在，预期政策可能变动时，倾向于先投放贷款抢占份额，如遇考核和信息披露的重要时点，冲高贷款的动机则更加强烈。这在市场流动性发生波动的情况下，容易受到冲击。三是负债管理的多元化和稳定性有待增强。同业业务是商业银行管理流动性、提高资金效率和增加收益的重要渠道，也是开展差异化经营的重要方面，对推动金融市场发展和金融产品创新具有积极意义。但在前期流动性较为宽松、货币市场短端利率保持较低水平的情况下，一些商业银行利用同业业务规避监管，对同业等短期批发性融资过于依赖，“短融长放”的业务扩张较快，这在流动性出现波动时脆弱性凸显。

商业银行应进一步加强自身流动性和资产负债管理，使经营行为与稳健货币政策和支持经济结构调整的要求相一致。一是要提高流动性管理的主动性，跟踪研究国际上关于流动性管理分析框架和监测工具的进展情况，在内部考评、系统建设、压力测试等方面提早准备。二是要加强分析宏观政策调整和金融市场变化对流动性的影响，做好流动性安排。三是要进一步提高流动性管理的精细化程度和专业化水平，保持合理的超额备付以满足各种资金需求，保证正常支付结算。四是要按照宏观审慎要求，合理安排资产负债总量和期限结构，把握好信贷等资产投放进度，提高负债的多元化和稳定程度，减少存款“冲时点”行为，加强同业业务期限错配风险防范。五是要注重通过激活货币信贷存量支持实体经济发展，按照“盘活存量、优化增量”的要求，调整优化信贷结构。

人民币利率互换交易有所上升。上半年，人民币利率互换市场发生交易12 540笔，名义本金总额为1.53万亿元，同比增长30.7%。从期限结构来看，1年及1年期以下交易最为活跃，其名义本金总额为1.18万亿元，占总量的77.2%。从参考利率来看，人民币利率互换交易的浮动端参考利率主要包括7天回购定盘利率和Shibor，与之挂钩的利率互换

表7　利率衍生产品交易情况

	利率互换		债券远期		远期利率协议	
	交易笔数(笔)	名义本金额(亿元)	交易笔数(笔)	交易量(亿元)	交易笔数(笔)	名义本金额(亿元)
2010年	11 643	15 003.4	967	3 183.4	20	33.5
2011年	20 202	26 759.6	436	1 030.1	3	3.0
2012年	20 945	29 021.4	56	166.1	3	2.0
2013年第一季度	5 533	7 375.8	1	1.0	—	—
2013年第二季度	7 007	7 959.98	—	—	—	—

数据来源：中国外汇交易中心。

交易名义本金占比分别为61.5%和37.0%。上半年，债券远期成交金额为1.01亿元。

（二）债券交易量同比减少，债券发行规模继续扩大

银行间债券市场现券交易量同比减少。上半年累计成交32.4万亿元，日均成交2 652亿元，同比下降3.8%，主要是第二季度成交量同比减少8.1万亿元。从交易主体看，中资大型银行、外资金融机构是银行间现券市场上的主要净买入方，分别净买入现券2 374亿元和1 289亿元；中资中小型银行是主要净卖出方，净卖出现券4 252亿元。上半年，交易所国债现券成交409亿元，同比少成交69亿元。

债券市场指数略有上涨。上半年，中债综合净价指数由年初的100.69点升至6月末的101.07点，升幅为0.38%；中债综合全价指数由年初的111.63点上升至6月末的112.58点，升幅为0.85%。交易所国债指数由年初的135.84点升至6月末的138.10点，升幅为1.67%。

上半年，银行间市场国债收益率曲线整体下行。6月末，国债除5年期以下品种外，收益率均低于年初水平，受6月货币市场利率波动影响，两年期以下品种收益率一度出现一定程

数据来源：中央国债登记结算有限责任公司。

图3　银行间市场国债收益率曲线变化情况

表8 2013年上半年各类债券发行情况

债券品种	发行额(亿元)	比上年同期增减(亿元)
国债①	8 710	1 890
中央银行票据	1 140	1 140
金融债券②	11 899	-1 613
其中：国家开发银行及政策性金融债	9 629	-1 787
公司信用类债券③	20 795	6 178
其中：非金融企业债务融资工具	15 708	5 576
企业债券	3 122	-217
公司债	1 625	578
合计	42 545	7 596

注：①国债含财政部代理发行的地方政府债券。

②金融债券包括国家开发银行金融债、政策性金融债、商业银行普通债、商业银行次级债、商业银行资本混合债、证券公司债券等。

③公司信用类债券包括非金融企业债务融资工具、企业债券以及公司债、可转债、可分离债、中小企业私募债等。

数据来源：中国人民银行、国家发展和改革委员会、中国证券监督管理委员会、中央国债登记结算有限责任公司。

度的倒挂，7月以来逐步恢复常态。

债券市场发行规模继续扩大。上半年累计发行各类债券4.3万亿元，同比多发行7 596亿元。其中，公司信用类债券发行2.1万亿元，同比多发行6 178亿元，主要是非金融企业债务融资工具同比发行较多。6月末，国内各类债券余额为28.4万亿元，同比增长18.5%。

各期限国债发行利率基本稳定。6月发行的5年期国债利率为3.09%，比上年11月发行的同期限国债利率高14个基点；7年期国债发行利率为3.29%，比上年11月发行的同期限国债利率高4个基点；10年期国债发行利率为3.36%，比上年12月发行的同期限国债利率低19个基点。Shibor对债券产品定价基准作用不断提升。上半年，债券一级市场共发行以Shibor为基准的浮动利率债券1 170亿元，占全部浮动利率债券发行量的51%。发行固定利率企业债229支，发行总量为3 107.5亿元，全部参照Shibor定价；发行参照Shibor定价的固定利率短期融资券2 053 亿元，占固定利率短期融资券发行总量的48%。

（三）票据融资小幅增长，利率波幅较大

票据承兑业务增幅趋缓。上半年，企业累计签发商业汇票10.7万亿元，同比增长21.8%；期末商业汇票未到期金额9.2万亿元，同比增长12.8%。6月末，票据承兑余额较年初增加0.8万亿元，同比少增0.7万亿元。从行业结构看，企业签发的银行承兑汇票仍集中在制造业、批发和零售业；从企业结构看，由中小型企业签发的银行承兑汇票占比大于2/3。

票据融资总体小幅增长，票据市场利率波幅较大。上半年，金融机构累计贴现22.4万亿元，同比增长58.8%；期末贴现余额为2.3万亿元，同比增长2.3%。6月末，票据融资余额比年初增加2 857亿元，同比少增4 785亿元；占各项贷款的比重为3.4%，同比下降0.4个百分点。4月、5月，票据市场利率总体较

为平稳。6月上中旬，一些金融机构票据融资增长较快。同时，受多种季节性、时点性因素叠加影响，货币市场利率出现波动，票据市场利率也随之上升。6月下旬以来，随着中央银行采取一系列措施稳定市场利率，以及时点性、情绪性因素的逐步消除，货币市场利率呈下行走势，逐步回归合理区间，票据市场利率也随之下降。

（四）股票市场沪深指数下跌较多，成交量同比上升

股票市场沪深指数下跌较多，创业板指数上升。6月末，上证综合指数和深证成份指数分别收于1 979点和7 695点，比上年年末分别下跌290点和1 422点；创业板指数收于1 012点，比上年年末回升298点。沪市A股加权平均市盈率从上年年末的12.3倍下降至10.2倍，深市A股加权平均市盈率从上年年末的22.2倍上升至23.5倍。

股票市场成交量同比上升。上半年沪、深股市累计成交21.1万亿元，同比增长20.9%；日均成交1 871亿元，同比多成交376亿元。创业板累计成交1.9万亿元，同比增长63.2%。6月末，沪、深股市流通市值达16.9万亿元，同比下降2.4%；创业板流通市值为5 346亿元，同比增长74.7%。

股票市场筹资额同比略低。上半年，各类企业和金融机构在境内外股票市场上通过发行、增发、配股、权证行权等方式累计筹资1 946亿元，同比少筹资48亿元。其中，A股筹资1 524亿元，同比少筹资223亿元。

（五）保险业总资产增长有所减缓

上半年，保险业累计实现保费收入9 512亿元，同比增长11.5%；累计赔款、给付2 963亿元，同比增长30.9%，其中，财产险赔付同比增长22.5%，人身险赔付同比增长40.8%。

保险业总资产增长有所减缓。6月末，保险业总资产为7.9万亿元，同比增长16.4%，增速比3月末低4个百分点。其中，银行存款同比增长3.7%，增速较3月末回落较多；投资类资产同比增长26.0%，保持较快增长。

（六）外汇掉期交易快速增长

上半年，人民币外汇即期成交1.9万亿美元，同比增长10.5%；人民币外汇掉期交易累计成交金额折合1.5万亿美元，同比增长33.1%，其中隔夜美元掉期成交8 191.4亿美元，占掉期总成交额的54.2%；人民币外汇远期市场累计成交72.3亿美元，同比下降88.8%。上半年“外币对”累计成交金额折合339.5亿美元，同比下降20.7%，其中，成交最多的产品为欧元对美元，占市场份额比重为47.2%，同比上升19.2个百分点。

表9　2013年6月末主要保险资金运用余额及占比情况

单位：亿元、%

	余额		占资产总额比重	
	2013年6月末	2012年6月末	2013年6月末	2012年6月末
资产总额	78 840	67 760	100.0	100.0
其中：银行存款	23 405	22 578	29.7	33.3
投资	49 424	39 226	62.7	57.9

数据来源：中国保险监督管理委员会。

外汇市场交易主体进一步扩展，截至6月末，共有即期市场会员382家，远期市场会员84家，外汇掉期83家，货币掉期79家，期权会员33家，即期市场做市商31家，远掉期市场做市商27家。

（七）黄金价格整体震荡下行

上半年，上海黄金交易所黄金、白银、铂金交易规模均有所增长，其中黄金、白银交易量创历年来同期最高水平。黄金累计成交5 412吨，同比增长66.6%；成交金额为16 137亿元，同比增长47.9%。白银累计成交17 9627吨，成交金额为9 098亿元，同比增长58.0%。铂金累计成交43吨，成交金额为134亿元，同比增长29.1%。

上半年，国际黄金价格大幅下跌，最低跌至1 180.1美元/盎司。6月30日，伦敦黄金市场定盘价收于1 192美元/盎司，较上年年末下跌472美元/盎司，跌幅为28.37%；上海黄金交易所AU9999最高价为340.8元/克，最低价为239.3元/克，收于243.5元/克，较上年年末下跌91元/克，跌幅达27.2%。

二、金融市场制度性建设

推进新股发行体制改革，进一步完善全国中小企业股份转让系统建设。6月6日，中国证监会就《关于进一步推进新股发行体制改革的意见》公开征求意见。该意见进一步弱化对新股发行在市场价格、发行时点等方面的行政管制，赋予发行人更多自主权，强化发行人和中介机构在信息披露方面的责任，切实保护投资者利益。6月19日，国务院常务会议明确将全国中小企业股份转让系统试点扩大至全国，鼓励创新、创业型中小企业融资发展。6月20日，全国中小企业股份转让系统有限责任公司发布《全国中小企业股份转让系统挂牌条件适用基本标准指引（试行）》，细化了挂牌条件，推进中小企业挂牌标准化、常规化。

完善保险市场基础性制度建设。6月21日，中国证监会和中国保监会联合发布《保险机构投资设立基金管理公司试点办法》，支持保险机构投资设立基金管理公司。规范农业保险业务，加强农业保险业务经营及条款和费率的管理，鼓励进一步扩大农业保险覆盖面，支持保险公司开展地方特色农产品和支柱农产品保险试点。加强第二代偿付能力监管制度体系建设，发布整体框架，确立了包括定量监管、定性监管和市场约束在内的“三支柱”监管体系，明确了第二代偿付能力监管制度的总体原则、框架构成、技术原则等基础性、全局性问题。完善保险中介市场准入机制，提高了保险中介市场准入门槛，引导保险专业中介机构规模化发展，支持推动兼业代理专业化工作。

推进外汇市场基础建设，完善银行间外汇市场做市商制度，推动银行间外汇市场交易平台建设，规范银行间外汇市场询价交易净额清算业务发展。

积极推进黄金市场产品创新，稳步推动基础设施建设。上海黄金交易所增加12.5千克规格的Au995黄金现货合约，推出银行间黄金询价远期交易，为投资者提供更多投资选择。上海黄金交易所2.5代交易系统顺利上线，系统性能得到大幅提升；推出周五夜市交易，进一步覆盖国际市场主要黄金交易时段。

第四部分 宏观经济分析

一、世界经济金融形势

2013年上半年，世界经济复苏进程依然缓慢。美国经济总体向好，但基础尚不牢固。欧债危机对核心国家和实体经济的影响继续深化，欧元区经济较为疲弱。日本经济有所改善，前景仍有待观察。大部分新兴经济体增长放缓，资本流出风险加大。

（一）主要经济体经济形势

美国经济总体向好，但基础尚不牢固。得益于房地产市场持续复苏和消费市场继续向好，第二季度GDP环比折年率增长1.7%，高于第一季度和上年第四季度。但失业率仍居高位，制造业增长有所放缓。财政状况有所改善，2013财年前9个月（2012年10月至2013年6月），联邦财政赤字累计同比下降44%。但财政整顿的不确定性，尤其是民主、共和两党在“债务上限”问题上仍存较大分歧，且中期财政调整方案迟迟不能出台，导致企业持币观望，可能拖累经济复苏。量化宽松货币政策退出时机和方式等存在不确定性，将在一定程度上影响金融市场稳定。

欧元区经济仍较为疲弱。近期欧洲银行业联盟有新的进展，欧元区和欧盟吸纳新成员，欧洲形势出现阶段性缓和，市场信心有所恢复，但危机对实体经济的影响仍在显现。第一季度GDP环比下降0.2%，其中德国

表10 主要经济体宏观经济金融指标

国别	指标	2012年第二季度			2012年第三季度			2012年第四季度			2013年第一季度			2013年第二季度		
		4月	5月	6月	7月	8月	9月	10月	11月	12月	1月	2月	3月	4月	5月	6月
美国	实际GDP增速(环比折年率，%)	1.3			3.1			0.4			1.1			1.7(初值)		
	失业率(%)	8.1	8.2	8.2	8.2	8.1	7.8	7.9	7.8	7.8	7.9	7.7	7.6	7.5	7.6	7.6
	CPI(同比，%)	2.3	1.7	1.7	1.4	1.7	2.0	2.2	1.8	1.7	1.6	2.0	1.5	1.1	1.4	1.8
	道琼斯工业平均指数(期末)	13 214	12 393	12 880	13 009	13 091	13 486	13 096	13 025	13 104	13 861	14 054	14 579	14 840	15 116	14 910
欧元区	实际GDP增速(环比，%)	-0.2			-0.1			-0.6			-0.2					
	失业率(%)	11.2	11.3	11.4	11.4	11.5	11.6	11.7	11.8	11.8	12.0	12.0	12.1	12.1	12.1	12.1
	HICP综合物价指数(同比，%)	2.6	2.4	2.4	2.4	2.6	2.6	2.5	2.2	2.2	2.0	1.8	1.7	1.2	1.4	1.6
	EURO STOXX 50(期末)	2 423	2 257	2 381	2 479	2 509	2 518	2 525	2 551	2 569	2 641	2 647	2 698	2 725	2 662	2 605
日本	实际GDP增速(环比折年率，%)	-0.1			-3.6			1.2			4.1					
	失业率(%)	4.5	4.4	4.3	4.3	4.3	4.3	4.2	4.1	4.3	4.2	4.3	4.1	4.1	4.1	
	核心CPI(同比，%)	0.2	-0.1	-0.2	-0.3	-0.3	-0.1	0.0	-0.1	-0.2	-0.2	-0.3	-0.5	-0.4	0.0	0.4
	日经225指数(期末)	10 084	9 521	8 453	9 007	8 695	8 840	8 928	9 446	10 395	11 139	11 559	12 398	13 861	13 775	13 677

数据来源：各经济体相关统计部门及中央银行。

GDP环比小幅增长0.1%、法国GDP环比下降0.2%。6月，失业率为12.1%，连续4个月维持在欧元区成立以来的最高水平。7月，综合采购经理人指数（PMI）升至50.4，为2012年2月以来首次位于50枯荣线以上，显示企业生产开始出现向好迹象，对下一步变化需进一步观察。6月7日，欧洲中央银行将欧元区2013年经济增长预测值下调至-0.6%，比3月的预测值调低了0.1个百分点。

日本经济有所改善，前景仍有待观察。第一季度GDP环比折年率增长4.1%，超出市场预期。2013年以来，消费者信心指数回升，显示内需改善。日元贬值刺激出口，但同时也导致进口成本上涨，日本对外贸易状况并未显著改善，截至6月已连续12个月贸易逆差。6月核心CPI同比上涨0.4%，为安倍政府上台以来首次正增长，创2008年年底以来最大涨幅。6月14日，继宽松的货币政策、灵活的财政政策之后，安倍政府正式提出经济增长战略，但改革力度低于市场预期。财政、货币和经济增长三个方面政策能否实现安倍政府摆脱通缩、重振经济的预期效果尚待观察。

专栏4 安倍政府的经济政策及其影响

2012年12月26日上台以来，安倍政府在财政、金融以及经济增长等各领域采取了一系列措施，这是日本经济连续二十年衰退后在经济政策上的一次重要尝试，也被称为“安倍经济学”。主要内容包括：一是量化和质化宽松的货币政策。2013年4月4日日本中央银行宣布，拟在两年内将基础货币、长期国债购买数量和平均持有期限翻番（基础货币年增长60万亿～70万亿日元），同时增购风险资产，以期在两年内实现2%的通胀目标。二是灵活的财政政策。安倍政府上台后一个月内，即制定出2012财年补充预算和2013财年预算，合计共15个月的预算，总规模超过100万亿日元，削减赤字的目标让位于提振经济的目标，政府支出从社会福利转向基础设施建设和国防方面。三是经济增长战略。2013年6月，日本政府内阁会议正式通过了经济增长战略，主要内容包括产业振兴、战略市场创造和国际市场开拓等，并提出未来十年实现实际GDP年均增长2%、名义GDP年均增长3%，十年后人均国民收入增加150万日元的目标。

安倍政府的经济政策主要是以超宽松货币政策压低中长期国债收益率，为财政刺激和经济改革提供助力，刺激私人投资；通过日元汇率贬值提升出口企业盈利预期，推动资产价格上涨并增强财富效应，以财富效应和通胀预期刺激消费，提振经济增长。短期看政策初见成效。2012年9月至2013年6月底，日经225指数上涨了54%，日元对美元贬值了28%。股市上涨提高了消费者信心，日元贬值刺激了出口增长。在私人消费和出口的带动下，2013年第一季度日本实际GDP环比折年率增长4.1%，同比增长0.4%，超出市场预期。但6月出台的经济增长战略改革力度低于市场预期，如劳动力和农业市场等放松管制的措施力度不够，缺乏涉及商业团体企盼的全面下调税率等具体措施。安倍晋三表示，将于2013年秋天出台第二轮经济增长战略。

由于货币政策难以解决人口老龄化、投资需求和融资需求不足等导致日本经济长期低迷的结构性问题，如果新的经济增长战略缺乏关键的结构性改革措施，或者落实不坚决、不到位，宽松货币政策带来的效果可能难以持久，甚至引发资产泡沫、财政状况恶化、全球竞争性贬值等问题。一方面，推高通胀与压低市场利率可能存在矛盾。由于日本政府国债利息负担沉重，更加剧投资者对财政可持续的担忧；另一方面，推高通胀也与提振经济增长有一定矛盾。如果通胀受需求推动，投资和消费扩张先于利率上升，则经济基本面和财政状况都会趋于改善。但若通胀受债务货币化推动，利率上升先于经济复苏，反而可能会抑制消费和投资，恶化财政状况。若大量流动性进入股市而不是实体经济，容易引发资产泡沫。此外，国际社会担忧日元贬值引发全球竞争性贬值。2013年以来，G7和G20财长和中央银行行长会议联合声明均强调应避免竞争性贬值，不以提高竞争力作为汇率政策的目标，抵制所有形式的保护主义，并保持市场开放。

总体来看，若日本通过结构性改革扩大内需、实现经济增长，这将对全球经济增长起到积极作用。若仅靠量化宽松货币政策和日元贬值等措施，而缺乏有效的结构性改革，则可能产生负面溢出效应，并加剧全球大规模资本流动的风险。

大部分新兴市场经济体增长放缓。第一季度，俄罗斯、印度和南非GDP同比分别增长1.6%、4.8%和1.9%，均低于上年同期增速。6月，反映16个新兴市场经济体采购经理人指数的汇丰新兴市场指数（EMI）降至50.6，为2009年5月以来最低水平。其中，制造业活动分类指数为49.5，为2012年10月以来首次出现萎缩，显示新兴市场经济体增长动能减弱。

（二）国际金融市场概况

受市场预期美联储提前退出量化宽松货币政策、日本实行量化和质化宽松货币政策、全球经济复苏缓慢等多重因素影响，国际金融市场波动加大。

主要储备货币对美元汇率宽幅震荡，大部分新兴市场经济体货币对美元汇率贬值。截至6月28日，欧元、英镑和日元对美元汇率分别收于1.3008美元/欧元、1.5210美元/英镑和99.12日元/美元，较3月末分别升值1.5%、0.1%和贬值5.0%。主要新兴市场经济体中，巴西雷亚尔、印度卢比和南非兰特对美元汇率较3月末贬值均超过6%，其中，雷亚尔贬值高达9.3%；俄罗斯卢布、泰铢、墨西哥比索和阿根廷比索对美元汇率较3月末贬值超过4%，韩元和印尼盾对美元汇率较3月末贬值超过2%。

伦敦同业拆借市场美元Libor总体走低，欧元区同业拆借利率Euribor保持低位波动。在美联储量化宽松货币政策作用下，美元Libor总体下行，但6月下旬以来，受美联储退出量化宽松政策预期等因素影响，Libor略有回升。截至6月28日，1年期Libor为0.6857%，比3月末下降0.046个百分点；1年期Euribor为0.5270%，比3月末下降0.020个百分点。

美、德、日国债收益率持续上行。截至6月28日，美国10年期国债收益率收于

2.488%，较3月末上涨63.6个基点；德国10年期国债收益率收于1.726%，较3月末上涨45.1个基点；日本10年期国债收益率收于0.869%，较3月末上涨35.3个基点。

全球主要股市震荡明显。截至6月28日，道琼斯工业平均指数、纳斯达克指数分别收于14 910点和3 403点，较3月末分别上升了2.3%和4.1%。欧元区STOXX50指数收于2 605点，较3月末下跌3.5%。日经225指数收于13 677点，较3月末大幅上扬10.3%。

（三）主要经济体货币政策

主要发达经济体中央银行继续实施量化宽松货币政策。美联储公开市场委员会（FOMC）在5月例会后宣布维持0～0.25%的基准利率不变，并继续将利率调整与通胀率和失业率等经济指标挂钩；同时表达了加大政策灵活性的意愿，宣布将根据劳动力市场和通胀变化的前景来调整资产购买速度。目前，美联储仍保持每月850亿美元的资产购买力度。美联储主席伯南克在6月FOMC例会后表示，若美国经济继续朝预期方向改善，美联储可能在2013年晚些时候缩减债券购买规模，在2014年中期完全停止债券购买。但在7月17日和18日就半年度货币政策在国会作证时他又表示，在可预见的未来，美国仍需保持高度宽松货币政策。5月2日，欧洲中央银行将主要再融资利率降低25个基点至0.5%，将边际贷款便利利率从1.5%降至1%。7月4日，欧洲中央银行表示将在更长时间内维持现有或更低的利率水平。4月初，日本银行决定将货币政策操作目标从无担保隔夜拆借利率改为基础货币，并通过将基础货币、长期国债购买数量和平均持有期限翻倍等方式实施“量化和质化宽松货币政策”，以期在两年内实现2%的通胀目标。英格兰银行继续维持0.5%的基准利率和3 750亿英镑的资产购买规模不变。

新兴市场经济体货币政策出现分化。韩国银行5月9日下调基准利率25个基点至2.50%，为2011年以来的最低水平。印度储备银行5月3日下调基准利率25个基点至7.25%。波兰国家银行分别于5月8日、6月5日和7月3日累计下调基准利率125个基点至2.50%的历史最低水平。匈牙利中央银行自2012年8月以来连续12次下调基准利率至4.0%的历史低位。与上述经济体不同，巴西中央银行分别于4月17日、5月29日和7月10日累计上调基准利率125个基点至8.50%。印度尼西亚中央银行分别于6月13日和7月11日累计上调基准利率75个基点至6.50%。此外，土耳其中央银行于4月16日和5月16日累计下调基准利率100个基点至4.50%，但为缓解近期通胀压力、维持价格稳定，于7月13日提高了利率走廊的上限。

（四）国际经济展望及面临的主要风险

全球经济增长前景存在不确定性，预计2013年仍将保持低速增长。国际货币基金组织在7月更新的《世界经济展望》中，将2013年的全球经济增长率下调至3.1%，比4月的预测值低0.2个百分点。其中，美国经济增速下调至1.7%；欧元区经济增速下调至-0.6%；日本经济增速上调至2.0%；新兴市场和发展中经济体增速下调至5.0%。

展望未来，全球经济主要面临以下风险：

第一，主要发达经济体宽松货币政策退出存在不确定性。近期，世界各国和全球金融市场都密切关注美联储退出量化宽松货币政策的可能影响，这表明量化宽松货币政策的退出与其实施一样，都具有重要的溢出效应。美联储退出量化宽松货币政策若能反映其经济和就业状况的实质性改善，且能有序进行，则对世界经济总体上来说将是积极的。但是，美联储退出量化宽松货币政策的短期冲击，尤其是对新兴市场经济体和发展中国家的冲击不容忽视。这些冲击可能包括：加大跨境资本流动、全球汇市、资产价格、大宗商品价格的波动性，增加新兴市场经济体货币贬值的风险、宏观经济管理和结构改革的难度和不确定性等。

第二，欧债危机进入相对平静期，但依然是制约全球经济复苏的主要因素之一。斯洛文尼亚银行体系问题显现，引发市场对其爆发银行业危机的担忧；意大利、葡萄牙等国未来政局走向及其对各项改革进程的影响有待观察；西班牙财政赤字和银行业问题依然严重；希腊经济继续衰退，债务长期可持续性面临严峻挑战；法国财政整顿滞后，经济前景不容乐观；欧元区银行业联盟等一体化机制前景未明。

第三，贸易和投资保护主义风险。一些发达经济体复苏进展缓慢，而政府缺乏刺激经济增长的政策工具和空间，失业率仍居高位，内部政治极化现象严重，贸易和投资保护主义倾向上升。此外，中东地区政治形势趋于恶化，东亚地区地缘政治紧张形势短期内难以缓和，均可能对双边经贸关系和区域经济合作形成干扰，制约全球经济复苏。

二、中国宏观经济运行

中国经济总体平稳，转型升级有新的进展。消费平稳增长，投资增长较快；农业生产形势较好，工业结构调整逐步推进；价格、就业形势基本稳定。上半年，实现国内生产总值（GDP）24.8万亿元，同比增长7.6%，其中，第一季度增长7.7%，第二季度增长7.5%；第一、第二季度环比分别增长1.6%和1.7%。上半年，居民消费价格同比上涨2.4%，贸易顺差1 079.5亿美元。

（一）消费需求平稳增长，投资较快增长，进出口增速回落

城乡居民收入增长基本稳定，乡村消费增长快于城镇。上半年，城镇居民家庭人均可支配收入为13 649元，同比增长9.1%，扣除价格因素，实际增长6.5%；农村居民人均现金收入为4 817元，同比增长11.9%，扣除价格因素，实际增长9.2%。城乡居民收入增速均较上年同期有所放缓，但平均增速仍略高于同期GDP增速。中国人民银行第二季度城镇储户问卷调查结果显示：居民当期收入感受指数为50.7%，较上季度回落3.9个百分点，略高于上年同期水平0.6个百分点。上半年，社会消费品零售总额为11.1万亿元，同比增长12.7%，实际增长11.4%，同比提高0.2个百分点。其中，城镇消费品零售额为9.6万亿元，同比增长12.5%；乡村消费品零售额为1.5万亿元，同比增长14.3%。

固定资产投资较快增长，第三产业投资增长加快。上半年，固定资产投资（不含农户）完成18.1万亿元，同比增长20.1%，扣除价格因素，实际增长20.1%，同比提高2.1个百分点。其中，国有及国有控股投资5.7万亿元，同比增长17.5%；民间投资11.6万亿元，同比增长23.4%。分地区看，中部和西部投资增速明显快于东部，东、中、西部地区固定资产投资同比分别增长18.7%、23.6%和22.7%。分产业看，三次产业投资同比分别增

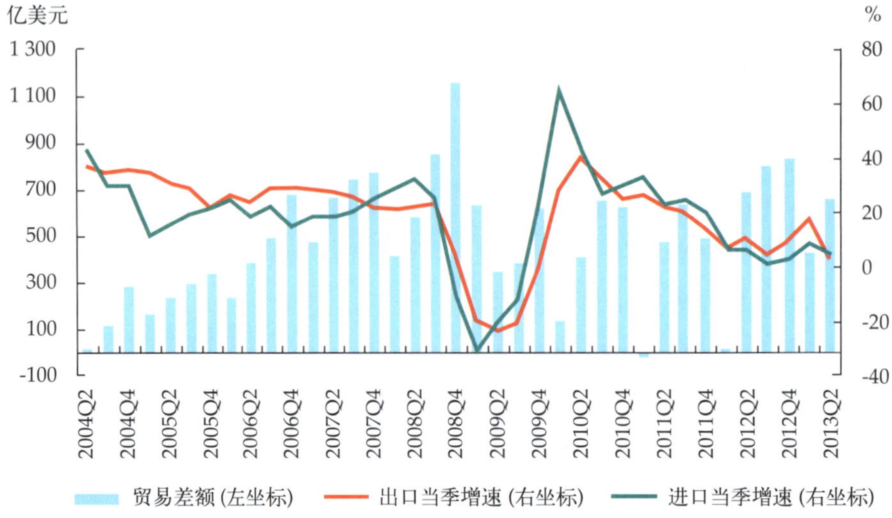

数据来源：海关总署、中国人民银行。

图4　进出口增速与贸易差额

长33.5%、15.6%和23.5%，第一、第三产业投资增速分别比上年同期高4.9个和6.1个百分点，第二产业投资增速比上年同期低8.2个百分点。上半年，新开工项目计划总投资17.3万亿元，同比增长15.1%，增速较上年同期低8.1个百分点，施工项目计划总投资64.5万亿元，同比增长18.8%，增速较上年同期高3.5个百分点。

进出口结构有所优化，但第二季度增速明显回落。上半年，出口10 528亿美元，同比增长10.4%；进口9 449亿美元，同比增长6.7%；进出口总额同比增长8.6%；贸易顺差1 079.5亿美元。从各月增速看，5月、6月进出口增速降幅明显，进口同比分别下降0.3%和0.7%，出口同比分别增长1%和下降3.1%。外需环境总体仍较疲弱、对港套利贸易被遏制、进出口价格下跌较多等因素导致外贸增长放缓。对外贸易结构有所优化，中西部地区占全国出口总额比重同比提高0.3个百分点，民营企业出口占比提高4.1个百分点，机电产品、高新技术产品占出口比重分别上升0.2个和2.0个百分点至57.8%和30.5%，一般贸易出口增速快于加工贸易10.9个百分点，对美国、欧盟、日本三大传统以外的其他出口市场比重上升到62.4%。

（二）农业生产形势较好，工业生产增速有所回落

上半年，第一产业增加值为1.9万亿元，同比增长3.0%；第二产业增加值为11.7万亿元，同比增长7.6%；第三产业增加值为11.2万亿元，同比增长8.3%。三次产业占GDP比重分别为7.5%、47.2%和45.3%。

农业生产形势较好。上半年，全国夏粮总产量为13 189万吨，增长1.5%。猪牛羊禽肉产量为3 916万吨，同比下降0.2%，其中猪肉产量为2 614万吨，增长1.0%。

工业生产增速有所回落，结构调整逐步推进。上半年，全国规模以上工业增加值同比增长9.3%，增幅较上年同期低1.2个百分点。6月，季节调整后工业增加值月环比增长0.68%，增幅比上月高0.07个百分点。工业

结构调整逐步推进，高技术产业发展态势良好，战略性新兴工业发展速度进一步加快。上半年，全国规模以上工业企业实现利润2.6万亿元，同比增长11.1%，较第一季度下降1.0个百分点；规模以上工业企业以利润总额计算的利润率为5.40%，较第一季度提高0.12个百分点；规模以上工业企业产销率为97.5%，较第一季度提高0.3个百分点。中国人民银行5 000户工业企业调查显示，虽然企业经营景气指数较低，但市场需求相对平稳，企业盈利状况有所改善。第二季度，企业经营景气指数为57.1%，较上季度和上年同期分别下降5.5个和6.5个百分点。企业出口订单指数为49.9%，较上季度和上年同期分别上升3.3个和1.1个百分点；国内订单指数为50.3%，较上季度和上年同期分别上升1.5个和0.1个百分点。企业盈利指数为55.6%，较上季度和上年同期分别上升2.8个和3.0个百分点。

（三）居民消费价格总体平稳，生产价格降幅扩大

居民消费价格总体平稳。上半年CPI同比上涨2.4%，第二季度各月分别上涨2.4%、2.1%和2.7%，平均为2.4%，与第一季度持平。从食品和非食品分类看，非食品价格涨幅总体平稳，食品价格涨幅有所波动。第二季度，食品价格同比上涨4.0%，涨幅比上个季度高0.1个百分点，影响CPI上涨约1.3个百分点；非食品价格同比上涨1.6%，涨幅比上个季度低0.2个百分点，影响CPI上涨约1.1个百分点。从消费品和服务分类看，消费品价格同比上涨2.2%，比上个季度低0.1个百分点；服务价格同比上涨2.8%，与上个季度持平。

生产价格降幅扩大，上游价格持续回落。上半年，工业生产者出厂价格同比下降2.2%，第二季度平均降幅为2.7%，比上个季度扩大1.0个百分点。上半年工业生产者购进价格同比下降2.4%，第二季度平均降幅为2.8%。企业商品价格（CGPI）月同比已连续下降15个月，上半年同比下降1.7%。从生产过程分类看，呈现中上游产品价格降幅继续扩大，下游产品价格小幅上涨的特征。上半年，初级产品、中间产品和最终产品价格同比分别上涨-1.7%、-2.4%和0.7%，涨幅分别比上年同期低3.0个、1.4个和0.6个百分点。从商品用途分类看，投资品价格下降，消费品价格略升，上半年，投资品和消费品价格同比分别上涨-2.1%和1.7%，涨幅分别比上年同期低1.5个和0.9个百分点。第二季度，全国主要农产品生产价格同比上涨1.1%，涨幅比同期农业生产资料价格低3.0个百分点。

受国际大宗商品价格总体下跌等因素影响，进口价格降幅加深。第二季度，纽约商品交易所WTI原油期货当季平均价格比上个季度下降0.2%；洲际交易所布伦特原油期货当季平均价格比上个季度下降8.2%。伦敦金属交易所铜和铝现货当季平均价格比上个季度分别下降9.9%和8.4%。上半年，进口和出口价格同比分别下降2.4%和0.3%，第二季度各月，进口价格同比分别下降2.5%、4.5%和1.8%，平均降幅为2.9%；出口价格同比分别下降0.1%、0.9%和0.7%，平均降幅为0.6%。

GDP缩减指数继续回落。上半年，GDP缩减指数（按当年价格计算的GDP与按固定价格计算的GDP的比率）变动率为1.1%，比上年同期回落1.3个百分点，比上季度回落0.6个百分点。

资源性产品价格改革继续推进。6月28日，国家发展和改革委员会发出通知，提出

天然气价格调整的基本思路，即按照市场化取向建立起反映市场供求和资源稀缺程度的与可替代能源价格挂钩的动态调整机制，逐步理顺天然气与可替代能源比价关系。明确国家对天然气价格管理由出厂环节调整为门站环节，门站价格实行最高上限价格管理，并决定自7月10日起，调整非居民用天然气门站价格，调整后的全国平均门站价格每立方米提高0.26元，居民用天然气价格不作调整。

（四）财政收支低速增长

上半年，全国财政收入（不含债务收入）为6.9万亿元，同比增长7.5%，比上年同期低4.7个百分点；全国财政支出为6.0万亿元，同比增长10.8%，比上年同期低10.5个百分点。收支相抵，收入大于支出8 877亿元。

从财政收入结构看，上半年，税收收入为5.9万亿元，同比增长7.9%，比上年同期低1.9个百分点。其中，国内增值税同比增长6.6%，进口货物增值税和消费税同比下降17.1%，企业所得税同比增长14.2%，营业税同比增长12.9%，国内消费税同比增长3.6%，个人所得税同比增长11%，上述六项税收收入占全国财政收入的76.5%。

从支出结构看，民生等重点领域支出保持较快增长。教育支出同比增长10.7%，医疗卫生支出增长22.3%，社会保障和就业支出增长15.4%，农林水事务支出增长11.3%，城乡社区事务支出增长19.6%，节能环保支出增长14.1%。

（五）就业形势总体稳定

城镇新增就业持续增长。上半年，城镇新增就业人数725万人，同比多增31万人。第二季度，中国人力资源市场信息监测中心对全国104个城市的公共就业服务机构市场供求信息进行的分析显示，与上年同期和上季度相比，市场供求人数均有所减少，劳动力供求总体平衡，求人倍率约为1.07，比上季度下降了0.03，比上年同期上升了0.02。分区域看，东部地区市场供求人数比上季度略有增长，中、西部地区市场供求人数较上季度和上年同期均有所减少；东、中、西部市场求人倍率分别为1.04、1.09、1.13，各区域市场劳动力需求均略大于供给。分行业看，与上年同期相比，除租赁和商务服务业的用人需求略有增长外，其他各行业的用人需求均有所减少，其中，制造业、住宿和餐饮业、居民服务和其他服务业、批发和零售业等行业的用人需求减少较多。从用人单位类型看，九成以上的用人需求集中在企业，机关、事业单位的用人需求比重仅占0.6%，其他单位的用人需求比重为2.3%。从进入市场求职的人员构成看，与上季度相比，应届高校毕业生、外埠人员的求职人数有所增长，而就业转失业人员、本市农村人员的求职人数有较大幅度下降。从用人单位对劳动力需求的构成，中高级技能人才依然供不应求，对初级技能劳动者的用人需求有所减少。

（六）国际收支顺差

2013年第一季度，经常项目顺差为476亿美元，与同期GDP之比为2.5%；资本和金融项目顺差为901亿美元，同比增加61%；国际储备增加1 570亿美元。据国家外汇管理局初步统计，上半年经常项目顺差为957亿美元，资本和金融项目顺差为1 078亿美元。

外债增长保持平稳。截至2013年3月末，外债余额为7 650亿美元，同比增长1.8%。其中，登记外债余额为4 614亿美元，同比下降

3.9%，占外债余额的60.3%；短期外债余额为5 657亿美元，同比增长1.4%，占外债余额的73.9%。

（七）行业分析

工业企业利润继续增加，行业间差距较大。上半年，在41个工业大类行业中，30个行业主营活动利润比上年同期增长，8个行业比上年同期减少，2个行业由上年同期亏损转为盈利，1个行业亏损比上年同期减少。中国人民银行第二季度5 000户工业企业调查显示，医药制造业、仪器仪表业和电器机械及家电制造业等下游消费品行业盈利指数较高；煤炭采选业、石油和天然气开采业、黑色金属冶炼及压延加工业等资源性行业盈利指数较低。

1. 房地产行业

全国商品房成交量有所回落，房价环比上涨城市个数连续3个月减少，房地产开发投资稳定增长，房地产贷款增速小幅回落。

房价同比上涨的城市个数增加，环比上涨的城市个数持续减少。2013年6月，全国70个大中城市中，新建商品住宅价格同比上涨的城市有69个，比3月增加2个，同比价格上涨的城市中，涨幅最高为16.7%；二手住宅价格同比上涨的城市有68个，比3月增加9个。新建商品住宅价格环比上涨的城市有63个，比3月减少5个，连续3个月减少；二手住宅价格环比上涨的城市个数有55个，比3月减少11个。

商品房销售增速高位回落。上半年，全国商品房销售面积为5.1亿平方米，同比增长28.7%，增速比第一季度回落8.4个百分点。商品房销售额为33 376亿元，同比增长43.2%，增速比第一季度回落18.1个百分点。其中，商品住宅的销售面积和销售额分别占商品房销售面积和销售额的89.6%和84.5%。

房地产开发投资增速小幅上升。上半年，全国完成房地产开发投资36 828亿元，同比增长20.3%，增速比第一季度略高0.1个百分点。其中，住宅投资25 227亿元，占房地产开发投资的比重为68.5%。全国房屋新开工面积为9.6亿平方米，增长3.8%，而第一季度为同比下降2.7%。全国房屋施工面积为54.9亿平方米，同比增长15.5%，增速比第一季度回落1.5个百分点。全国房屋竣工面积为3.5亿平方米，同比增长6.3%，增速比第一季度回落2.6个百分点。

房地产贷款增速在连续13个月回升后小幅回落。截至6月末，主要金融机构（含外资）房地产贷款余额13.6万亿元，同比增长18.1%，增速比3月末高1.7个百分点，比5月末低0.1个百分点。房地产贷款余额占各项贷款余额的20.6%，比3月末高0.2个百分点。其中，个人住房贷款余额为8.3万亿元，同比增长20.8%，比3月末高3.9个百分点，增速持续回升；住房开发贷款余额为2.4万亿元，同比增长9.4%，比3月末低1.2个百分点；地产开发贷款余额为1.1万亿元，同比增长17.2%，增速比3月末低4.2个百分点。上半年新增房地产贷款1.3万亿元，占各项贷款新增额的27.1%，比第一季度高0.1个百分点。

保障房信贷支持力度继续加大。截至6月末，全国保障性住房开发贷款余额为6 580亿元，同比增长37.5%，增速比房产开发贷款高26.5个百分点。此外，利用住房公积金贷款支持保障性住房建设试点工作稳步推进，截至6月末，已按进度发放住房公积金贷款519亿元，支持了59个城市227个保障房建设项目，收回贷款本金84亿元。

2. 互联网金融业

随着大数据时代的来临，数据的大量积累和数据处理能力的不断提升促进了互联网金融业的发展。作为传统金融业与互联网结合的新兴领域，互联网金融具有透明度高、参与广泛、中间成本低、支付便捷、信用数据更为丰富和信息处理效率更高等优势。

近年来，第三方支付、网络信贷、众筹融资以及其他网络金融服务平台等互联网金融业迅速崛起。以第三方支付为例，2012年市场规模超过10万亿元。其中，支付机构互联网支付业务6.9万亿元，移动支付业务1 811.9亿元，处理收单业务3.8万亿元，预付卡业务575.6亿元。互联网金融业从单纯的支付业务向转账汇款、跨境结算、小额信贷、现金管理、资产管理、供应链金融、基金和保险代销、信用卡还款等传统银行业务领域渗透，在金融产品和服务方面的创新弥补了传统金融业的不足。另一方面，商业银行、证券公司等金融机构不断完善电子银行和网上商城等平台，运用科学分析手段对海量数据进行分析和挖掘，在充分了解消费者的消费习惯和行为特征的基础上推出更加多样便捷的金融服务，带动金融效率的提升和服务成本的下降。

互联网金融业在资金需求方与资金供给方之间提供了有别于传统银行业和证券市场的新渠道，提高了资金融通的效率，是现有金融体系的有益补充。互联网金融业依赖大数据分析有助于解决信息不对称和信用问题，提供更有针对性的特色服务和更多样化的产品，交易成本的大幅下降和风险分散提高了金融服务覆盖面，尤其是使小微企业、个体创业者和居民等群体受益。以阿里小贷为例，据报道，截至2013年6月末，阿里小贷投入贷款总额已超过1 000亿元，客户超过32万户，户均贷款额度4万元。与此同时，受益于参与者广泛及对消费者行为与偏好的精确把握，阿里小贷的不良率只有0.84%，低于商业银行的平均水平。

作为一种新的金融模式，互联网金融业也给金融监管、金融消费者保护和宏观调控提出了新的要求。与传统金融业相比，互联网金融业的风险主要集中在消费者信息安全和风险管控等方面。宜积极适应趋势性变化，开展相关研究和立法工作，充分认识和合理评估互联网金融业发展的特点及潜在影响；明确监管部门，提高监管的针对性和有效性，引导互联网金融业健康发展；推进社会信用体系建设，加强对金融消费者的教育和保护，为金融体系创新以及金融支持实体经济发展创造良好的市场环境。

第五部分 货币政策趋势

一、中国宏观经济展望

当前，中国经济处在结构调整和转型升级的关键时期。展望未来一段时间，中国经济将经历一个在结构调整中逐步释放增长潜能的过程。虽然面临的环境复杂，制约和挑战不少，但实现经济持续健康发展的积极因素和有利条件依然较多，基本面并未发生根本变化。一方面，工业化、城镇化空间还很广阔，经过多年快速发展，人力资本、基础设施、工业生产和配套能力都有较大提升。东部地区经济总量大，经济内生增长动力和稳定性均有所增强，景气状况趋于改善，中西部地区后发优势比较明显，加快发展的意愿很强，区域协调发展还有较大空间。消费升级和服务业发展加快，尤其是一些短板和瓶颈问题一旦突破就会释放出巨大的需求潜力。另一方面，经济结构调整正在取得积极进展。消费率在连续十年下降后近两年有所回升，2012年达到49.2%，第三产业发展加快，2013年上半年服务业增速较上年同期加快0.5个百分点，第三产业投资增速高于第二产业近8个百分点。现代服务业、高技术产业及一些新型业态发展势头较好，尤其是一些积极推进转型升级和自主创新的产业和企业呈现出较强的抗风险能力和发展活力。从外部环境看，虽然一些深层次的体制机制性问题并未有效解决，不同经济体经济复苏和货币政策态势也出现了一些分化，但总的看全球经济相对稳定，有利于保持一个较为稳定的外需环境。

当前经济运行中也面临不少风险和挑战，形势错综复杂。在经济潜在增速呈阶段性趋缓的大背景下，与以往高增长相匹配的传统制造业产能过剩问题比较突出，制造业投资持续下降。经济增长较大程度上仍依靠基础设施投资，上半年基础设施投资增速高于全部投资增速5.2个百分点。目前投资率仍处历史高位，在投资率趋向更可持续水平的过程中，也会对经济运行造成一定压力。部分企业负债和杠杆水平上升较快，一些地方平台融资渠道更加复杂，融资成本上升。同时资源环境承载较重，空气、水、土壤等污染严重，约束增强。经济运行中突出的结构性问题也影响了总量政策发挥效果，再加杠杆难度较大。需要转变经济发展方式，加快结构调整和改革步伐，在扩大家庭消费、推进新型城镇化和促进服务业发展等重点领域取得显著进展，形成新的增长引擎，增强经济增长的内生活力与动力。也要看到，经济结构调整和发展方式转变过程难免会对经济增速产生一定影响，可能出现一些新情况、新问题，一些经济变量之间的关系也会有新的变化，关键是要把握好短期与长期的平衡，统筹考虑稳增长、调结构、促改革、防风险之间的关系，促进经济持续健康发展。

物价形势基本稳定，但不确定性依然存在。当前经济运行总体平稳，夏粮增产，工业生产能力充足，大宗商品和生产资料价格相对稳定，都有利于物价走稳。中国人民银行2013年第二季度储户问卷调查显示，居民未来物价预期指数为66.8%，与上季度基本持平。当前物价运行呈现出一定的结构性特征。一方面，与前些年高增长相匹配的既有工业产能相对过剩，产能利用率较低，PPI持续处在负值区间。另一方面，受劳动力、服务、租金价格存在上行压力等影响，消费物价平稳运行的基础还不很稳固，CPI对总需求变化比较敏感，通胀预期比较容易被激发。6月CPI即出现一定幅度的反弹，环比涨幅高于历史同期均值。物价出现的结构性变化一定程度上也反映出经济结构上的问题。总体看，对下一阶段的物价形势仍不可盲目乐观，要继续引导、稳定好通胀预期。

二、下一阶段主要政策思路

中国人民银行将继续按照党中央、国务院的统一部署，贯彻宏观稳住、微观放活和稳中求进、稳中有为、稳中提质的要求，坚持政策的稳定性和连续性，继续实施稳健的货币政策，增强调控的针对性、协调性，适时适度预调微调，把握好稳增长、调结构、促改革、防风险的平衡点，为经济结构调整与转型升级创造稳定的金融环境和货币条件。进一步优化金融资源配置，盘活存量、优化增量，整合金融资源支持小微企业等重点领域和薄弱环节发展，更好地服务于转型升级和扩大内需。继续通过改革增强市场机制的作用，完善货币政策传导机制，促进经济持续健康发展。

一是综合运用数量、价格等多种货币政策工具组合，健全宏观审慎政策框架，引导货币信贷及社会融资规模平稳适度增长。继续根据国际收支和流动性供需形势，合理运用公开市场操作、存款准备金率、再贷款、再贴现及短期流动性调节工具、常备借贷便利等工具组合，管理和调节好银行体系流动性，加强与市场和公众沟通，稳定预期，引导市场利率平稳运行。同时，引导商业银行加强流动性和资产负债管理，做好各时点的流动性安排，合理安排资产负债总量和期限结构，提高流动性风险管理水平。继续发挥宏观审慎政策的逆周期调节作用，根据经济景气变化、金融机构稳健状况和信贷政策执行情况等对有关参数进行适度调整，引导金融机构更有针对性地支持实体经济发展。

二是盘活存量、优化增量，支持经济结构调整和转型升级。整合金融资源支持小微企业发展，加大对“三农”领域的信贷支持力度，进一步发展消费金融促进消费升级，继续引导金融机构加大对国家重点在建续建项目、现代服务业、新兴产业等的信贷支持，更好地推动重点领域和行业转型和调整。继续完善民生金融服务，努力支持就业、扶贫、助学等民生工程，配合国家区域经济发展政策，继续做好区域经济协调发展的金融支持和服务工作。严格控制对高耗能、高排放行业和产能过剩行业的贷款。落实好差别化住房信贷政策，支持保障性住房、中小套型普通商品住房建设和居民首套自住普通商品房消费，坚决抑制投机投资性购房需求。引导金融机构区别情况，有针对性地采取差别化的方式方法，逐步调整盘活存量。完善相应的考核和激励机制，科学合理地考核银行经营绩效，优化金融组织体系，进一步改善金融服务。

三是进一步推进利率市场化和人民币汇率形成机制改革，提高金融体系配置效率，完善金融调控机制。继续完善市场化利率形成机制，优化金融市场基准利率体系，建立健全金融机构自主定价机制，逐步扩大负债产品市场化定价范围，更大程度地发挥市场机制在金融资源配置中的基础性作用。进一步提高中央银行引导和调控市场利率的水平，强化价格型调控机制，促进经济金融协调发展。进一步完善人民币汇率形成机制，更大程度地发挥市场供求在汇率形成中的基础性作用，增强人民币汇率双向浮动弹性，保持人民币汇率在合理均衡水平上的基本稳定，促进国际收支基本平衡。加快发展外汇市场，推动汇率风险管理工具创新。支持人民币在跨境贸易和投资中的使用，稳步拓宽人民币流出和回流渠道。推动人民币对其他货币直接交易市场发展，更好地为跨境贸易人民币结算业务发展服务。密切关注国际形势变化对资本流动的影响，加强对跨境资本的有效监控。

四是继续推动金融市场规范发展，加大直接融资支持力度，拓宽小微企业融资渠道。进一步完善债券发行定价机制，规范债券发行管理。推动金融市场创新，增强风险防范意识，着重发挥市场机制作用，不断巩固和加强市场基础设施建设，加强监督管理，推动金融市场健康规范发展。

五是深化金融机构改革。继续深化大型商业银行改革，推动其不断完善公司治理，逐步健全现代金融企业制度，加快转变发展方式和盈利模式，提高创新发展能力和国际竞争力。继续深化中国农业银行“三农金融事业部”改革试点，探索商业性金融服务“三农”的可持续模式。统筹考虑政策性金融总体发展，继续深化开发银行改革，加快推动中国进出口银行和中国农业发展银行改革。继续推动资产管理公司商业化转型等工作。积极稳妥推进金融业综合经营试点。继续推动地方金融改革试点。扩大民间资本进入金融业，鼓励民间资本投资入股金融机构和参与金融机构重组改造，尝试由民间资本发起设立自担风险的民营银行、金融租赁公司和消费金融等金融机构，为实体经济发展提供广覆盖、差异化、高效率的金融服务。

六是有效防范系统性金融风险，切实维护金融体系稳定。加强宏观审慎管理，引导金融机构稳健经营，督促金融机构加强流动性、内控和风险管理。在支持金融创新的同时，加强对理财、票据和同业业务发展潜在风险的监测与防范。强化跨行业、跨市场、跨境金融风险的监测评估，防范实体经济部分地区、行业、企业风险及非正规金融风险向金融体系传导。完善金融监管协调机制，健全系统性金融风险的防范预警和评估体系。构建危机管理和风险处置框架，推进存款保险制度建设。采取综合措施维护金融稳定，守住不发生系统性、区域性金融风险的底线。

PART 1 Monetary and Credit Performance

In the first half of 2013 the performance of the economy was stable, credit aggregates grew relatively rapidly before slowing down slightly in May and June, and the credit structure was improved.

I. Money supply registered decelerated growth

At end-June 2013, outstanding M2 stood at RMB105.4 trillion yuan, up 14 percent year on year, a deceleration of 1.7 percentage points from the end of March and an acceleration of 0.2 percentage point from the end of last year. Outstanding M1 stood at RMB31.4 trillion yuan, up 9.1 percent year on year, a deceleration of 2.7 percentage points from the end of March and an acceleration of 2.6 percentage points from the end of last year. Currency in circulation M0 totaled RMB5.4 trillion yuan, up 9.9 percent year on year. Net cash injections totaled RMB50.9 billion yuan in the first half of the year, down RMB95.6 billion yuan year on year.

In June, the growth of money supply slowed down. By end-June, the M2 growth rate had decreased by 2.1 percentage points from the peak at the end of April due to decelerated deposit growth compared with last June. With the adoption of related financial regulatory policies, commercial banks, in line with the macro-prudential requirements, intensified efforts to adjust the asset-liability structure, slowed down the excessive pace of issuance of credit, and reduced transactions on the inter-bank market, thus derivative deposits declined. Because money supply during the same period of last year was relatively high, the growth of money was affected. In addition, outstanding fiscal deposits registered a much smaller decline compared with that during the same period of last year, contributing to the decline in the growth of deposits. In general, the slower growth rate of money supply conforms to the expectations of the macro-regulation and the requirements of a sound monetary policy, and it is close to the 13 percent growth target determined at the beginning of the year. It will provide a sound monetary environment for stable and healthy economic development, enable the financial sector to play a better role in the adjustment of the economic structure, the economic transformation, and upgrading.

At the end of June 2013, outstanding base money registered RMB25.8 trillion yuan, up 13.0 percent year on year and RMB543.2 billion yuan more than that at the beginning of the year. The money multiplier stood at 4.09, which was same as that at the end of March. The excess reserve ratio of financial institutions was 2.1 percent and that of rural credit cooperatives (RCCs) was 3.9 percent.

II. A larger year-on-year increase of deposits in financial institutions

At the end of June 2013, outstanding deposits of domestic and foreign currencies in all financial institutions (including foreign-funded financial institutions, the same hereinafter) reached RMB103.6 trillion yuan, up 14.1 percent year on year and on par with that at the end of last year. This was RMB9.2 trillion yuan more than that at the beginning of 2013, representing a year-on-year acceleration of RMB1.0 trillion yuan. Outstanding RMB deposits registered RMB100.9 trillion yuan, up 14.3 percent year on year and an acceleration of 0.9 percentage point from the end of last year. This was RMB9.1 trillion yuan more than that at the beginning of 2013, representing a year-on-year acceleration of RMB1.7 trillion yuan. Outstanding deposits in foreign currencies posted USD441.5 billion, an increase of 9 percent year on year or an increase of USD31.3 billion from the beginning of 2013. This was USD98.8 billion less than that during the same period of the previous year. This is mainly due to the relatively large volume during the same period of last year and the stronger expectations since the beginning of 2013 that the Fed would taper the QE3.

Broken down by sectors, growth of household deposits was stable and growth of deposits of non-financial institutions recovered. At the end of June 2013, outstanding household deposits in financial institutions posted RMB44.8 trillion yuan, up 14.5 percent year on year, representing growth of RMB4.1 trillion yuan from the beginning of the year and a slight deceleration of RMB72.9 billion yuan year on year. Outstanding RMB deposits of non-financial enterprises registered RMB35 trillion yuan, up 12.4 percent year on year, an acceleration of 4.5 percentage points from the end of last year; this represented a rise of RMB2.3 trillion yuan compared with that at the beginning of the year, RMB1.2 trillion yuan more than the increase registered during the same period of last year. In particular, time deposits increased by RMB2.6 trillion yuan from the beginning of 2013, RMB1.1 trillion yuan more than the increase registered during the same period of last year, indicating that enterprises tend to reserve more funds when economic growth expectations are unstable. At the end of June 2013, outstanding fiscal deposits registered RMB3.4 trillion yuan, up RMB958.8 billion yuan from the beginning of the year, RMB427.4 billion yuan more than that during the same period of last year.

III. Outstanding loans of financial institutions grew steadily

At the end of June, outstanding loans in domestic and foreign currencies at all financial institutions registered RMB72.9 trillion yuan, up 15.1 percent year on year, a deceleration of 0.9 percentage point and 0.5 percentage point from the end of March and the end of last year respectively. This was an increase of RMB5.6 trillion yuan from the beginning of the year, RMB429.6 billion yuan more than the increase registered during the same period of last year.

Growth of RMB loans slowed down slightly. At the end of June, outstanding RMB loans stood at RMB68.1 trillion yuan, up 14.2 percent year on year or a deceleration of 0.7 percentage point and 0.8 percentage point over the end of March and the end of last year respectively. This was an increase of RMB5.08 trillion yuan from the beginning of 2013, RMB221.7 billion yuan more than the increase registered during the same period of last year. The amount of loan disbursements was more balanced in each month of the second quarter, and average monthly new loans totaled RMB773.6 billion yuan, down RMB144.7 billion yuan from the first quarter.

The growth rate of medium- and long-term loans increased steadily, and the credit structure generally improved. First, the growth rate of medium- and long-term loans in the industrial sector recovered. At the end of June, medium- and long-term loans in the industrial sector increased by 7.4 percent year on year, an acceleration of 1.1 and 0.2 percentage point from the end of last year and the same period of last year respectively. Second, the growth of medium- and long-term loans in the service sector accelerated. By the end of June, medium- and long-term loans in the service sector had increased by 7.9 percent year on year, an acceleration of 5.7 and 6.6 percentage points from the end of last year and the same period of last year respectively. Broken down by institutions, lending by Chinese-funded large-sized national banks and small- and medium-sized local banks registered a larger increase than that during the same period of last year.

Foreign currency-denominated loans grew rapidly. At the end of June, outstanding foreign-currency loans of financial institutions reached USD775.8 billion, up 33.2 percent year on year. This was an increase of USD92.4 billion from the beginning of the year and USD48.6 billion more than that registered during the same period of last year, mainly due to the relatively stable trade performance in the first half of 2013, the abundant foreign currency deposits in banks, and the loose quota of medium- and long-term external debts, and so forth. In terms of the loan structure, trade financing increased by USD47.7 billion, USD29.8 billion more than that registered during the same period of last year. Outward lending and medium- and long-

Table 1 RMB Loans of Financial Institutions in the First Half of 2013

Unit: RMB100 million yuan

	First Half of 2013		First Half of 2012	
	New loans	Acceleration year on year	New loans	Acceleration year on year
Chinese-funded large-sized national banks [1]	23,286	1,141	22,145	1,902
Chinese-funded small- and medium-sized national banks[2]	13,948	677	13,271	-365
Chinese-funded small- and medium-sized local banks[3]	8,179	1,371	6,808	4,240
Rural cooperative financial institutions[4]	8,814	224	8,590	1,558
Foreign-funded financial institutions	-90	-379	289	5

Notes: 1. Chinese-funded large-sized national banks refer to banks with assets denominated in domestic and foreign currencies equivalent to no less than RMB2 trillion yuan (according to the amount of total assets in both domestic and foreign currencies at end-2008).
2. Chinese-funded small- and medium-sized national banks refer to banks operating across different provinces with assets of less than RMB2 trillion yuan denominated in domestic and foreign currencies.
3. Chinese-funded small- and medium-sized local banks refer to banks operating within a single province with total assets of less than RMB2 trillion yuan denominated in domestic and foreign currencies.
4. Rural cooperative financial institutions refer to rural commercial banks, rural cooperative banks, and rural credit cooperatives.
Source: The People's Bank of China.

term domestic loans increased by USD27.1 billion yuan, USD7.3 billion more than the increase registered during the same period of last year.

Box 1 The Mismatch between Financial and Economic Data

In the first several months of 2013, money, credit, and all-system financing grew relatively rapidly. However, the fact that the financial and economic data were not in synchronized attracted national attention. Although the two categories of data are related to each other to some extent, it is rare to have a perfect match between the two. From a historical perspective, the two data have deviated from one another to varying degrees. The recent lack of synchrony is attributed to structural and cyclical factors.

Looking at the structural factors, due to the overcapacity in traditional industries and the lack of new sources of economic growth, more funds were invested in the infrastructure and real estate sectors. In particular, land acquisitions and purchases require huge funds, but the related investments are not included in the GDP statistics prior to the launch of a project. Second, the adjustment of the industrial structure enlarges financing demands by requiring extra funds. Although marginal output is diminishing in the inefficient traditional industries, the emerging industries have not produced noteworthy returns. Third, financing procedures may take longer time during the process of the financial deepening.

From a cyclical perspective, enterprises tend to hoard funds when the economic outlook and expectations are uncertain. China is still at the stage of economic expansion and transition, and all along economic entities have a strong demand for funds. Enterprises tend to hoard money when they have access to loans, bond issuances, and other financing opportunities; and these enterprises are more likely to hoard when the economic outlook and expectations are uncertain. With money in their bank accounts, they can use it for debt repayments, to lend to other entities for higher returns, and to invest in productive activities during an economic recovery. However, this traditional philosophy of fund utilization may have some negative impacts when the potential growth rate is slowing down.

Historically, the fact that economic and financial data were not synchronized is not something new. For example, the M2 growth rate exceeded that of GDP by a large margin in 2003, 2005, and 2009. Comparatively, during economic boom periods and periods of higher inflation, the M2 growth rate deviated from the GDP growth rate only slightly, and was sometimes even lower than the nominal growth rate (for example in 2004, 2007 to 2008, and 2011); during economic slumps, the M2 growth rate exceeded the GDP growth rate by a notable margin due to the decreasing velocity of currency caused by pessimistic expectations of enterprises and the lack of investment projects. According to preliminary estimations, compared with the fourth quarter of 2012, the decline in the velocity of currency during the first quarter of 2013 was 2.1 percentage points larger than that in Q4 2013.

Furthermore, the real economy covers a wide

Figure 1 Historical Trend in the Year-On-Year Growth Rate of M2 and GDP

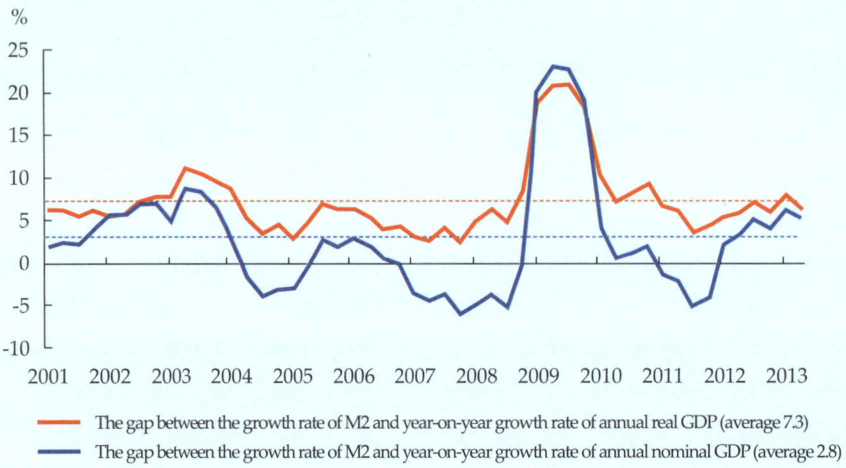

Source: The People's Bank of China, National Bureau of Statistics.

range of sectors, including the primary, secondary, and tertiary industries and other subdivisions. Based on the size of enterprises, there are large-, medium-, and small- and micro-sized enterprises. It is unwise to measure the amount of funds flowing into the real economy by the share of loans to the manufacturing industry or to certain types of enterprises in total lending because loans and other financing both constitute support of the financial system to the real economy.

It should be noted that since the financial structure is determined by the economic structure, the key to higher efficiency in fund utilization is an accelerated adjustment of the economic structure in order to have new sources of economic growth and endogenous growth drivers. During recent years, relatively rapid growth of money and credit has played an important role in supporting the development of the real economy. However, those inefficient enterprises in sectors that suffer from overcapacity still take up a huge amount of financial resources, leading to inefficiencies in fund utilization and a lower contribution to economic growth. Thus, it is necessary to improve the allocation of financial resources, properly manage the stock of credit assets, and make good use of new loans to better support the development of the real economy. More importantly, efforts should be made to accelerate the adjustment of economic structure, transform the economic growth pattern, and expand the areas for fund utilization.

IV. All-system financing aggregates increased notably year on year

All-system financing aggregates measure the total funds flowing to the real economy (i.e., enterprises and individuals) from the financial system during a given period of time (month, quarter, or year), comprehensively monitor financing activities in the society, and serve as a reference for the adjustment of monetary policy. According to preliminary statistics, all-system

Table 2 All-system Financing Aggregates since 2010

Unit: RMB100 million yuan

	All-system financing aggregates[1]	Of which						
		RMB loans[3]	Foreign currency-denominated loans (RMB equivalent)	Entrusted loans	Trust loans	Undiscounted bankers' acceptances	Corporate bonds	Financing by domestic non-financial institutions via the domestic stock markets
2010	140,191	79,451	4,855	8,748	3,865	23,346	11,063	5,786
2011	128,286	74,715	5,712	12,962	2,034	10,271	13,658	4,377
2012	157,631	82,038	9,163	12,838	12,845	10,499	22,551	2,508
Q1, 2013	61,652	27,547	4,453	5,235	8,244	6,706	7,571	617
First half of 2013[2]	101,511	50,768	5,791	11,118	12,319	5,164	12,234	1,248

Notes: 1. All-system financing aggregates refer to the total volume of financing provided by the financial system to the real economy during a certain period of time. It is a flow rather than a stock value.
2. Data for the current period are preliminary.
3. Data for RMB loans are the historical numbers released in the past.
Sources: The People's Bank of China, National Development and Reform Commission, China Securities Regulatory Commission, China Insurance Regulatory Commission, China Government Securities Depository Trust and Clearing Co., Ltd., National Association of Financial Market Institutional Investors, etc..

financing aggregates reached RMB10.15 trillion yuan in the first half of 2013, an increase of RMB2.38 trillion yuan from the same period of last year and representing the highest increase in history. In particular, all-system financing aggregates totaled RMB1.04 trillion yuan in June, a decline of RMB148.5 billion yuan and RMB742.7 billion yuan from the last month and the same period of last year respectively.

In terms of the structure, all-system financing aggregates in the first half of 2013 have the following features. First, the volume of new RMB loans was larger than that during the same period of last year, but the share fell. In the first half of 2013, new RMB loans totaled RMB221.7 billion yuan more than during the same period of last year, accounting for 50 percent of all-system financing aggregates and down 12.4 percentage points year on year. Second, foreign-currency denominated loans, corporate bonds, entrusted loans, and trust loans grew rapidly, accounting for a larger share of the all-system financing aggregates. The financing structure continued to diversify. In the first half of 2013, the shares of foreign-currency denominated loans, corporate bonds, entrusted loans, and trust loans were 5.7 percent, 12.1 percent, 11 percent, and 12.1 percent respectively, up 2.1 percentage points, 1.5 percentage points, 4.8 percentage points, and 7.8 percentage points year on year. The volume of undiscounted bankers' acceptances showed more fluctuations, increasing RMB579.8 billion yuan in January, the highest monthly level, then decreasing to RMB262 billion yuan by June, down RMB573.3 billion yuan year on year. In the first half of 2013, new loans of micro-credit and credit companies amounted to RMB112.2 billion yuan, up RMB14.4 billion yuan year on year.

V. The deposit and lending rates of financial institutions fluctuated slightly

In June, the weighted average lending rate offered to non-financial enterprises and other sectors was 6.91 percent, up 0.27 percentage point compared with the rate offered in March. In particular, the weighted average interest rate of loans registered 7.1 percent, down 0.12 percentage point from the rate in March; the weighted average bill financing rate posted 5.88 percent, up 1.26 percentage points from the rate in March; the weighted average home mortgage rate rose slightly to 6.29 percent, up 0.02 percentage point from March.

The share of loans with interest rates lower than or flat with the benchmark rate rose slightly, and the share of loans with interest rates higher than the benchmark rate decreased. In June, the shares of loans with interest rates lower than or flat with the benchmark rate were 12.55 percent and 24.52 percent respectively, up 1.11 and 0.73 percentage point from March, and the share of loans with interest rates higher than the benchmark rate was 62.93 percent, down 1.84 percentage points from March.

The deposit and lending rates of foreign currencies fluctuated slightly due to the fluctuation of interest rates on the international financial market and changes in the supply and demand of foreign currencies in China. The rates rose slightly compared with the end of March. In June, the weighted average interest rates of large-value US dollar demand

Table 3 Shares of Loans with Rates Floating at Various Ranges of the Benchmark Rate, January through June 2013

Unit:%

Month	Lower than the benchmark	At the benchmark	Higher than the benchmark					
	[0.7,1.0)	1.0	Sub-total	(1.0,1.1]	(1.1,1.3]	(1.3,1.5]	(1.5,2.0]	Above 2.0
January	10.62	25.08	64.30	19.84	25.23	7.87	8.28	3.07
February	11.69	25.05	63.26	19.57	23.96	7.88	8.83	3.02
March	11.44	23.79	64.77	19.55	24.71	8.15	9.28	3.09
April	10.56	23.53	65.91	18.96	25.52	8.96	9.23	3.24
May	11.89	22.45	65.66	19.65	25.92	8.84	8.46	2.79
June	12.55	24.52	62.93	19.47	24.95	7.95	8.04	2.52

Source: The People's Bank of China.

Table 4 Average Interest Rates of Large-value Deposits and Loans Denominated in US Dollars, January through June 2013

Unit:%

Month	Large-value deposits						Loans				
	Demand deposits	Within 3 months	3-6 months (including 3 months)	6-12 months (including 6 months)	1 year	Above 1 year	Within 3 months	3-6 months (including 3 months)	6-12 months (including 6 months)	1 year	Above 1 year
January	0.11	0.90	1.35	1.75	1.90	2.45	1.74	2.04	1.87	2.00	3.25
February	0.12	0.84	1.42	1.75	2.04	2.12	2.18	1.91	1.82	2.14	4.08
March	0.11	0.92	1.57	1.91	2.44	1.54	1.97	2.16	2.07	2.35	3.03
April	0.10	0.82	1.36	2.04	2.36	1.27	1.99	2.13	2.22	2.30	3.26
May	0.12	0.80	1.39	1.89	2.31	1.20	2.00	2.11	2.34	2.38	3.02
June	0.12	1.07	1.69	1.86	2.50	1.14	2.23	2.34	2.40	2.78	3.33

Source: The People's Bank of China.

deposits and US dollar deposits with a maturity of less than 3 months were 0.12 percent and 1.07 percent respectively, up 0.01 and 0.15 percentage point from March. The weighted average interest rates of US dollar loans of less than 3 months and of 3 to 6 months (inclusive of 3 months) posted 2.23 percent and 2.34 percent respectively, up 0.26 percentage point and 0.18 percentage point from March.

VI. The flexibility of the RMB exchange rate increased significantly

Since the beginning of 2013, the RMB exchange rate moved in both directions and appreciated slightly. The flexibility of the exchange rate increased and expectations remained stable. At the end of June, the central parity of the RMB against the US dollar was RMB6.1787 yuan per dollar, representing an appreciation of 1.73 percent from the end of last year. From the beginning of the RMB exchange-rate regime reform in 2005 to the end of June 2013, the RMB appreciated 33.95 percent against the US dollar. The BIS estimated that in the first half of 2013 the nominal effective exchange rate of the RMB and the real effective exchange rate of the RMB appreciated 5.89 percent and 5.67 percent respectively. From the beginning of the RMB exchange-rate regime reform in 2005 to June 2013, the nominal effective exchange rate and the real effective exchange rate of the RMB appreciated 30.47 percent and 39.28 percent respectively.

PART 2 Monetary Policy Operations

From the beginning of 2013, in line with the overall arrangements of the CPC and the State Council, the PBC continued to implement a sound monetary policy, making preemptive adjustments and fine-tunings in a forward-looking manner in response to heightened uncertainties in international capital flows and increased pressures from money and credit expansions.

I. Flexible open market operations

Supported by closer analysis and monitoring of liquidity supply and demand in the banking system, and taking into account the V-shaped curve that characterizes liquidity movements during the Spring Festival, the PBC flexibly carried out open market operations in both directions in the first quarter through a proper mix of short-term reverse repos and 28-day repos and focused on sterilization operations in the second quarter through 28-day repos and re-launching 3-month central bank bills to flexibly manage liquidity in the banking system. Since June, in view of the changing liquidity situation, the PBC moderated the intensity and frequency of its operations and employed open market operations, standing lending facilities(SLFs), and other tools to moderate short-term liquidity fluctuations caused by multiple factors. In the first half of 2013, the PBC conducted RMB1.34 trillion yuan of reverse repos and RMB765 billion yuan of repos, and issued RMB114 billion yuan of central bank bills.

The interest rates of open market operations remained stable. In response to the volatile external environment, the PBC intensified analysis and monitoring of market interest-rate developments, and kept the interest rates of open market operations at a stable level to guide market expectations. At end-June, the interest rates for 28-day repos and 3-month central bank bills recorded 2.75 percent and 2.9089 percent respectively.

The PBC properly conducted state treasury cash management operations. In the first half of 2013, a total of RMB120 billion yuan of state treasury funds was deposited in commercial banks in three separate 6-month deposit operations.

In response to the changes in liquidity supply and demand in the banking system during the past two years, the volume of central bank bill issuances dropped and became smaller than the amount of matured bills. This contributed to shrinking outstanding central bank bill aggregates, which had an impact on the buoyancy of central bank bill trading in the secondary market and the effectiveness of its role as a pricing benchmark. In this context, the PBC decided to roll over part of the matured 3-year central bank bills held by large financial institutions with adequate liquidity at market-determined prices. Central bank bills after the rollover are allowed to be traded in the inter-bank market and are an eligible instrument for open market operations. The PBC also provided necessary short-term liquidity support to a number of financial institutions as they participated in these rollover operations. Overall, this combination of operations that freeze long-term liquidity and that provide short-term liquidity has a neutral effect on liquidity. It responds to both the need for an appropriate liquidity level and for money market stability in the context of a sound monetary policy, and it represents an innovation in the conduct of monetary policy in China. Against the background of the volatile global financial market and the changing liquidity supply and demand, the rollover of part of the matured central bank bills helps the PBC to implement its monetary policy with stronger initiative and flexibility. It is also important for promoting a steady interest-rate reform and for supporting bond market development. The PBC will continue to conduct such rollover operations on a discretionary basis in combination with other policy instruments in order to implement a sound monetary policy and to create favorable monetary conditions for the stable functioning of financial markets and economic development.

II. Strengthening macro-prudential management by improving case-on-case adjustments of the differentiated reserve requirement as a counter-cyclical tool

The PBC continued to apply a case-on-case adjustment of the differentiated reserve requirement as a way to strengthen macro-prudential management. Based on domestic and global economic and financial developments, the soundness of financial institutions, and implementation of the credit policy, the PBC calibrated the parameters of the differentiated reserve requirement to guide stable and reasonable credit growth, to improve the resilience of financial institutions, and to encourage financial institutions to increase credit support to the weak links in the economy, such as small- and micro-sized enterprises and the agricultural sector, rural areas, and farmers.

Box 2 Policy efforts to improve financial macro-management since the 2008 global financial crisis

The 2008 global financial crisis left countries with twin challenges: to address the shocks from the crisis and to safeguard steady growth by flexibly deploying macro-economic policies on the one hand and, with hindsight, to rethink and improve the financial macro-management framework on the other. In dealing with the first challenge, the major economies have taken full advantage of interest-rate adjustments – a traditional policy tool – and when interest rates approached the zero band, they have introduced unconventional monetary policies, including quantitative easing by adjusting the size and structure of the central bank balance sheets and, in some cases, making adjustments for a stronger role of forward guidance, i.e., clear communications of the central bank's views on policy prospects when making policy announcements. The rationale for providing forward guidance, as Professor Michael Woodford at Columbia University has noted, is that public expectations could have a significant impact on economic developments when the interest rate touches the lower band and the nominal interest rate stays unchanged for an extended period of time. In this context, guidance from the central bank is very important. In practice, the Federal Reserve has explicitly linked its monetary policy to the unemployment and inflation levels, and has guided public expectations by declaring preconditions for an exit from its unconventional policies. Also, the Bank of Japan announced a clear inflation target. As for improving the framework for financial macro-management, there has been progress in theoretical studies as well as in the practice of financial reform. Most notably, people have come to understand that monetary stability does not amount to financial stability. For a long time, from the 1980s until the recent financial crisis, a single target (the CPI) and a single instrument (the interest rate) have been the widely accepted mainstream monetary policy framework. The most typical representation of this framework is inflation targeting (IT), an arrangement that reduces the dynamic inconsistency problem and makes policies more transparent and rule-based, thus stabilizing market expectations. The weakness of IT, however, is also evident: an error in measuring the inflation level could lead to systemic policy deviation, and the lack of policy tools other than the short-term interest rate makes it difficult to manage volatility in asset prices and market disturbances in the context of a stable CPI, a situation widely seen in recent years. This calls for the introduction of new policy tools as a complement to existing tools. Former governor of the Bank of England, Mervyn King, has pointed out that, while still a necessary arrangement, inflation targeting alone is not enough to address the policy challenges and macro-prudential measures that are needed to contain the excessive expansion of banks. Research reports from the Brazilian central bank argue that it is necessary to introduce macro-prudential policies for financial stability considerations, given that inflation targeting faces challenges from exchange rates that cannot float freely, an imperfect credit market, and a low policy priority for financial stability.

In retrospect, monetary policy in earlier times focused on stimulating growth and discretionary policy choices, and then later turned to price targeting and interest rates as the only policy tools, thus requiring policy rules and expectation management. As the evolution of financial macro-management since the financial crisis shows, the major central banks began to favor quantitative tools and the role of commitments and expectations in addition to traditional interest-rate tools. They also introduced the concept of a macro-prudential policy framework in financial reforms, reflecting their belief that currency stability and financial stability need to be reconciled and the existing policy toolkit needed to be expanded. The idea of macro-prudential management provides an opportunity to rethink the purpose, tools, and transmission mechanisms for financial macro-management, and the interactions between monetary policy and financial regulation.

Strengthening macro-prudential policies has been at the core of the reform of global financial management for years, and considerable progress has been made. On policy tools, the basic framework of the Basel III was approved by the G20 in late 2010, which represents progress in enhancing macro-prudential management and improving counter-cyclical adjustments. For example, in addition to the minimum capital requirement, the framework introduces a capital requirement for macro-prudential reasons, including capital reserve buffers, counter-cyclical capital buffers, and capital surcharges for systemically important financial institutions. To address the vulnerabilities financial institutions experienced in managing liquidity during the crisis, the framework also set higher requirements for the liquidity and leverage ratio. The new leverage ratio requirement includes off-balance sheet risks to prevent excessive leveraging.

In global practices of financial regulatory reform, the Federal Reserve was given greater regulatory power over systemically important financial institutions, including a new mandate to regulate large complex financial institutions. The Bank of England was mandated to conduct macro-prudential management and was given the regulatory power that had been in the hands of the Financial Service Agency. In Europe, the European Systemic Risk Board (ESRB) was set up to coordinate implementation of macro-prudential measures in the euro area. The European Commission proposed the establishment of a European banking union. The European Parliament adopted an act for a Single Supervisory Mechanism for the European banking sector in May 2013, which gives the ECB regulatory power over large banks and a greater voice in the regulation of other banks. The ECB has a mandate to deploy all macro-prudential measures prescribed by law, including counter-cyclical capital buffers, capital surcharges for systemically important financial institutions, and liquidity requirements.

Theoretical studies and practices in financial macro-management since the financial crisis have focused on improving the traditional framework of a single target and a single instrument. Price movements can be structural, the credit market is not perfect, and the information available can be incomplete. In this sense, a single target, as well as reliance on quantity or price-based adjustments, is insufficient. It is important to assess overall price levels in a broader sense and to develop a better understanding of the link between monetary policy and financial stability, and improve the policy toolkit and the organizational structure accordingly. In China, the monetary authority uses both quantity- and price-based tools and macro-prudential policies, which reflects China's circumstances and is in line with the new global thinking that builds on a reexamination of the traditional framework after the financial crisis. Quantity and price are closely linked. Quantity management and price-based management are sometimes equivalent and sometimes complementary. Depending on domestic and global economic and financial developments, a flexible choice and combination of policy tools, including open market operations, reserve requirements, and interest rates, will be important to strengthen macro-prudential management and to make financial macro-management more effective. As financial innovation and the financial market become more sophisticated, China will need to allow price-based management and its transmission channels to play a greater role while promoting a shift in financial macro-management from quantity to price-based adjustments.

III. New steps in advancing the market-based interest-rate reform

On July 20, 2013, with the approval of the State Council, the PBC decided to remove all controls on lending rates offered by financial institutions. First, the floor for lending rates, which was 70 percent of the benchmark lending rate, was removed and financial institutions are allowed to use their discretion in determining lending rates in line with commercial principles. Second, restrictions on discount rates were lifted, allowing the discount rates to be determined by financial institutions instead of adding a premium to the central bank discount rate. Third, the ceiling for the RCC lending rates was removed. Fourth, the floating band for personal mortgage loans continues to be applied in order to support strict implementation of the differentiated housing credit policy and to promote the healthy development of the real estate market.

Liberalization of lending rates allows financial institutions greater room in negotiating rates with their clients. This encourages financial institutions to adopt differentiated pricing strategies and reduces funding costs for enterprises. It encourages financial institutions to improve their independent pricing capacity, transform their business models, improve financial services, and increase financial support to enterprises and households. Greater negotiating room also helps improve the allocation of financial resources, enhance the supportive role of the financial sector to the real economy, and promote adjustments and upgrading of the economic structure.

IV. Strengthened window guidance and credit policy guidance

The PBC continued to employ monetary policy tools, macro-prudential tools, and credit policies to guide structural improvements, and enhanced coordination with industrial policies in an effort to support the economic restructuring and upgrading and to strengthen the financial sector's capacity to serve the real economy. The PBC encouraged financial institutions to channel more new credit to key areas and to weak links in the economy, including small- and micro-sized enterprises, the agricultural sector, rural areas, and farmers, and to meet the funding needs of key national projects, while improving the structure of the credit stock . Following a differentiated approach, financial institutions increased credit support to advanced manufacturing, strategic emerging industries, labor-intensive industries, and the Going Global initiatives, as well as to the upgrading of the service sector and traditional industries. The use of credit has become more efficient.

The PBC urged financial institutions to improve financial services that are closely related to the people's livelihood and to improve financial support to programs designed to promote balanced regional economic development. Lending to heavily energy-consuming and polluting industries as well as to industries with excess capacity was subject to strict controls, while lending was provided to enterprises to make targeted mergers and acquisitions aimed to integrate excessive capacity. Moreover, implementation of the differentiated housing credit policies was continued to contain speculative home purchases and to support affordable housing projects, shantytown renovations, construction of small- and medium-sized residential units, and first-time home purchases.

Credit support to small- and micro-sized enterprises and to the agricultural sector, rural areas, and farmers maintained a strong growth momentum. At end-June, outstanding RMB loans to small- and micro-sized enterprises extended by major financial institutions, rural cooperative financial institutions, and foreign-funded banks grew 12.7 percent year on year, outpacing RMB loans to large and medium enterprises by 2.3 percentage points and 1.9 percentage points respectively. In the first six months of 2013, lending in both RMB and foreign currencies by major financial institutions, rural cooperative financial institutions, village and township banks, as well as finance companies to villages, rural households, and the agricultural sector increased RMB1.48 trillion yuan, RMB450.5 billion yuan, and RMB290 billion yuan, representing a year-on-year rise of RMB116.8 billion, RMB86 billion, and RMB31.1 billion yuan respectively.

V. Liquidity provision through the use of the standing lending facility and central bank discounts

Following the introduction of standing lending facilities (SLFs) prior to the Spring Festival in 2013 to address the liquidity gap in some banks as a result of massive cash supplies, the PBC conducted SLF operations in June in response to the money market volatility driven by a number of factors. These operations aim to provide liquidity support against eligible collaterals, including top-rated bonds and quality credit assets, to financial institutions whose lending practices are in compliance with industrial policies and macro-prudential rules, focus on supporting the real economy, and remain sound in terms of the aggregate and pace of credit supply. The PBC also took measures where necessary to provide liquidity support to financial institutions struggling with liquidity management challenges so as to safeguard financial stability. The outstanding SLFs totaled RMB416 billion yuan as of end-June.

The PBC also enhanced management of liquidity in local legal-person financial institutions, providing liquidity support via central bank lending and discounts to those institutions that met macro-prudential requirements. On June 27 it approved an additional RMB12 billion yuan in the rediscount quota to support qualified financial institutions to increase lending to small- and micro-sized enterprises and to the agricultural sector, rural areas, and farmers. Outstanding central bank lending and discounts recorded RMB464.1 billion yuan as of end-June.

VI. Steady growth in cross-border use of RMB

The role of the RMB in the settlement of cross-border trade and investment grew steadily. According to preliminary statistics, in the first half of 2013 cross-border trade settled in RMB reached RMB2.05 trillion yuan, up 64 percent year on year. This included RMB1.37 trillion yuan of settlements of trade in goods and RMB683.78 billion yuan of settlements of trade

Figure 2 RMB Settlements of Cross-border Trade

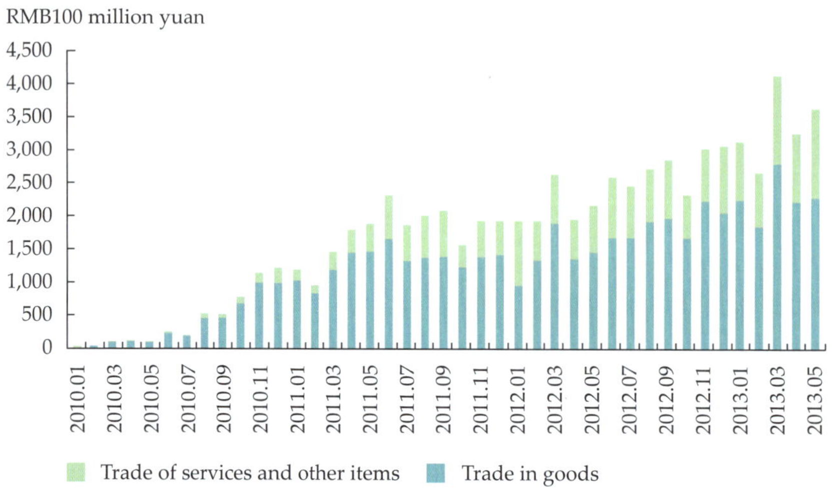

Source: The People's Bank of China.

in services and other items under the current account. Actual RMB receipts and payments in cross-border trade registered RMB885.2 billion yuan and RMB1.16 trillion yuan respectively, bringing the receipt-payment ratio to 1:1.3. Bank settlements of cross-border RMB direct investments reached RMB183.49 billion yuan, including RMB21.96 billion yuan of outward direct investments and RMB161.53 billion yuan of foreign direct investments.

VII. Further improvements in the RMB exchange -rate regime

The PBC further improved the RMB exchange-rate regime in line with the principle of making it a self-initiated, controllable, and gradual process. Focusing on the role of market supply and demand and adjustments with reference to a basket of currencies, the PBC enhanced the flexibility of the RMB exchange rate and kept it basically stable at an adaptive and equilibrium level. In the first half of 2013, the central parity of the RMB against the US dollar peaked at RMB6.1598 yuan per dollar and reached a trough of RMB6.2898 yuan per dollar. It appreciated on 59 out of the 113 trading days in the first six months of the year, and it depreciated on the remaining 54 trading days, with the largest intraday appreciation at 0.2 percent (or 126 points) and the sharpest intraday depreciation at 0.15 percent (or 91 points).

The RMB exchange rate moved in both directions against the euro, the Japanese yen, and other major international currencies. At end-June, the central parity of the RMB against the euro registered RMB8.0536 yuan per euro, an appreciation of 3.28 percent from end-2012, and the central parity of the RMB against the Japanese yen stood at RMB6.2607 yuan per 100 Japanese yen, an appreciation of 16.68 percent from end-2012. Beginning from the reform of the RMB exchange-rate regime in 2005 to end-June 2013, on a cumulative basis the RMB appreciated 24.34 percent against the euro and 16.69 percent against the Japanese yen.

Table 5 Trading Volume of the RMB against Other Currencies on the Spot Interbank Market in the First Half of 2013

Unit: RMB100 million yuan

Currency	USD	Euro	Japanese yen	Hong Kong dollar	Pound sterling	Australian dollar	Canadian dollar	Malaysian ringgit	Russian ruble	Thai baht
Trading volume	108,654.4	1,121.1	7,105.3	536.5	25.9	472.0	3.5	6.9	18.9	4.0

Source: China Foreign Exchange Trading System.

Direct trading between the RMB and foreign currencies in the inter-bank foreign exchange market remained brisk and market liquidity grew markedly, bringing down exchange costs. In the first half of 2013, direct trading between the RMB and the Japanese yen grew 750 percent year on year to RMB710.53 billion yuan, and trading between the RMB and the Australian dollar grew 2,130 percent year on year to RMB47.2 billion yuan.

Bilateral local currency swap operations between the PBC and overseas monetary authorities totaled RMB472 billion yuan in the first half of 2013, of which RMB9.32 billion yuan was used by overseas monetary authorities, thus playing a strong role in promoting bilateral trade and investments.

VIII. Advancing financial institution reforms

The rural financial services arm of the Agricultural Bank of China (ABC) significantly improved its support for the agricultural sector, rural areas, and farmers as it accelerated the supply of credit and financial innovation. Outstanding lending by the pilot rural financial service divisions at the ABC branches in 12 provinces recorded RMB920.64 billion yuan at end-June, representing a rise of 9.1 percent from end-2012, which outpaced the overall lending growth in these local ABC branches. Local ABC branches that ran these pilot rural financial service divisions focused their reforms on accelerating rural industrial chain financing and agro-linked personal financing, strengthening R&D on rural self-service terminals and financial services and products for urbanization, advancing innovation in electronic financial service channels, and exploring new financial service models to meet the need for better rural financial services. As of end-June, these branches had issued 80,736,000 rural bankcards, established 309,000 service stations, and installed 669,000 electronic banking devices, covering over 80 percent of the towns and more than 60 percent of the villages in their jurisdictions.

Important achievements were made in advancing the pilot reforms of the rural credit cooperatives (RCC). The RCCs' operations and financial position continued to improve. Based on the five-category loan classification, outstanding NPLs at the RCCs at end-June dropped RMB8.8 billion yuan from end-2012 to RMB345.2 billion yuan, while the NPL ratio declined to 4 percent, down by 0.5 percentage point from end-2012. The capital adequacy ratio was 11.5 percent. Agro-linked lending by RCCs grew markedly. At end-June, total RCC lending registered RMB8.7 trillion yuan, or 12.8 percent of total lending, an increase of 0.3 percentage point from end-2012. In particular, outstanding agro-linked loans reached RMB5.9 trillion yuan, up RMB500 billion yuan, or 10 percent, from end-2012, and loans to rural households recorded RMB2.9 trillion yuan, a rise of RMB300 billion yuan, or 11 percent, from end-2012. Steady progress was made in promoting RCC property rights reform. As of end-June, a total of 1,771 RCCs with legal-person status at the county (city) level, 383 rural commercial banks, and 134 rural cooperative banks had been established.

IX. Deepening reform of foreign exchange administration

Management of foreign exchange inflows was enhanced. To address the intensifying net foreign exchange inflow pressures since the beginning of the year, the State Administration of Foreign Exchange issued the *Notice on Strengthening Management of Foreign Exchange Inflows* (SAFE Document [2013] 20) in early May and enhanced management of the banks' overall foreign exchange purchases and sales position, stepped up reviews of importers' and exporters' foreign exchange receipts and payments for trade in goods, and intensified foreign exchange inspections. As these measures took effect, beginning in May both the surplus in foreign exchange purchases and sales and in cross-border receipts and payments narrowed significantly. Moreover, actions were taken against foreign exchange-related violations and irregularities. As of end-June, joint operations with the public security authorities resulted in the cracking of 10 underground banking cases, 21 illegal foreign exchange selling and purchasing cases, and one online foreign exchange speculation case, involving a total of RMB7.9 billion yuan.

Efforts were made to further facilitate trade and investment, including introducing policies that substantially simplify procedures for management of foreign exchange from current account activities in special customs regulatory areas, launching a pilot program that allows participating institutions in Beijing and 4 other areas to provide, through banks, centralized foreign exchange receipts, payments, purchases, and sales for small value cross-border e-commerce transactions, and approving a 15 percent increase in the 2013 quota for financial institutions on short-term external debts and financing guarantees for overseas investments, with a priority on the central and western regions and small- and medium-sized enterprises.

Steady steps were taken to promote RMB convertibility under the capital account. External debt management was simplified as approval procedures were removed or delegated, and a registration-centered framework for external debt management was established. Steady progress was made in implementing the Qualified Foreign Institutional Investor (QFII), the Qualified Domestic Institutional Investor (QDII), and the RMB Qualified Foreign Institutional Investor (RQFII) schemes. In the first six months of 2013, a total of USD6.02 billion of the foreign investment quota for 52 investors was approved under the QFII scheme, USD 6.28 billion of the outbound investment quota for 13 investors was approved, and USD6 billion of the outbound investment quota for 7 investors was canceled under the QDII scheme. A total of RMB37.9 billion yuan of the investment quota for 37 investors was approved under the RQFII scheme. Measures were taken to promote the introduction of a capital account information system to enhance the foundation for deepening the reforms of foreign exchange management of the capital account and to prevent risks from cross-border capital flows. The pilot program that allows Chinese-funded enterprises to borrow at home with overseas guarantees within a prescribed quota was expanded.

PART 3 Financial Market Analysis

In the first half of 2013, China's financial market performed in a stable manner. The growth in the volume of transactions on the money market moderated and interest rates at the end of the quarter declined following a significant increase; the volume of bond issuances continued to grow; transactions on the equity market increased year on year; the growth of insurance assets moderated; and the foreign exchange market traded briskly.

I. Financial market analysis

1. The growth of trading volume on the money market moderated, and interest rates at the end of the quarter declined following a significant increase

The growth of bond repo transactions moderated, while the turnover of inter-bank borrowings declined. In the first half of 2013, the turnover of bond repos on the inter-bank market totaled RMB79.5 trillion yuan, with an average daily turnover of RMB651.9 billion yuan, up 13.3 percent year on year and representing a deceleration of 12.2 percentage points from the first quarter. The turnover of inter-bank borrowings reached RMB20.6 trillion yuan, with an average daily turnover of RMB168.7 billion yuan, a decline of 13.3 percent year on year. Overnight products still dominated bond repo and inter-bank borrowing transactions, accounting for 80.9 percent and 85.3 percent of their respective turnovers in the first half of 2013. The total turnover of government securities repos on the stock exchanges soared 55.9 percent to reach

Table 6 Fund Flows among Financial Institutions in the First Half of 2013

Unit: RMB100 million yuan

	Repos		Inter-bank borrowing	
	In the first half of 2013	In the first half of 2012	In the first half of 2013	In the first half of 2012
Domestically-funded large banks[1]	-231,822	-283,691	-25,048	-40,005
Domestically-funded small- and medium-sized banks[2]	71,558	134,390	-16,551	6,789
Securities and fund management companies	73,112	61,475	22,751	17,681
Insurance companies	29,045	25,709	—	—
Foreign-funded financial institutions	8,307	7,287	4,159	2,167
Other financial institutions and vehicles[3]	49,800	54,831	14,690	13,368

Notes: 1. Domestically-funded large banks include the Industrial and Commercial Bank of China, the Agricultural Bank of China, the Bank of China, the China Construction Bank, the China Development Bank, the Bank of Communications, and the Postal Savings Bank of China.
2. Domestically-funded small- and medium-sized banks include the China Merchants Bank and 16 other medium-sized banks, small-sized city commercial banks, rural commercial banks, rural cooperative banks, and village and township banks.
3. Other financial institutions and vehicles include urban credit cooperatives, rural credit cooperatives, finance companies, trust and investment companies, financial leasing companies, asset-management companies, social security funds, investment companies, corporate annuities, and other investment vehicles, among which some financial institutions and vehicles did not participate in the interbank lending market.
4. A negative sign indicates net lending and a positive sign indicates net borrowing.
Source: China Foreign Exchange Trade System.

RMB23.1 trillion yuan.

In terms of financing among financial institutions, the flow of funds showed the following characteristics: first, although domestically-funded large banks remained the net fund providers, the amount of their net lending declined significantly year on year. In particular, their trading of bond-pledged repos and inter-bank borrowing dropped rapidly in June, resulting in a decrease of RMB4 trillion yuan of net lending year on year. Second, borrowings by small- and medium-sized banks declined substantially. Third, the demand for financing of securities firms and fund management companies continued to increase.

In June, the weighted average interest rate of bond-pledged repos and inter-bank borrowing posted 6.82 percent and 6.58 percent respectively, up 420 and 397 basis points from the end of last year. At end-June, the overnight and 7-day Shibor stood at 4.94 percent and 6.16 percent respectively, up 108 and 158 basis points from the beginning of the year; the 3-month and 1-year Shibor registered 5.44 percent and 4.41 percent respectively, up 154 and 1 basis point from the beginning of the year. There were a variety of reasons for the short-term volatilities in the money market interest rates in June, such as the impact on the foreign exchange market of expectations of the U.S. Fed's tapering of the QE, seasonal factors including demands for cash during the holidays, payments of deposit reserve arrears by financial institutions, and tax payments by enterprises, missteps by financial institutions in liquidity risk and asset/liability management, emotional factors including market expectation changes caused by external calls of shorting China, as well as the impacts of the release of a series of regulatory policies during a condensed period of time. Since late June, as the central bank took a series of measures to stabilize market interest rates, and the impacts of transient and emotional factors were gradually eliminated, the money market resumed its stable operations. As a result, in July the weighted average interest rate of bond-pledged repos and inter-bank borrowing dropped to 3.61 percent and 3.60 percent respectively.

Box 3 New Rules of the Basel Committee on Banking Supervision of Liquidity Management

1. New rules and progress in liquidity management by the international community

The latest international financial crisis exposed major defects in liquidity risk management by banking institutions and drove home the importance of liquidity for the proper functioning of financial markets and the banking sector. To strengthen liquidity risk management, in December 2010 the Basel Committee on Banking Supervision (BCBS) published the International Framework for Liquidity Risk Measurement, Standards, and Monitoring, and developed two quantitative supervisory indicators, i.e., the Liquidity Coverage Ratio (LCR) and the Net Stable Funding Ratio (NSFR), to improve the banking sector's ability to absorb shocks arising from financial stress. These two indicators are separate but complementary. Since 2010, the BCBS has been carrying out quantitative measurements and calibrations of the LCR and the NSFR on an ongoing basis, and in January 2013 it issued the Liquidity Coverage Ratio and Liquidity Risk Monitoring Tools, which help to determine the final version of the LCR supervisory standard, whereas the NSFR indicator is still in the midst of calibration.

The LCR is defined as the ratio of the stock of high-quality liquidity assets to total net cash outflows over the next 30 calendar days, which reflects the liquidity risk profile under a stress scenario. It should not be lower than 100%. High-quality liquid assets include cash, central bank reserves, and high-quality bonds to the extent that these reserves can be drawn down at little or no loss in value in times of stress. There are two categories of assets that can be included in the stock of high-quality assets, i.e., "Level 1" assets and "Level 2" assets. In particular, Level 2 assets can only comprise up to 40 percent of the stock, and a minimum 15 percent haircut is applied to the current market value of each Level 2 asset held in the stock. The term total net cash outflows is defined as the total expected cash outflows minus the total expected cash inflows in the specified stress scenario for the subsequent 30 calendar days, and the amount of inflows that can offset the outflows is capped at 75 percent of the total expected cash outflows as calculated in the standard. The objective of the LCR is to promote the short-term resilience of the liquidity risk profile of banks and to improve the banking sector's ability to absorb shocks arising from financial and economic stress. According to the BCBS, the LCR will be introduced as planned in January 2015, but the minimum requirement will begin at 60 percent, rising in equal annual steps of 10 percentage points to reach 100 percent in January 2019. According to the estimation of the BCBS based on data in late 2011, the average LCR for the global banking sector stood at 127 percent.

The NSFR is defined as the amount of available stable funding to the amount of required stable funding. This ratio reflects the banks' medium and long term liquidity condition and must be greater than 100 percent. "Stable funding" is defined as the portion of those types and amounts of equity and liability financing expected to be reliable sources of funds over a one-year time horizon under conditions of extended stress. The required amount of stable funding of a specific institution is the long-term funds required for various types of held assets. The objective of the standard is to avoid an over-reliance on short-term wholesale funding by commercial banks in times of market exuberance and ample liquidity, to encourage banks to make a full assessment of liquidity risks of both on- and off-balance sheet assets, to guide banks to adjust the asset structure to reduce a maturity mismatch, to increase long-term funding sources, and to improve the banks' ability to prevent medium- and long-term risks. The NSFR measure was scheduled to be implemented in 2018. However, since the calibration work is still in process, the effective date is likely to be delayed.

2. Liquidity risk management of Chinese financial institutions: the current situation, problems, and directions for improvement

At present, China's commercial banks have put

in place an initial liquidity risk management system and have compiled a number of indicators for monitoring liquidity risks, including the liquidity ratio and the excess reserve ratio. Relevant departments are currently developing a concrete plan for implementing the LCR. In recent years, with the changes in the business environment, business models, and funding sources, commercial banks face more challenges in liquidity risk management and some problems in liquidity risk management have emerged. In June 2013, short-term money market interest rates moved up and fluctuated wildly due to changes in the foreign exchange market, the demand for cash during the holiday, payment of the reserve requirement, payment of taxes, the funding requirement resulting from implementation of the regulatory policies, as well as missteps by some commercial banks in liquidity risk and asset/liability management. First, the balance among some operating indicators, such as the liquidity and profit indicators, needs to be improved. For the purpose of increasing the efficiency of fund use and meeting their profit targets, commercial banks have strong incentives to expand lending to increase profits, and it is easy for them to neglect the liquidity risks when weighing liquidity, safety, and profitability. Second, the structure of credit asset allocations and the pace of credit extensions need to be improved. Commercial banks still have the habit of "early delivery of loans and an early reaping of yields." Furthermore, when commercial banks expect potential policy changes, they tend to rush to expand loans to seize market share, especially during critical periods such as performance evaluations and information disclosures. Consequently, they are vulnerable to liquidity volatilities in the market. Third, the diversification and stability of liability management need to be strengthened. Inter-bank business is an important avenue for commercial banks to manage liquidity, increase capital efficiency, and enhance profitability, and it is also an important channel for the commercial banks to carry out differentiated operations, thus it is of great significance for promoting financial market development and financial product innovation. However, since there was relatively abundant liquidity in the market and short-term interest rates remained low, some commercial banks took advantage of the inter-bank business to dodge regulations, relied heavily on short-term wholesale inter-bank funding, and rapidly extended long-term loans with the short-term funding from the inter-bank transactions. As a result, when market liquidity became volatile, the commercial banks were vulnerable to the liquidity fluctuations.

Commercial banks should further strengthen liquidity and asset/liability management and make their operating behavior consistent with the requirements for a sound monetary policy and for the economic structural adjustments. First, active efforts should be made to improve liquidity management, follow developments in international liquidity management analytical framework and monitoring tools, and be well prepared for internal assessments, system building, stress tests, and so forth. Second, commercial banks should strengthen analysis of the impacts of policy adjustments and changes in financial markets on the liquidity situation and make the relevant liquidity arrangements. Third, commercial banks should further improve the degree of precision and professionalism in liquidity management and maintain reasonable excess reserves to meet the various kinds of funding demands and to ensure normal payments and settlements. Fourth, commercial banks should follow the macro-prudential requirements, properly manage the total amount and maturity structure of assets/liabilities and the pace of credit extensions, increase the diversification and stability of liabilities, reduce the rush to attract deposits prior to performance evaluations, and prevent the risks of maturity mismatches in the inter-bank business. Fifth, commercial banks should make good use of the stock of money and credit to support the development of the real sector and adjust and optimize the credit structure by revitalizing the credit stock and optimizing incremental loans.

Transactions of RMB interest-rate swaps increased. In the first half of the year, a total of 12,540 deals were completed, with an aggregate notional principal of RMB1.53 trillion yuan, up 30.7 percent year on year. In terms of the maturity structure, RMB interest-rate swaps with maturities within one year traded most briskly, and their aggregate notional principal amounted to RMB1.18 trillion yuan, accounting for 77.2 percent of the total. In terms of the reference rate, the floating rates of the RMB interest-rate swaps were based on the 7-day fixing repo rate and the Shibor, and their notional principal accounted for 61.5 percent and 37 percent of the total respectively. In the first half of 2013, the volume of transactions of bond forwards posted RMB101 million yuan.

2. Bond transactions saw a year-on-year decline whereas bond issuances continued to increase

The turnover of spot bond transactions on the inter-bank market declined from the same period of last year. In the first half of 2013, the turnover of spot bond trading totaled RMB32.4 trillion yuan, with an average daily turnover of RMB265.2 billion yuan and down 3.8 percent year on year, mainly due to a reduction of RMB8.1 trillion yuan in the second quarter. In terms of trading entities, domestically-funded large banks and foreign-funded financial institutions were net purchasers on the spot

Table 7 Transactions of Interest-rate Derivatives

	Interest-rate swaps		Bond forwards		Forward-rate agreements	
	Transactions (lots)	Amount of notional principal (RMB100 million yuan)	Transactions (lots)	Amount (RMB100 million yuan)	Transactions (lots)	Amount of notional principal (RMB100 million yuan)
2010	11,643	15,003.4	967	3,183.4	20	33.5
2011	20,202	26,759.6	436	1,030.1	3	3.0
2012	20,945	29,021.4	56	166.1	3	2.0
Q1 2013	5,533	7,375.8	1	1.0	—	—
Q2 2013	7,007	7,959.98	—	—	—	—

Source: China Foreign Exchange Trade System.

bond market, with net purchases of RMB237.4 billion yuan and RMB128.9 billion yuan respectively; domestically-funded small- and medium-sized banks were net bond sellers, with a net amount of RMB425.2 billion yuan. A total of RMB40.9 billion yuan of government securities was traded on the stock exchanges in the first half of 2013, RMB6.9 billion yuan less than that during the same period of last year.

Bond price indices moved up slightly. The China Bond Composite Index (net price) rose 0.38 percent from 100.69 points at the beginning of the year to 101.07 points at end-June, and the China Bond Composite Index (full price) rose 0.85 percent from 111.63 points at the beginning of the year to 112.58 points at end-June. The exchange-traded government securities index rose 1.67 percent from 135.84 points at the beginning of the year to 138.10 points at end-June.

In the first half of the year, the yield curve of government securities moved downward. At end-June, except for government securities with a maturity of less than 5 years, the yields of other maturities were lower than those at the beginning of the year. Affected by interest-rate volatility on the money market in June, to some extent the yields of government securities with a maturity of less than 2 years were inversely placed, but they have normalized gradually since July.

Bond issuances continued to grow. In the first half of 2013, a total of RMB4.3 trillion yuan of bonds was issued, RMB759.6 billion yuan more than that during the same period of last year. In particular, the issuance of corporate debenture bonds posted RMB2.1 trillion yuan, RMB617.8 billion yuan more than that during the same period of the last year, mainly due to increased issuances of debt-financing instruments by non-financial institutions. At end-June, the total volume of outstanding bonds of all kinds posted RMB28.4 trillion yuan, an increase of 18.5 percent year on year.

Figure 3 Yield Curves of Government Securities on the Interbank Bond Market

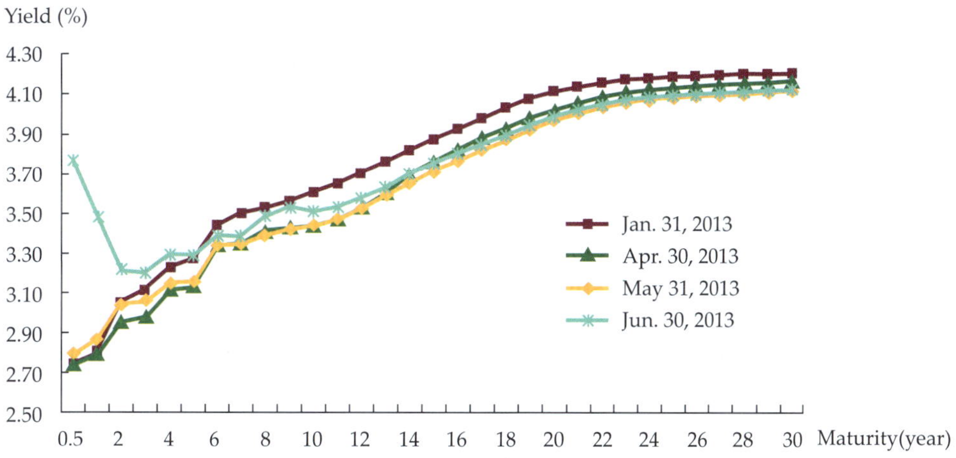

Source: China Government Securities Depository Trust and Clearing Co., Ltd..

Table 8 Issuance of Major Bonds in the First Half of 2013

Type of bonds	Issuance (RMB100 million yuan)	Year-on-year growth (RMB100 million yuan)
Government securities[1]	8,710	1,890
Central bank bills	1,140	1,140
Financial bonds[2]	11,899	-1,613
Of which: Financial bonds issued by the China Development Bank and policy financial bonds	9,629	-1,787
Corporate debenture bonds[3]	20,795	6,178
Of which: Debt-financing instruments of non-financial enterprises	15,708	5,576
Enterprise bonds	3,122	-217
Corporate bonds	1,625	578
Sub-total	42,545	7,596

Notes: 1. Including municipal bonds issued by the Ministry of Finance on behalf of local governments.

2. Including financial bonds issued by the China Development Bank, policy financial bonds, ordinary bonds issued by commercial banks, subordinated bonds issued by commercial banks, hybrid bonds issued by commercial banks, bonds issued by securities firms, and so forth.

3. Including debt-financing instruments issued by non-financial enterprises, enterprise bonds, corporate bonds, convertible bonds, bonds with detachable warrants, and privately placed SME bonds.

Sources: The People's Bank of China, National Development and Reform Commission, China Securities Regulatory Commission, China Government Securities Depository Trust and Clearing Co., Ltd.

The issuance rates of government securities of all maturities were generally stable. The interest rate of 5-year government bonds issued in June was 3.09 percent, up 14 basis points from those of the same maturity issued in November 2012; the interest rate of 7-year government bonds was 3.29 percent, up 4 basis points from those of the same maturity issued in November 2012; the interest rate of 10-year government bonds was 3.36 percent, down 19 basis points from those of the same maturity issued in December 2012. The Shibor played a larger role in bond pricing. In the first half of the year, the issuance volume of floating-rate bonds based on the Shibor was RMB117 billion yuan, accounting for 51 percent of the issuance volume of all floating-rate bonds; the 229 fixed-rate enterprise bonds issued on the primary bond market were all based on the Shibor, with a gross issuance volume of RMB310.75 billion yuan. In addition, a total of RMB205.3 billion yuan of short-term financing bills based on the Shibor was issued, accounting for 48 percent of the total issuance of short-term fixed-rate financing bills.

3. The volume of bill financing increased slightly and interest rates on the bill market fluctuated by a large margin

The growth of bill acceptances moderated. In the first half of the year, commercial bills issued by enterprises totaled RMB10.7 trillion yuan, representing year-on-year growth of 21.8 percent; outstanding commercial bills at end-June posted RMB9.2 trillion yuan, representing year-on-year growth of 12.8 percent. At end-June, the outstanding balance of accepted drafts had increased by RMB0.8 trillion yuan from the beginning of the year, representing a deceleration of RMB0.7 trillion yuan from the same period of last year. In terms of financing entities, outstanding bankers' acceptances were mainly issued by enterprises in the manufacturing, wholesale, and retail industries, and small- and medium-sized enterprises issued more than two-thirds of the total.

The amount of bill financing increased slightly, and bill financing rates fluctuated by a large margin. In the first half of 2013, the cumulative amount of commercial bills discounted by financial institutions posted RMB22.4 trillion yuan, representing year-on-year growth of 58.8 percent; at end-June the outstanding balance of discounted commercial bills increased 2.3 percent year on year to RMB2.3 trillion yuan. The balance of bill financing at end-June increased by RMB285.7 billion yuan from the beginning of the year, with a deceleration of RMB478.5 billion yuan year on year and accounting for 3.4 percent of all categories of loans, down 0.4 percentage point from the corresponding period during last year. In April and May, interest rates on the bill market were generally stable. In early June, bill financing of some financial institutions increased rapidly. In addition, due to a variety of seasonal and transient factors, interest rates on the money market fluctuated widely and those on the bill market followed suit. Since late June, as the central bank took a series of measures to stabilize market interest rates and the impacts of the temporary and emotional factors gradually tapered, interest rates on the money market declined and gradually returned to a reasonable range, and interest rates on the bill market followed this decline.

4. Stock indices declined sharply and turnover on the stock market increased year on year

Stock indices saw a sharp decline while the Growth Enterprise Board Index rose. At end-June, the Shanghai Stock Exchange Composite Index and the Shenzhen Stock Exchange Component Index closed at 1,979 and 7,695 points respectively, shedding 290 and 1,422 points from end-2012. The Growth Enterprise Board (GEB) Index (Chinext Price Index) of the Shenzhen Stock Exchange closed at 1,012 points, gaining 298 points from end-2012. The weighted average P/E ratio on the A-share market of the Shanghai Stock Exchange declined from 12.3 times at end-2012 to 10.2 times at end-June 2013, while that of the Shenzhen Stock Exchange rose from 22.2 times to 23.5 times during the same period.

The volume of trading on the stock markets increased. In the first half of 2013, the turnover on the Shanghai and Shenzhen stock exchanges totaled RMB21.1 trillion yuan, representing an increase of 20.9 percent year on year, and the average daily turnover posted RMB187.1 billion yuan, RMB37.6 billion yuan more than that during the same period of last year. The volume of transactions on the Growth Enterprise Board amounted to RMB1.9 trillion yuan, up 63.2 percent year on year. At end-June 2013, the market capitalization of the Shanghai and Shenzhen stock exchanges posted RMB16.9 trillion yuan, down 2.4 percent year on year, and the market capitalization of the Growth Enterprise Board amounted to RMB534.6 billion yuan, up 74.7 percent year on year.

Financing on the stock markets declined slightly. In the first half of 2013, a total of RMB194.6 billion yuan was raised by enterprises and financial institutions on the domestic and overseas stock markets by way of IPOs, additional offerings, rights offerings, and warrants' exercises, representing a decrease of RMB4.8 billion yuan year on year. Among this total, RMB152.4 billion yuan was raised on the A-share market, RMB.3 billion yuan less than that was raised during the same period of last year.

5. The growth of the total assets of the insurance industry moderated

In the first half of 2013, the total premium income of the insurance industry amounted to RMB951.2 billion yuan, representing year-on-year growth of 11.5 percent, and total claim and benefit payments amounted to RMB296.3 billion yuan, representing year-on-year growth of 30.9 percent. Specifically, total claim payments in the property insurance sector increased 22.5 percent, whereas those in the life insurance sector increased 40.8 percent.

The growth of total assets of the insurance industry moderated. At end-June, total assets of the insurance industry posted RMB7.9 trillion yuan, an increase of 16.4 percent year on year. In particular, bank deposits increased 3.7 percent, a large deceleration from the end of March; and investment-linked assets maintained steady growth, or up 26.0 percent year on year.

6. Swap transactions on the foreign-exchange market increased rapidly

In the first half of 2013, the turnover of spot RMB/foreign exchange transactions totaled USD1.9 trillion, representing an increase of 10.5 percent year on year. The turnover of RMB/foreign exchange swap transactions totaled USD1.5 trillion, representing a year-on-year increase of 33.1 percent; among this total, overnight RMB/USD swap transactions amounted to 819.14 billion, accounting for 54.2 percent; the turnover of the RMB/foreign exchange forward market totaled USD7.23 billion, representing a decline of 88.8 percent year on year. The turnover of foreign currency pair transactions amounted to USD33.95 billion, a decrease of 20.7 percent year on year. In particular, the Euro/USD accounted for the lion's share, or 47.2 percent, up 19.2 percentage points from the same period of last year.

The number of participants on the foreign-exchange market expanded further. At end-June, there were 382 members on the foreign-exchange spot market, 84 members on the foreign-exchange forward market, 83 members on the foreign-exchange swap market, 79 members on the currency swap market, 33 members on the foreign-exchange options market, 31 market-makers on the spot market, and 27 market-makers on the forward and swap market.

7. The price of gold declined amid fluctuations

In the first half of 2013, the turnover of gold, silver, and platinum on the Shanghai Gold Exchange all saw an increase, while the

Table 9 Use of Insurance Funds, End-June 2013

Unit: RMB 100 million yuan, %

	Outstanding balance		As a share of total assets	
	End-June 2013	End-June 2012	End-June 2013	End-June 2012
Total assets	78,840	67,760	100.0	100.0
Of which: Bank deposits	23,405	22,578	29.7	33.3
Investments	49,424	39,226	62.7	57.9

Source: China Insurance Regulatory Commission.

turnover of gold and silver hit historical highs during the same period. The total trading volume of gold was 5,412 tons, an increase of 66.6 percent year on year, and its turnover posted RMB1,613.7 billion yuan, an increase of 47.9 percent year on year. The trading volume of silver was 179,627 tons, and its turnover posted RMB909.8 billion yuan, an increase of 58.0 percent year on year. The total volume of platinum was 43 tons, and its turnover posted RMB13.4 billion yuan, an increase of 29.1 percent year on year.

In the first half of 2013, the price of gold on the international market fell sharply, reaching a trough of USD1,180.1 per ounce. On June 30, the afternoon fixing price on the London Gold Market closed at USD1,192 per ounce, down USD472 per ounce from the end of last year, or 28.37 percent lower. The highest gold price on the Shanghai Gold Exchange (AU9999) was RMB340.8 yuan per gram, and the lowest price was RMB239.3 yuan per gram. At end-June, the price on the domestic market closed at RMB243.5 yuan per gram, down RMB91 yuan per gram from the end of last year, or 27.2 percent lower.

II. Institutional building in the financial market

The reform of the new stock issuance system was furthered, and the national SME equity transfer system was improved. On June 6, the CSRC solicited public comments on the *Opinions on Further Promoting the Reform of the New Stock Issuance System*, which aimed to further reduce administrative controls on market pricing and issue timing of new stocks, give more autonomy to issuers, strengthen the responsibilities of issuers and intermediaries with respect to information disclosures, and protect the rights and interests of investors. On June 19, at its executive meeting the State Council decided to expand the pilot program of the national SMEs equity transfer system to the whole country so as to facilitate the financing of innovative enterprises and start-up enterprises. On June 20, the NEEQ (National Equities Exchange and Quotations) issued the *Provisional Procedures for Listing on the National Equities Exchange and Quotations*, which specified the listing requirements to promote standardization and normalization of SME listings.

Institutional arrangements in the insurance market were improved. On June 21, the CSRC and the CIRC jointly issued the *Provisional Procedures for the Establishment of Fund Management Companies by Insurance Companies* so as to support insurance companies to set up fund management companies. Efforts were made to regulate the agricultural insurance business, strengthen the operational management and the terms and rates of the agricultural insurance business, further expand the coverage of the agricultural insurance business, and support insurance companies to carry out the pilot insurance business for locality-specific agricultural products and local pillar agricultural products. The building of the second solvency regulatory system was strengthened. The overall framework for the second solvency regulatory system was released, and a "three pillar" regulatory system, including quantitative regulations, qualitative regulations, and market discipline, was established. Some fundamental and general issues have been resolved, including the general principles, framework, and technical principles. Efforts were made to improve the market access system for insurance intermediaries, raise the market access threshold for insurance intermediaries, guide the scale of operations for insurance intermediaries, and promote the professional concurrent business of insurance agencies.

Efforts were made to advance infrastructural building in the foreign exchange market, improve the market-maker system in the inter-bank foreign market, promote the building of trading platforms on the inter-bank foreign exchange market, and better regulate the OTC transaction net clearing business on the inter-bank foreign exchange market.

Product innovation and infrastructural building were advanced on the gold market. The Shanghai Gold Exchange introduced the 12.5 kg Au99.5 gold bullion spot contract and the inter-bank market OTC gold forward business to provide more options for gold investors. The 2.5 generation version of the trading system was successfully launched on the Shanghai Gold Exchange and its functioning was improved significantly. In addition, Friday night trading was launched to cover the major trading hours of the international gold market.

PART 4 Macroeconomic Analysis

I. Global economic and financial developments

The recovery of the world economy remained slow in the first half of 2013. Though showing a generally upbeat trend, the US economy was not yet solidly based. Due to the deepening impact of the euro debt crisis on the core countries and on economic activities, the economy in the euro zone was relatively sluggish. The Japanese economy improved, but its outlook remained unclear. Growth in most of the emerging market economies slowed down, with heightened risks of capital outflows.

1. Economic development in the major economies

Though showing a generally upbeat trend, the US economy was not yet solidly based. Due to the continued recovery of the housing market and improved consumption, annualized quarter-on-quarter GDP growth posted 1.7 percent in the second quarter, higher than that in the first quarter of the year and in the fourth quarter of last year. However, the unemployment rate remained at an elevated level, and the growth of the manufacturing sector moderated. Public finance improved, with the federal fiscal deficit dropping in the first nine months of the 2013 fiscal year (from October 2012 to June 2013) by 44 percent in year-on-year terms. However, due to the uncertainties in fiscal consolidation, in particular the dispute between Democrats and the Republicans over the "debt ceiling" and the absence of a mid-term fiscal consolidation plan, businesses watched with caution. This situation may put a drag on the economy. Uncertainty about when and how to exit the quantitative easing will impact financial market stability to some event.

The economy of the euro zone remained sluggish. As a result of recent progress in the building of the banking union and the admission of a new member state into the euro zone and the EU, the situation in Europe was eased temporarily and market confidence recovered to some extent; however, the effects of the crisis on the real economy were still unfolding. First quarter GDP declined by 0.2 percent in quarter-on-quarter terms, including growth of 0.1 percent in Germany and a drop of 0.2 percent in France. In June, the unemployment rate registered 12.1 percent, representing the highest level for the fourth consecutive month since the beginning of the euro zone. In July, the reading of the PMI climbed to 50.4, the first time since February 2012 to be above the threshold of 50, showing signs of an upturn in business production, but its further development remains to be seen. On June 7, the ECB cut the projection of euro zone growth in 2013 to -0.6 percent, about 0.1 percentage point lower than the estimate made in March of this year.

The Japanese economy improved, but its outlook remained unclear. The annualized quarter-on-quarter GDP growth in the first quarter posted 4.1 percent, beating market

Table 10 Macroeconomic and Financial Indices of the Major Economies

Country	Index	2012 Q2			2012 Q3			2012 Q4			2013 Q1			2013 Q2		
		Apr.	May	Jun.	Jul.	Aug.	Sept.	Oct.	Nov.	Dec.	Jan.	Feb.	Mar.	Apr.	May	Jun.
United States	Real GDP growth rate (annualized quarterly rate, YOY, %)	1.3			3.1			0.4			1.1			1.7 (initial value)		
	Unemployment rate (%)	8.1	8.2	8.2	8.2	8.1	7.8	7.9	7.8	7.8	7.9	7.7	7.6	7.5	7.6	7.6
	CPI (YOY, %)	2.3	1.7	1.7	1.4	1.7	2.0	2.2	1.8	1.7	1.6	2.0	1.5	1.1	1.4	1.8
	DJ industrial average(closing number)	13 214	12 393	12 880	13 009	13 091	13 486	13 096	13 025	13 104	13 861	14 054	14 579	14 840	15 116	14 910
Euro Area	Real GDP growth rate (quarterly YOY, %)	-0.2			-0.1			-0.6			-0.2					
	Unemployment rate (%)	11.2	11.3	11.4	11.4	11.5	11.6	11.7	11.8	11.8	12.0	12.0	12.1	12.1	12.1	12.1
	HICP (YOY, %)	2.6	2.4	2.4	2.4	2.6	2.6	2.5	2.2	2.2	2.0	1.8	1.7	1.2	1.4	1.6
	EURO STOXX 50(closing number)	2 423	2 257	2 381	2 479	2 509	2 518	2 525	2 551	2 569	2 641	2 647	2 698	2 725	2 662	2 605
Japan	Real GDP growth rate (annualized quarterly rate, %)	-0.1			-3.6			1.2			4.1					
	Unemployment rate (%)	4.5	4.4	4.3	4.3	4.3	4.3	4.2	4.1	4.3	4.2	4.3	4.1	4.1	4.1	
	Core CPI (YOY, %)	0.2	-0.1	-0.2	-0.3	-0.3	-0.1	0.0	-0.1	-0.2	-0.2	-0.3	-0.5	-0.4	0.0	0.4
	NIKKEI 225(closing number)	10 084	9 521	8 453	9 007	8 695	8 840	8 928	9 446	10 395	11 139	11 559	12 398	13 861	13 775	13 677

Source: Statistical bureaus and central banks of the relevant economies.

expectations. Since the beginning of 2013, the Household Consumer Confidence Index rebounded, indicating improved domestic demand. The increase in exports due to the depreciation of the yen was offset by higher costs of imports; as a result, the trade account did not show significant improvement, and June was the 12th successive month with a trade deficit. The core CPI in June posted 0.4 percent year on year, the first ever positive growth since Premier Shinzo Abe took office and the highest increase since the end of 2008. On June 14, after adopting a monetary easing policy and a flexible fiscal policy, the Abe administration announced a package of strategies for stimulating economic growth, but the reform package was not as forceful as the market expected. It remains to be seen whether the combined fiscal, monetary, and economic growth policies will help the Abe administration to overcome the deflation and to rekindle growth as planned.

Box 4 Economic policies of the Abe administration and their effects

Since Prime Minister Shinzo Abe took office on December 26, 2012, his administration has announced a series of fiscal, financial, and economic policy measures, also known as Abeconomics, signaling an important experiment in economic policies following the two decades of recession in Japan. Abeconomics has the following planks. The first plank is a quantitative and qualitative easing monetary policy. The Bank of Japan announced on April 4, 2013 that in the next two years it would double the monetary base and the outstanding amounts of Japanese Government Bonds (JGB), as well as double the average remaining maturity of JGB purchases (i.e., grow the monetary base by 60 trillion to 70 trillion Japanese yen), while increasing the purchases of risky assets, in order to achieve the 2 percent inflation target within two years. The second plank is a flexible fiscal policy. The Abe administration drafted the Supplementary Budget for FY2012 and the Budget for FY2013 (15 months in total) within one month after it took office, exceeding a total of 100 trillion Japanese yen. The objective of reducing the deficit gave way to the objective of stimulating the economy, and government spending was reoriented from social welfare to infrastructure construction and national defense. The third plank is an economic growth strategy. The Japanese government formally passed its economic growth strategy during a cabinet meeting in June 2013, which covers industrial revitalization, creation of strategic markets, and developing international markets, and raised the objectives for the next decade, namely real and nominal GDP growth of 2 percent and 3 percent respectively per annum, and increasing per capita national income by 1.5 million yen within 10 years.

The economic policy of the Abe administration features a highly accommodative monetary policy that suppresses mid- and long-term yields of government bonds in order to support a fiscal stimulus and economic reforms and to promote private investments; the use of the exchange-rate depreciation to boost profits of export enterprises, to push up asset prices, and to strengthen the wealth effect, which combined with inflationary expectations, will simulate consumption, thus spurring economic growth. The policy has achieved short-term gains. From September 2012 to end-June 2013, the Nikkei 225 Index surged by 54 percent, and the yen depreciated by 28 percent against the US dollar. The stock market hike boosted consumer confidence, whereas the weaker yen stimulated exports. Driven by private consumption and exports, annualized real GDP grew by 4.1 percent quarter on quarter in Q1, or 0.4 percent year on year, beating market expectations. However, the reform program for economic growth launched in June was not as forceful as the market expected. For example, measures to deregulate the labor market and the agriculture market were not forceful enough, with the absence of a comprehensive tax reduction program and other concrete measures expected by the business community. Shinzo Abe announced that a second round of the economic growth strategies would be launched in autumn 2013.

As monetary policy cannot address structural problems such as the aging of the population and the inadequate demand for investment and financing that have led to protracted economic downturn in Japan, if the new strategies for economic growth are short of key structural reform measures or if the measures are not carried out in a determined and comprehensive manner, the effects of the accommodative monetary policy cannot be sustained and might even create asset bubbles, deteriorate fiscal conditions, and trigger a competitive devaluation throughout the world. On the one hand, inflation might run counter to depressing market interest rates. The heavy burden of government bond interest will increase concerns among investors about fiscal sustainability. On the other hand, boosting inflation is contradictory to stimulating economic growth. If inflation is driven by demand, investment and consumption will expand before the interest rate crawls up; as a result, the economic fundamentals and the fiscal conditions will be improved accordingly. However, if the inflation is pushed by debt monetization, the interest rate will increase before the economy recovers, which will dampen consumption and investment and deteriorate fiscal conditions. If massive liquidity flows into the stock market rather than the real economy, asset bubbles are likely to be created. In addition, the international community is concerned about a yen depreciation triggering a competitive devaluation throughout the world. Since the beginning of 2013, the joint communiqués of the finance ministers of the G7 and the G20 and central bank governors have emphasized that efforts should be made to avoid a competitive devaluation, not to target exchange rates for competitive purposes, to resist all forms of protectionism, and to keep markets open.

In general, if Japan can expand domestic demand and grow the economy through structural reforms, this will play a positive role in global economic growth. However, merely relying on a quantitative monetary policy and a weaker yen in the absence of effective structural reforms might have negative spillover effects and aggravate the risks of massive capital movements in global financial markets.

Growth slowed down in most emerging market economies. In the first quarter, the GDP in Russia, India, and South Africa grew by 1.6 percent, 4.8 percent, and 1.9 percent respectively year on year, slower than that during the same period of last year. In June, the HSBC's Emerging Market Index (EMI) that reflects the purchasing managers' indices in 16 emerging market economies dropped to 50.6, the lowest level since May 2009. Specifically, the component index for manufacturing activities posted 49.5, the first contraction since October 2012, indicating a weakened growth momentum in the emerging market economies.

2. Development of the global financial market

Affected by a number of factors such as expectations of an early exit of the quantitative easing by the Federal Reserve, the quantitative and qualitative easing monetary policy in Japan, and the slower global recovery, volatility in the international financial market heightened.

Major reserve currencies fluctuated within a wide band against the US dollar, whereas the currencies of the major emerging markets depreciated against the US dollar. On June 28, the exchange rate of the USD/EUR, USD/GBP, and JPY/USD closed at 1.3008, 1.5210, and 99.12 respectively. Since the end of March, the euro and the British pound appreciated by 1.5 percent and 0.1 percent respectively against the US dollar, whereas the Japanese yen depreciated by 5.0 percent against the US dollar. Among the major emerging market currencies, the Brazilian real, the Indian rupee, and the South African rand depreciated by more than 6 percent over end-March, with the real depreciation by as much as 9.3 percent; and the Russian ruble, the Thai baht, the Mexican peso, and the Argentine peso depreciated by more than 4 percent against the US dollar over end-March, and the Korean won and the Indonesian rupiah depreciated by more than 2 percent against the US dollar over end-March.

The USD Libor edged down while the Euribor fluctuated at a subdued level. Affected by the Federal Reserve's quantitative easing monetary policy, in general the USD Libor edged down; however, since late June, affected by the expectation that the Federal Reserve might exit from the quantitative easing, the Libor edged up slightly. On June 28, the 1-year Libor was 0.6857 percent, a decline of 0.046 percentage point from the end of March. The 1-year Euribor registered 0.5270 percent, a decrease of 0.020 percentage point from the end of March. T-bond yields in the US, Germany, and Japan continued to grow. On June 28, 10-year T-bond yields in the US, Germany, and Japan closed at 2.488 percent, 1.726 percent, and 0.869 percent respectively, up 63.6, 45.1, and 35.3 basis points respectively compared with end-March.

The major stock indices fluctuated markedly. On June 28, the Dow Jones Industrial Average Index and the NASDAQ Composite Index closed at 14,910 and 3,403 points respectively, gaining 2.3 percent and 4.1 percent over end-March. The STOXX50 Index closed at 2,605 points, losing 3.5 percent over end-March. The Nikkei 225 Index closed at 13,677 points, surging by 10.3 percent over end-March.

3. Monetary policies in the major economies

The major advanced economies continued to implement quantitative easing policies. In its May statement, the FOMC announced that it would keep the target range for the federal funds rate at 0 to 0.25 percent and would continue to link the adjustment of the interest rate with the development of inflation and the unemployment rate. It also expressed its preparedness for more policy flexibility and announced that it would increase or reduce the pace of asset purchases as the outlook for the labor market or inflation changes. At present, the Federal Reserve's asset purchases are kept at a pace of USD 85 billion per month. After the FOMC meeting in June, Chairman Bernanke indicated that if the US economy continued to improve as expected, the Federal Reserve might taper the size of purchases of securities in late 2013 and terminate purchases in mid-2014. However, when testifying before the Congress on July 17 and 18 on semi-annual monetary policy, Bernanke said that in the foreseeable future, the US would need to maintain a highly accommodative monetary policy. On May 2, the ECB announced that it would cut the minimum bid rate on the main refinancing operations by 25 basis points to 0.5 percent and would cut the rate on the marginal lending facility from 1.5 percent to 1 percent. On July 4, the ECB announced that it would maintain the prevailing or even lower interest rates for a long period to come. In early-April, the Bank of Japan decided to change the target for monetary policy operations from the uncollateralized overnight call rate to the monetary base. Quantitative and qualitative monetary easing was introduced by doubling the monetary base and the outstanding amounts of Japanese Government Bonds (JGB), as well as by more than doubling the average remaining maturity of JGB purchases so as to achieve the 2 percent inflation target within two years. The Bank of England maintained the Bank Rate at 0.5 percent, and the size of asset purchases at GBP375 billion remained unchanged.

The monetary policies pursued by the emerging markets differed. The Bank of Korea cut the benchmark interest rate by 25 basis points to 2.50 percent on May 9, the lowest level since 2011. The Reserve Bank of India lowered the benchmark interest rate on May 3 by 25 basis points to 7.25 percent. The National Bank of Poland reduced the target benchmark interest rate on May 8, June 5, and July 3 by cumulative 125 basis points to 2.50 percent, a level unprecedented in history. Starting from August 2012, the Central Bank of Hungary cut the benchmark interest rate on 12 successive occasions to a historical low level of 4.0 percent. Unlike these economies, the Central Bank of Brazil increased the benchmark interest rate on April 17, May 29, and July 10 by a cumulative 125 basis points to 8.50 percent. The Bank of Indonesia increased the benchmark interest rate on June 13 and July 11 by a cumulative 75 basis points to 6.50 percent. In addition, the Central Bank of the Republic of Turkey cut the benchmark interest rate on April 16 and May 16 by a cumulative 100 basis points to 4.50 percent, but later, on July 13, increased the upper end of the interest-rate corridor in order to alleviate inflationary pressures and to maintain price stability.

4. The world economic outlook and major risks

Uncertainty is still weighing on global economic prospects, and the global growth rate in 2013 is expected to remain low. In the July *World Economic Outlook Update*, the International Monetary Fund (IMF) revised downward the projection for global growth to 3.1 percent, about 0.2 percentage point lower than its projection in April. The IMF made downward revisions to the projections for growth in the US, the euro zone, and the emerging markets and developing economies to 1.7 percent, -0.6 percent, and 5.0 percent respectively, while raising the forecast for Japan to 2.0 percent.

Going forward, the major risks in the global economy include the following:

First, uncertainty exists concerning the exit of the accommodative monetary policy in the major advanced economies. Recently, the world and global financial market participants are closely following the potential fallout of the Federal Reserve's tapering of the quantitative easing monetary policy, which shows that the exit of the quantitative easing monetary policy, similar to its adoption, has significant spillover effects. If an exit from the quantitative easing monetary policy reflects substantive improvements in the US economy and employment and if it proceeds in an orderly manner, it will have generally positive effects on the world economy. However, the short-term impact of an exit, in particular the impact on the emerging market economies and the developing countries, cannot be ignored. The impact might include: increased volatility in cross-border capital flows, the global foreign-exchange market, asset prices, and commodity prices, heightened depreciation risks in the currencies of the emerging market economies, and more difficulties and greater uncertainties in macro-economic management and structural reforms.

Second, the European sovereign debt crisis is in a relatively stable period, but it remains one of the most prominent risks that might threaten a global economic recovery. The revelation of the problems in Slovenia's banking system has caused concerns about an outbreak of a banking crisis; going forward the political situations in Italy and Portugal and their impact on the progress of the various reform programs remain to be seen; the fiscal deficit and banking sector problems in Spain remain daunting; the economic recession continues in Greece, and the long-term debt sustainability faces grave challenges; fiscal consolidation in France has made less progress than planned, and its economic outlook is less than optimistic; and the prospects with regard to the banking union in the euro zone and other integration mechanisms remain unclear.

Third, trade and investment protectionism is on the rise. The slow recovery in the major advanced economies, coupled with the lack of policy tools and policy space for stimulating economic growth, the persistently high unemployment rate, and the acute political polarization in these countries has aggravated trade and investment protectionism. In addition, the deteriorating political situation in the Middle East and the geopolitical tensions in East Asia that cannot be lessened within a short period of time threaten to hinder bilateral trade and economic relations and regional economic cooperation, thus containing the recovery of the global economy.

II. Analysis of China's macroeconomic performance

The Chinese economy maintained stable growth and structural adjustments made headway. Consumption grew in a stable manner while investment rose rapidly. The outlook for the agricultural sector was good, and progress was made in the restructuring of the industrial sector. Price levels and the employment situation were basically stable. In the first half of 2013, GDP totaled RMB24.8 trillion yuan, up 7.6 percent year on year. The GDP growth rate in Q1 and Q2 2013 were 7.7 percent and 7.5 percent respectively year on year, and 1.6 percent and 1.7 percent quarter on quarter. In the first two quarters of this year, the Consumer Price Index (CPI) was up 2.4 percent year on year, and the trade surplus posted USD107.95 billion.

1. Consumer demand registered steady growth and investment grew in a fairly rapid manner, while the growth of imports and exports slowed down

The growth of household income was basically stable, while consumption in the rural areas rose more rapidly than that in the urban areas. In the first half of 2013, per capita disposable income of urban households posted RMB13,649 yuan, representing year-on-year growth of 9.1 percent and price-adjusted real growth of 6.5 percent. The per capita cash income of rural households registered RMB4,817 yuan, up 11.9 percent in nominal terms and 9.2 percent in real terms. The growth of urban and rural household income slowed down year on year, but was still slightly higher than the growth of GDP during the same period. According to the PBC Survey of Urban Depositors in the second quarter, the household income index stood at 50.7 percent, a decline of 3.9 percentage points compared with the previous quarter, but 0.6 percentage point more than Q2 2012. In the first half of the year, retail sales of consumer goods totaled RMB11.1 trillion yuan, representing year-on-year growth of 12.7 percent or 11.4 percent in real terms, which was 0.2 percentage point higher than that during the same period of last year. Retail sales in urban areas registered RMB9.6 trillion yuan, up 12.5 percent year on year, whereas retail sales in rural areas grew 14.3 percent year on year to reach RMB1.5 trillion yuan.

Fixed-asset investments grew fairly rapidly, and investment in the tertiary industry accelerated. In Q1 and Q2, fixed-asset investments (excluding investments by rural households) totaled RMB18.1 trillion yuan, up 20.1 percent year on year in both nominal and real terms, representing an acceleration of 2.1 percentage points compared with real growth during the same period of last year. Among this total, investment by state-owned or state-controlled sectors was RMB5.7 trillion yuan, representing year-on-year growth of 17.5 percent, while private investment registered RMB11.6 trillion yuan, increasing 23.4 percent over the same period of last year. In terms of the regional distribution, growth of fixed-asset investments in the central and western regions outpaced that in the eastern region; growth in the eastern, central, and western regions registered 18.7 percent, 23.6 percent, and 22.7 percent respectively. In terms of the sectoral distribution, fixed-asset investments in the primary, secondary, and tertiary industries grew 33.5 percent, 15.6 percent, and 23.5 percent respectively, with the growth of the primary and tertiary industries accelerating by 4.9 and 6.1 percentage points respectively, while the growth of the secondary industry decelerating by 8.2 percentage points. In the first half of the year, total planned investments in new projects grew 15.1 percent year on year to reach RMB17.3 trillion yuan, representing a deceleration of 8.1 percentage points over the same period of last year. Total planned investments in projects under construction grew 18.8 percent year on year to RMB64.5 trillion yuan, accelerating by 3.5 percentage points compared with the same period in 2012.

Figure 4 Import and Export Growth and the Trade Balance

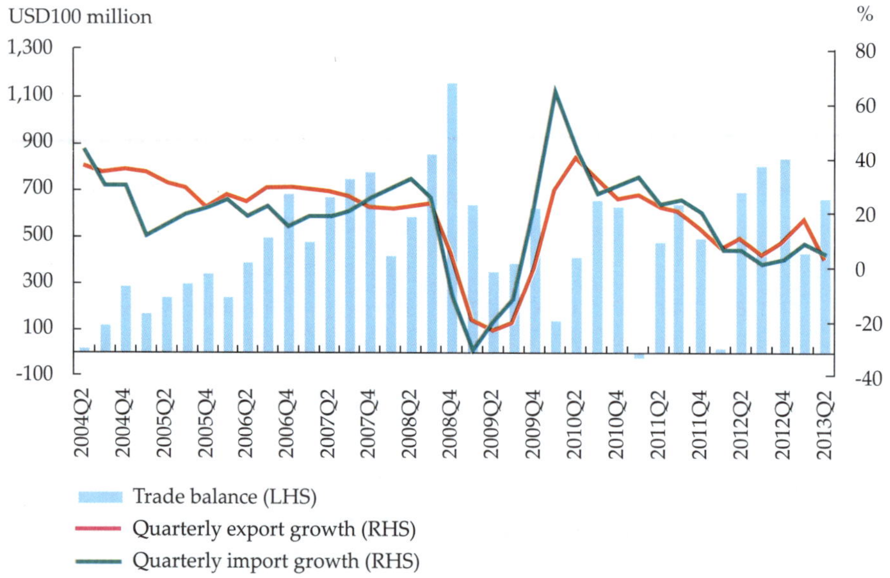

Sources: General Administration of Customs, the People's Bank of China.

The structure of imports and exports improved but growth fell. In the first half of 2013, exports gained 10.4 percent year on year to USD1,052.8 billion, while imports rose 6.7 percent to USD944.9 billion compared with the same period of last year. Total exports and imports grew 8.6 percent year on year and the trade surplus registered USD107.95 billion. In particular, import and export growth fell notably in May and June, with imports declining by 0.3 percent and 0.7 percent year on year respectively and exports growing by 1 percent and -3.1 percent respectively compared with the same period of last year. The slowdown in trade growth can be attributed to weak external demand, repressed over-invoicing carry trade with Hong Kong, and the decline in the prices of exports and imports. The trade structure improved, with the share of exports from the central and western regions increasing by 0.3 percentage point and the share of exports by the private sector rising by 4.1 percentage points year on year. The share of exports of machinery and electronic products, and hi-tech products was enhanced by 0.2 and 2.0 percentage points respectively to reach 57.8 percent and 30.5 percent. The growth of general trade was 10.9 percentage points higher than that of processing trade. The share of exports to markets other than the US, the European Union, and Japan increased to 62.4 percent.

2. The outlook for agricultural production was optimistic and the growth of industrial production slowed down

In the first half of 2013, the value-added of the primary, secondary, and tertiary industries was RMB1.9 trillion yuan, RMB11.7 trillion yuan, and RMB11.2 trillion yuan respectively, up 3 percent, 7.6 percent, and 8.3 percent year on year. It accounted for 7.5 percent, 47.2 percent, and 45.3 percent of total GDP respectively.

The outlook for agricultural production was positive. In the first half of the year, summer grain production rose by 1.5 percent to reach 131.89 million tons. Total output of meat (including pork, beef, mutton, and poultry) dropped by 0.2 percent year on year to reach 39.16 million tons. Among this total, pork output totaled 26.14 million tons, up 1.0 percent year on year.

Growth of industrial output picked up, and industrial restructuring made progress year on year. In Q1 and Q2, the value-added of statistically large enterprises grew 9.3 percent year on year, representing a deceleration of 1.2 percentage points. In June, seasonally-adjusted industrial value-added was up by 0.68 percent month on month, an acceleration of 0.07 percentage point compared with May. Industrial restructuring made gradual progress. Growth of the hi-tech industry maintained a strong momentum. Development of the emerging industries of strategic importance picked up pace. In the first half of 2013, profits of statistically large enterprises posted RMB2.6 trillion yuan, up 11.1 percent year on year and representing a deceleration of 1 percentage points compared with Q1. The profitability of statistically large enterprises from their main business posted 5.4 percent, up 0.12 percentage point compared with Q1. The sales-output ratio of statistically large enterprises registered 97.5 percent, a rise of 0.3 percentage point compared with the first quarter. The Survey of 5,000 Industrial Enterprises conducted by the PBC indicated that market demand remained stable and the profitability of the corporate sector improved despite the low business index. In Q2, the business index posted 57.1 percent, declining by 5.5 quarter on quarter and by 6.5 percentage points year on year respectively. The enterprise export order index stood at 49.9 percent, growing by 3.3 and 1.1 percentage points respectively compared with the last quarter and the same period of last year. The domestic order index registered 50.3 percent, a rise of 1.5 percentage points quarter on quarter and 0.1 percentage point year on year. The corporate profitability index posted 55.6 percent, up by 2.8 percentage points over Q1 2013 and by 3 percentage points over the same period of last year.

3. Consumer prices were generally stable while producer prices declined by a larger margin

Consumer prices remained generally stable. In the first half of 2013, the CPI rose 2.4 percent year on year. The CPI in April, May, and June went up by 2.4 percent, 2.1 percent, and 2.7 percent respectively compared with last year, amounting to a 2.4 percent year-on-year increase for Q2 2013, which was flat with the previous quarter. In terms of food and non-food items, the price of non-food items was generally stable while the price of food fluctuated. In Q2, the price of food grew 4 percent year on year, accelerating by 0.1 percentage point compared with the previous quarter and contributing 1.3 percentage points to the increase in the CPI. The price of non-food items rose 1.6 percent year on year, which was 0.2 percentage point lower than that in the previous quarter, and it pushed up the CPI by 1.1 percentage points. In terms of consumer goods and services, the price of consumer goods grew 2.2 percent year on year, down 0.1 percentage point from the previous year, and the price of services was up 2.8 percent year on year, the same as that during Q1.

The quarter-on-quarter decrease in producer prices widened, and quarter-on-quarter upstream producer prices continued to decline. In the first half of this year, ex-factory prices of industrial products fell 2.2 percent year on year, and the average decline in the second quarter was 2.7 percent, widening by 1 percentage points compared with the previous quarter. In Q1 and Q2, producer purchasing prices dropped by 2.4 percent year on year, and in Q2 they declined by an average of 2.8 percent. The Corporate Goods Price Index (CGPI) has registered a year-on-year decrease for 15 consecutive months, and fell by 1.7 percent year on year during the first half of 2013. The prices of midstream and upstream products declined by a larger margin, and the price of downstream products edged up. In the first half of 2013, the prices of primary, intermediate, and final products grew by -1.7 percent, -2.4 percent, and 0.7 percent respectively year on year, which were 3.0, 1.4, and 0.6 percentage point lower than those during same period of last year. The price of capital goods went down while the price of consumer products rose slightly. In Q1 and Q2, the prices of capital goods and consumer products gained -2.1 percent and 1.7 percent respectively year on year, 1.5 and 0.9 percentage point lower than during the first half of 2012. In Q2, the producer price of agricultural products increased 1.1 percent year on year, 3 percentage points lower than the growth of the price of agricultural capital goods.

Due to factors such as the overall decline in commodity prices on the international market, the fall in import prices picked up. In the second quarter, the average price of WTI crude oil futures on the New York Mercantile Exchange dropped by 0.2 percent compared with the previous quarter, while the average price of Brent crude oil futures on the Intercontinental Exchange plunged by 8.2 percent from the last quarter. The average LME spot copper and aluminum prices fell by 9.9 percent and 8.4 percent respectively from Q1. In the first half of the year, import and export prices declined by 2.4 percent and 0.3 percent respectively year on year. From April through June, import prices slipped by 2.5 percent, 4.5 percent, and 1.8 percent respectively year on year, averaging a decline of 2.9 percent in the second quarter. Meanwhile, export prices edged downward by 0.1 percent, 0.9 percent, and 0.7 percent respectively in the three months year on year, averaging a decrease of 0.6 percent in Q2.

The GDP deflator (the ratio of nominal GDP to real GDP) continued to fall. In the first two quarters, the GDP deflator was 1.1 percent, which was 1.3 percentage points lower than that during the same period in the previous year, and 0.6 percentage point lower than that during the previous quarter.

The resource products pricing reform made new progress. On June 28, the National Development and Reform Commission released a notice on the basic principle for adjusting the pricing mechanism for natural gas. A dynamic price adjustment mechanism that reflects market supply and demand and resource scarcity and is linked with the price of renewable energy will be established so as to straighten out the relationship between the price of natural gas and renewable energy. The notice stipulated that the government would manage the city-gate price rather than the ex-factory price of natural gas, putting in place a ceiling for the city-gate price. It was also decided that the city-gate price of natural gas for non-residential users would be increased by RMB0.26 yuan per cubic meter beginning on July 10, while the price of natural gas for residential use would not be adjusted.

4. Fiscal revenue and expenditures grew at a subdued pace

In the first half of 2013, fiscal revenue (excluding revenue from debt issuances) grew 7.5 percent year on year to RMB6.9 trillion yuan, representing a deceleration of 4.7 percentage points. Fiscal expenditures rose 10.8 percent to RMB6 trillion yuan, representing a deceleration of 10.5 percentage points year on year. Fiscal revenue exceeded expenditures by RMB887.7 billion yuan.

As for the structure of fiscal revenue, in the first half of 2013 tax revenue posted 5.9 trillion yuan, up 7.9 percent year on year and representing a deceleration of 1.9 percentage points from the same period of last year. Among this total, revenue from domestic value-added taxes rose by 6.6 percent year on year, whereas that from value-added taxes and business taxes on imports declined by 17.1 percent compared with the previous year. Meanwhile, revenue from corporate income taxes, business taxes, the domestic excise duty, and personal income taxes went up by 14.2 percent, 12.9 percent, 3.6 percent, and 11 percent respectively year on year. Revenue from the six above items accounted for 76.5 percent of the total.

As for the structure of fiscal expenditures, spending for the improvement of people's livelihood maintained rapid growth. Fiscal expenditures on education, health care and medical services, social security and employment, agriculture, forestry and water conservation, urban and rural communities, as well as energy savings and environmental protection went up by 10.7 percent, 22.3 percent, 15.4 percent, 11.3 percent, 19.6 percent, and 14.1 percent respectively year on year.

5. The employment situation was generally stable

New employment in the urban areas continued to increase. In the first half of 2013, new employment registered 7.25 million, accelerating by 310,000 year on year. In the second quarter, a statistical analysis conducted by the China Human Resources Market Information Monitoring Center on public employment service agencies in 104 cities showed that labor supply and demand both fell compared with the same period of last year and the previous quarter, contributing to an overall balance in the labor market. The ratio of job seekers to job vacancies registered 1.07, declining by 0.03 compared with the previous quarter and increasing by 0.02 over the same period of last year. Broken down by region, labor supply and demand edged up in the eastern region, but fell in the central and western regions compared with the previous quarter and the same period of last year. The ratios of job seekers to job vacancies were 1.04, 1.09, and 1.13 respectively, implying that labor demand exceeded labor supply in all regions. Broken down by industry, job openings in all industries but leasing and the business service industry declined. Among this total, job openings in the manufacturing industry, hotel and catering industry, residential services and other services, as well as the wholesale and retail industry declined by a larger margin. Broken down by employers, more than 90 percent of the job openings were concentrated in the corporate sector, while those in governmental agencies and public institutions accounted for merely 0.6 percent, with job openings provided by other employers taking up 2.3 percent of the total. In terms of the backgrounds of the job seekers, the share of this year's college graduates and job seekers from other provinces increased, whereas the percentage of unemployed and rural residents dropped sharply. Broken down by employer demand, medium- and high-level skilled workers were in short supply, while the demand for low-level skilled workers declined.

6. The balance of payments further improved

In Q1 2013, the current account balance stood at USD47.6 billion, accounting for 2.5 percent of GDP. The surplus under the capital and financial account registered USD 90.1 billion, up by 61 percent year on year. Foreign exchange reserves grew by USD157 billion. According to preliminary statistics of the SAFE, in the first half of 2013 the current account surplus registered USD95.7 billion, while the capital and financial account posted a surplus of USD107.8 billion.

Growth of the external debt remained stable. As of end-March, the outstanding external debt stood at USD 765 billion, up 1.8 percent year on year. Among this total, the stock of registered external debt posted USD 461.4 billion, a decrease of 3.9 percent year on year; the outstanding short-term external debt posted USD565.7 billion, an increase of 1.4 percent year on year and accounting for 73.9 percent of the total.

7. Sectoral analysis

Profits of industrial enterprises continued to increase, but differed among the various industries. In the first half of 2013, among 41 industries, 30 industries witnessed a rise in profits in their main businesses compared with the first half of the previous year, 8 suffered from lower profits, 2 earned profits in contrast to losses during the same period of last year, and one cut its losses compared with the same period of the previous year. The PBC's Survey of 5,000 Industrial Enterprises indicated that downstream industries producing consumer goods, such as the pharmaceutical manufacturing industry, the apparatus industry, the electronic machinery industry, and home appliance manufacturing industry, had high readings on the profitability index, whereas resource industries, including the coal mining industry, the petroleum and natural gas extraction industry, and the ferrous metal metallurgy and rolling industry, reported lower profitability.

(1) Real estate sector

Nationwide sales of commercial housing declined. The number of cities seeing a month-on-month increase in housing prices dropped for 3 consecutive months. Growth of investment in the real estate sector remained stable, while growth in real estate loans edged down.

The number of cities witnessing a year-on-year increase in housing prices was on the rise, and the number of cities where housing prices registered month-on-month growth continued to decline. In June 2013, prices of newly built commercial residential housing increased from the previous year in 69 out of 70 cities, representing an increase of 2 compared with March, and the largest increase margin was 16.7 percent. Prices of pre-owned residential housing gained year on year in 68 cities, 9 cities more than in March. The price of newly built commercial residential housing rose month on month in 63 cities, 5 cities less than in March compared with 68 cities in March, the third consecutive month that witnessed a decline. The price of pre-owned housing grew month on month in 55 cities, which was 11 less than in March.

Sales of commercial real estate declined from an elevated level. In the first half of 2013, the nationwide sold floor area of commercial real estate gained 28.7 percent year on year to reach 510 million square meters, representing a deceleration of 8.4 percentage points from Q1. The sales value of commercial real estate was up 43.2 percent year on year to reach RMB3.3376 trillion yuan, representing a deceleration of 18.1 percentage points from the previous quarter. In particular, the sold area and turnover of commercial residential housing accounted for 89.6 percent and 84.5 percent respectively of the total sold area and of the turnover of commercial housing.

Growth of investment in real estate development edged up. Investment in real estate development in the first half of 2013 totaled RMB3.6828 trillion yuan, up 20.3 percent year on year, representing an acceleration of 0.1 percentage point. In particular, investment in residential housing was RMB2.5227 trillion yuan, accounting for 68.5 percent of the total. The floor area of newly built housing was 960 million square meters, representing a rise of 3.8 percent year on year, in contrast to a year-on-year decline of 2.7 percent in Q1. The floor area of housing under construction grew 15.5 percent year on year to reach 5.49 billion square meters, representing a deceleration of 1.5 percentage points from the previous quarter. The floor area of completed housing stood at 350 million square meters, up 6.3 percent and representing a deceleration of 2.6 percentage points from the previous quarter.

Growth of real estate loans registered a slight decline after rising for 13 consecutive months. As of end-June 2013, outstanding real estate loans of major financial institutions (including foreign-funded financial institutions) posted RMB13.6 trillion yuan, an increase of 18.1 percent year on year, representing an increase of 1.7 percentage points compared to end-March and a decline of 0.1 percentage point compared to end-May. Outstanding real estate loans accounted for 20.6 percent of the total outstanding loans, growing by 0.2 percentage point from the end of March. Among this total, outstanding mortgage loans rose 20.8 percent year on year to RMB8.3 trillion yuan, representing a rise of 3.9 percentage points from the end of Q1; outstanding real estate development loans gained 9.4 percent year on year to RMB2.4 trillion yuan, representing a deceleration of 1.2 percentage points from the end of the previous quarter; outstanding land development loans gained 17.2 percent year on year to RMB1.1 trillion yuan, which was 4.2 percentage points lower than the growth at end-March. New real estate loans reached RMB1.3 trillion yuan, accounting for 27.1 percent of the total new loans, which was 0.1 percentage point higher than that during the first quarter.

Credit support for welfare housing was further reinforced. As of end-June 2013, outstanding loans for welfare housing rose 37.5 percent year on year to RMB658 billion yuan, which was 26.5 percentage points higher than the growth of real estate development loans. Moreover, the pilot program of using housing provident fund loans to support the construction of affordable housing was steadily advanced. As of end-June 2013, based on the construction progress, a total of RMB51.9 billion yuan of such loans was disbursed to 227 projects in 59 cities under the affordable housing program, and a total of RMB8.4 billion yuan of the principal had been recovered.

(2) Internet banking and finance

As the age of big data arrives, the accumulation of a huge amount of data and an improved capacity for data processing promoted the development of Internet banking. An emerging business combining traditional finance with the Internet, Internet banking enjoyed a number of advantages, including greater transparency, wider participation, lower costs of intermediation, more convenient payments, a greater pool of credit information, and higher efficiency in information processing.

In recent years, an Internet financial service platform has emerged, including third-party payments, Internet credit, and crowd funding. For example, the size of the third-party payment market exceeded RMB10 trillion yuan in 2012. Among this total, the amount of Internet payments by payment institutions, mobile payments, bank card acceptances, and pre-paid card business reached RMB6.9 trillion yuan, RMB181.19 billion yuan, RMB3.8 trillion yuan, and RMB57.56 billion yuan respectively. The scope of the online financing business expanded from the payment business to the traditional banking businesses, such as fund transfers, cross-border settlements, microcredit, cash management, asset management, supply chain financing, agency sales of funds and insurance products, as well as the repayment of credit card debt. Innovations in Internet financial products and services have made up for the inadequacy of the traditional financial services. Moreover, financial institutions, including commercial banks and securities firms, have been improving their online transaction platforms, including electronic banking and online shopping malls, applying a scientific approach to the analysis and mining of an enormous amount of data. More diversified and convenient financial services based on the consumption and behavioral patterns of consumers have enabled financial institutions to come up with more diversified and more convenient financial services, contributing to higher efficiency and lower costs of financial services.

As a new channel of intermediation between the supply side and demand side of funds compared with the traditional banking and securities market, Internet financing enhances the efficiency of financing and is a useful complement to the existing financial system. Its reliance on an analysis of a large amount\ of data helps address information asymmetries and to mitigate credit risks, enabling the provision of more tailor-made services and more diversified products. The reduction in transaction costs and the diversification of risks enhance the coverage of financial services, benefiting in particular small and micro-sized enterprises, self-employers, and residents. For example, it was reported that as of end-June 2013, more than RMB100 billion yuan of credit was extended by Alibaba micro-financing to more than 320,000 users, with a credit line of RMB40,000 yuan per user. Meanwhile, the wide base of participation and the accurate analysis of the behavioral patterns and preferences of consumers have contributed to an NPL ratio of no more than 0.84 percent, which is lower than the average for commercial banks.

As a new financing model, the Internet poses challenges to financial regulators, to the protection of financial consumers, and to macroeconomic management. Compared with traditional financing, the risks of Internet banking focus on the security of consumer information and risk management. In the context of the rapid development of Internet financing, efforts should be made to study its development and to enact laws based on an adequate understanding and a reasonable evaluation of its characteristics and potential influence; to assign a competent regulatory authority and carry out more targeted and efficient regulation to the guide healthy development of Internet financing; and to promote the development of the credit system and strengthen education and protection of financial consumers so as to provide a more facilitating market environment for financial system innovation and its support for the real economy.

PART 5 Monetary Policy Stance to be Adopted in the Next Stage

I. Outlook for the Chinese economy

At present, the structural adjustments, transformation, and upgrading of the Chinese economy are at a critical stage. Looking ahead, we expect the growth potential will be gradually released along with progress in the structural adjustments. Despite the complex environment and various constraints and challenges, there are a number of positive factors and favorable conditions to support sustained and healthy economic growth, and the fundamentals remain unchanged. On the one hand, much can be done in terms of industrialization and urbanization. After many years of rapid development, human capital, infrastructure, industrial capacity, and supporting industries have all improved. The size of the economy in the eastern regions is large, endogenous drivers and stability have both been strengthened, and economic performance has improved. The hinterland and western regions enjoy obvious late-mover advantages and have a strong will to accelerate development. There is ample room to achieve balanced regional development. The upgrading of consumption and service-sector development have picked up pace. In particular, once the weak points and bottlenecks are resolved, the enormous demand potential will be released. On the other hand, positive progress has been made in the adjustments of the economic structure. After declining for ten consecutive years, the consumption ratio has rallied a bit in the recent two years. In 2012, consumption posted 49.2 percent. The tertiary industry has expanded at a faster pace. In the first half of 2013, growth of the service sector accelerated 0.5 percentage point year on year and growth of investment in the tertiary industry outpaced that in the secondary industry by almost 8 percentage points. A modern service sector, high-tech industries, and some new industries are developing with a good momentum. In particular, enterprises and sectors that have worked actively to promote upgrading, transformation, and independent innovation have shown remarkable resilience and dynamism. In terms of the external environment, though the deep-rooted institutional issues have yet to be resolved effectively, and the recovery performance and monetary policy stances have differed among the various economies, the global economy as a whole is relatively stable and conducive to the preservation of a stable environment for external demand.

The Chinese economy faces various risks and challenges, and the situation is very complex. Against the background of deceleration in potential GDP growth, the overcapacity in the traditional manufacturing industries that has matched the growth pattern during the high-growth period is quite serious. Investment in the manufacturing industry has declined continuously. To a large extent, economic growth has relied on infrastructural investments. In the first half of 2013, growth of infrastructural investments was 5.2 percentage points higher than that of total investments. As the investment rate remains at a high historical level, the movement of the investment rate to a more sustainable range will place pressures on economic performance. The indebtedness and leverage ratio of some enterprises have risen rapidly. Some of the local financing platforms are using even more complicated channels for financing and financing costs are on the rise. At the same time, the resources and environment are overly stretched, and given the serious pollution of the air, water, and soil, environmental constraints are becoming stronger. The structural imbalances in economic performance have mitigated the effects of the policies that were designed to regulate aggregate demand and supply, and it is difficult to further increase leveraging. It is necessary to transform the growth model, speed up the structural adjustments and reforms, make progress to boost household consumption, develop a new-type of urbanization and new service industries, nurture new growth engines, and strengthen endogenous drivers and dynamics. It is worth noting that the adjustment of the economic structure and the transformation of the growth pattern will inevitably affect the growth rate. A new situation and new problems might arise and interactions among some variables might change as well. The key is to properly manage the balance between the short term and the long term, take into consideration and strike a balance among preserving stable growth, adjusting the economic structure, promoting reform, and preventing risks, and promote sustained and sound economic growth.

The overall price situation is relatively stable, but uncertainties remain. The stable economic performance, the gain in the output of the summer crop, the abundant capacity in the industrial sector, and the relatively stable prices of commodities and capital goods are all conducive to price stability. According to the quarterly Depositors' Survey conducted by the PBC in Q2, the future price expectation index remained at 66.8 percent, at par with the reading in Q1. There are structural characteristics in the price movements. On the one hand, traditional industries that did well in the recent boom have an overcapacity and low level of utilization, and the PPI has remained on negative ground. On the other hand, due to the upward pressures on labor costs, service prices, and rent, the basis for stable consumer prices is not yet solid. The CPI is fairly sensitive to changes in aggregate demand and inflation expectations can be easily stirred. In June, the CPI rebounded somewhat, with its month-on-month growth larger than the historical average during the same period. The structural changes in price movements to a certain extent reflect problems in the economic structure. In general, one should not be overly optimistic about the price outlook for the immediate future, and it is necessary to guide and maintain stable inflation expectations.

II. Monetary policy in the next stage

The PBC will follow the overall arrangements of the State Council, follow the principle of seeking macro-economic stability, enhancing vitality at the micro-level, making progress and improving quality amidst stability, maintain policy stability and continuity, continue to implement a sound monetary policy, make policy measures more targeted and better coordinated, conduct fine-tuning and preemptive adjustments when necessary, strike a balance among preserving stable economic growth, adjusting the economic structure, promoting reform and preventing risks, and create a stable financial environment and monetary conditions for economic structural adjustments, transformation, and upgrading. The allocation of financial resources will be further optimized. Financial institutions will be encouraged to properly manage their stock of credit assets, make good use of new loans, consolidate financial resources to support key areas and weak links in the economy including small- and micro-sized enterprises, and provide better services for the transformation and upgrading of the growth pattern and the expansion of domestic consumption. Reform will be continued to strengthen the role of market mechanisms, improve the transmission mechanism of monetary policy, and promote sustained and healthy growth.

First, a mixture of quantitative and price monetary policy instruments will be used, and the macro-prudential policy framework will be improved to guide the stable and reasonable growth of money, credit, and all-system financing aggregates. In view of the BOP situation and the supply and demand of liquidity, a combination of open market operations, the reserve requirement ratio, central bank lending, the central bank discount window, short-term liquidity operations, the standing lending facility, and other instruments will be used to manage and adjust liquidity in the banking system, enhance communications with the market and the public, and keep expectations stable and guide the stable movement of market interest rates. Moreover, commercial banks will be guided to strengthen management of liquidity and balance sheets, to properly arrange liquidity at all time points, properly manage the total volume of assets and liabilities and their maturity structure, and improve liquidity risk management. The macro-prudential policy will continue to play a counter-cyclical role. Based on the changes in macroeconomic performance, the soundness of financial institutions, and the implementation of credit policy, the relevant parameters will be adjusted to guide financial institutions to support real economic development in a more focused way.

Second, financial institutions will be encouraged to properly manage the stock of credit assets, make good use of new loans, and support economic structural adjustments, transformation, and upgrading of the growth model. Financial resources will be consolidated to support small- and micro-sized enterprises and to increase credit support to the agricultural sector, rural areas, and farmers. Consumer financing will be further developed to promote an upgrading of consumption. Financial institutions will be guided to provide credit to ongoing and follow-up key national projects, the modern service industry, and the emerging industries, and to promote the transformation and upgrading of key areas and industries. Financial services will be further improved to contribute to better livelihood of the people, to support job creation, poverty reduction, students in need of loans, to support the regional development policies, and to provide financial support and services for balanced regional development. Lending to energy-intensive, highly polluting industries, and those with excess capacities will be strictly controlled. Differentiated housing mortgage policies will be properly implemented to support the construction of welfare housing and common commercial housing projects with apartments of modest floor plans and purchases by first-time home buyers of common commercial housing for one's own use, and to contain purchases for speculative investment purposes. Financial institutions will be guided to take differentiated approaches based on their specific circumstances to adjust and properly manage their stock of credit assets, improve evaluation and incentive mechanisms, reasonably evaluate the performance of banking institutions, optimize the organization of the financial system, and further improve financial services.

Third, the market-based interest-rate reform and the RMB exchange-rate regime reform will be furthered to improve allocation efficiency of the financial system and improve the monetary policy framework. The market-based interest-rate mechanism will be improved, the financial market benchmark interest-rate system will be optimized, and a mechanism for financial institutions to independently price interest rates will be improved. Gradually a larger range of liability products will be market- priced so as to allow the market to play a fundamental role in the allocation of financial resources. The central bank's capacity to guide and adjust market interest rates will be further enhanced to strengthen price-based mechanisms and to promote the balanced development of the financial sector and the real economy. The RMB exchange-rate regime will be improved to enable market demand and supply to play a larger and fundamental role, to enhance two-way flexibility of the RMB exchange rate, to keep the exchange rate basically stable at an adaptive and equilibrium level, and to promote a balanced position of the BOP account. Development of the foreign exchange market will be accelerated to facilitate innovation in exchange-rate risk management. Measures will be taken to support the use of RMB in cross-border trade and investment activities, and more channels will be made available for the inflow and outflow of RMB funds. Direct trading of the RMB against other currencies will be promoted to provide better services for RMB settlements of cross-border trade. The impact of the changing international situation on capital flows will be carefully watched and effective monitoring of cross-border capital will be strengthened.

Fourth, there will be continued efforts to promote the sound development of financial markets, to support the development of direct financing, and to broaden direct financing channels available to small- and micro-sized enterprises. The bond issuance pricing mechanism and regulation of bond issuances will be improved. Innovation will be encouraged and awareness of risk prevention will be strengthened. The focus will be on allowing market mechanism to play a role and to strengthen market infrastructure building. Supervision and regulation will be strengthened to promote the sound development of the financial markets.

Fifth, the reform of financial institutions will be deepened. Reform of large commercial banks will be intensified so that they will continue to upgrade corporate governance, improve the modern financial enterprise system, speed up the transformation of the growth pattern and profit model, and build an innovative capability and international competitiveness. The pilot reform program of the Rural Financial Business Division of the Agricultural Bank of China will be advanced to explore sustainable models for financial institutions to provide services on a commercial basis to the agricultural sector, rural areas, and farmers. The development of policy-based financing will be considered as an independent category for financial institutions; the reform of the China Development Bank will be deepened, and the reform of the Export-Import Bank of China and the Agricultural Development Bank of China will be advanced. Work will continue to promote the market-based transformation of asset management companies. The pilot reform of cross-sectoral operations will be implemented on a prudent but progressive basis. The pilot program of the regional financial-sector reform will be continued. Private capital will be given more access to the financial sector, and private capital will be encouraged in the equity investments of financial institutions and the restructuring of financial institutions. There will be experimentation to allow private capital to establish banks, financial leasing companies, and consumer financing companies that will manage their own risks to provide widely available, differentiated, and highly efficient financial services to the real sector.

Sixth, effective measures will be adopted to mitigate systemic financial risks and to preserve stability in the financial system. Macro-prudential regulation will be enhanced to guide financial institutions to operate on a sound basis. Financial institutions will be urged to strengthen liquidity management, internal controls, and risk management. While supporting financial innovation, measures will be taken to continue to strengthen monitoring and prevention of the potential risks in wealth management products, bill businesses, and inter-bank transactions, and to prevent the spread to the financial system of the risks associated with the real economy in some regions, industries, and enterprises and risks arising from financing activities outside of the formal financial system. It is necessary to improve the mechanism for financial regulation coordination and the early-warning, prevention, and assessment system of systemic risks. A crisis management and risk resolution framework will be established and the creation of a deposit insurance scheme will be promoted. A variety of measures will be taken to preserve financial stability and to safeguard the bottom line in preventing systemic risks and regional financial risks.

附录一　2013年第二季度中国货币政策大事记

4月1日，中国人民银行货币政策委员会召开2013年第一季度例会。

4月9日，经中国人民银行授权，中国外汇交易中心宣布完善银行间外汇市场人民币对澳大利亚元交易方式，开展人民币对澳大利亚元直接交易。

4月15日，中国人民银行向全国人大财经委员会汇报2013年第一季度货币政策执行情况。

4月25日，中国人民银行发布《关于实施〈人民币合格境外机构投资者境内证券投资试点办法〉有关事项的通知》(银发[2013]105号)。

5月5日，为支持守法合规企业开展正常经营活动，防范外汇收支风险，国家外汇管理局发布《关于加强外汇资金流入管理有关问题的通知》（汇发［2013］20号），加强银行结售汇综合头寸管理、进出口企业货物贸易外汇收支分类管理以及外汇检查等。

5月9日，发布《2013年第一季度中国货币政策执行报告》。

6月14日，发布《2012年中国区域金融运行报告》。

6月21日，中国人民银行货币政策委员会召开2013年第二季度例会。

6月22日，中国人民银行与英格兰银行签署规模为2 000亿元人民币/200亿英镑的双边本币互换协议，有效期为3年，经双方同意可以展期。

6月28日，为贯彻落实国务院关于金融支持经济结构调整和转型升级政策措施的工作部署，引导信贷资金进一步支持实体经济，中国人民银行增加再贴现额度120亿元，对符合宏观审慎要求的金融机构提供流动性，支持金融机构扩大对小微企业和“三农”的信贷投放。

Appendix 1 Highlights of China's Monetary Policy in the Second Quarter of 2013

On April 1, the Monetary Policy Committee of the PBC convened its first regular quarterly meeting in 2013.

On April 9, with the authorization of the PBC, the China Foreign Exchange Trade System (CFETS) announced it would improve the trading mode between the RMB and the Australian dollar ($A) and it launched direct trading between the two currencies on the inter-bank foreign exchange market.

On April 15, the PBC reported to the Finance and Economy Committee of the National People's Congress on the implementation of monetary policy during the first quarter of 2013.

On April 25, the PBC issued the *Notice on Issues Concerning Pilot Securities Investments by RMB Qualified Financial Institutional Investors on the Domestic Market* (PBC Document [2013] No. 105).

On May 5, to support compliant enterprises to carry out normal business activities and to prevent BOP risks, the SAFE issued the *Notice of the State Administration of Foreign Exchange on Strengthening Administration of Foreign Capital Inflows* (SAFE Document [2013] No.20) in order to strengthen the administration of banking institutions' comprehensive position resulting from the purchase and surrender of foreign exchange, category management of foreign exchange receipts and payments of import and export firms, and foreign exchange inspections.

On May 9, the *China Monetary Policy Report for Q1 2013* was released.

On June 14, the *Regional Financial Sector Performance Report for 2012* was released.

On June 21, the Monetary Policy Committee of the PBC convened its second regular quarterly meeting in 2013.

On June 22, the PBC signed a bilateral local currency swap agreement with the Bank of England. The size of the swap facility was RMB200 billion yuan, or 20 billion pounds. The agreement will be effective for three years and can be extended by mutual consent.

On June 28, in order to implement the arrangements of the State Council on strengthening financial support to the economic structural adjustments, transformation, and upgrading, and to guide credit flows to step up support to the real economy, the PBC decided to increase the quota of central bank discounts by RMB12 billion yuan, to supply liquidity to those financial institutions that comply with the requirements of the macro-prudential regulations, and to support financial institutions to step up credit extensions to small- and micro-sized enterprises, the agricultural sector, rural areas, and farmers.

附录二　2013年第二季度主要经济体中央银行货币政策

一、美联储

美联储公开市场委员会（FOMC）在5月1日和6月19日两次例会后均宣布继续维持0～0.25%的基准利率不变，并继续将利率调整与通胀率和失业率等经济指标挂钩；同时表达了加大政策灵活性的意愿，宣布将根据劳动力市场和通胀变化的前景来调整资产购买速度。为支持经济更强劲地复苏，第二季度美联储每月继续维持400亿美元的机构抵押贷款支持证券和450亿美元长期国债购买规模。美联储主席伯南克在6月FOMC例会后的新闻发布会上表示，若美国经济继续朝预期方向改善，美联储可能在2013年晚些时候缩减债券购买规模，在2014年中期完全停止债券购买。

二、欧洲中央银行

5月2日，欧洲中央银行宣布将主要再融资利率降低25个基点至0.5%，将边际贷款便利利率降低50个基点至1.0%，存款便利利率保持在0%不变。在第二季度的三次例会后欧洲中央银行均表示将按需要继续维持宽松货币政策。

三、日本银行

4月4日，日本银行决定推出“量化和质化宽松货币政策”，将货币政策主要操作目标从无担保隔夜拆借利率改为基础货币，以每年增加60万亿～70万亿日元的速度投放基础货币，拟在两年内将基础货币、长期国债持有量和平均持有期限翻倍，同时增购交易所交易基金（ETF）等资产，以期在两年内实现2%的通胀目标。4月26日、5月22日和6月11日三次例会上，日本银行均决定按照每年增加60万亿～70万亿日元基础货币投放的速度执行货币市场操作。

四、英格兰银行

英格兰银行货币政策委员会在第二季度的三次例会上均决定，继续维持0.5%的基准利率和3 750亿英镑的资产购买规模不变。

Appendix 2 Monetary Policies of the Central Banks of the Major Economies in the Second Quarter of 2013

I. U.S. Federal Reserve

At its regular meetings on May 1 and June 19, the Federal Open Market Committee (FOMC) announced that it would keep the target range for the federal fund rate unchanged at 0 to 0.25 percent and continue to link the adjustment of the interest rate with the development of inflation and the unemployment rate. It also expressed its preparedness for more policy flexibility and announced it would increase or reduce the pace of asset purchases as the outlook for the labor market or inflation changes. To support a stronger economic recovery, in the second quarter of 2013 the Fed continued its purchases of agency mortgage-backed securities (MBS) at a pace of USD 40 billion per month and purchases of longer-term treasury securities at a pace of USD 45 billion per month. After the FOMC meeting in June, Chairman Bernanke indicated that if the US economy continued to improve as expected, the Federal Reserve might scale back the size of purchases of securities in late 2013 and terminate purchases in mid-2014.

II. European Central Bank

On May 2, the European Central Bank (ECB) announced that it would cut the minimum bid rate on the main refinancing operations by 25 basis points to 0.5 percent, cut the marginal interest rate on the lending facility by 50 basis points to 1.0 percent, and maintain the marginal interest rate on the deposit facility unchanged at 0 percent. At its three regular meetings in the second quarter, the ECB announced it would continue its accommodative monetary policy.

III. Bank of Japan

On April 4, the Bank of Japan (BOJ) decided to introduce "quantitative and qualitative monetary easing," to change the main operating target for money market operations from the uncollateralized overnight call rate to the monetary base, and to increase the monetary base at an annual pace of about 60trillion~70 trillion yen, to double the monetary base, the amounts outstanding, as well as the average remaining maturity of long-term Japanese Government Bonds (JGBs) within two years, and it would increase purchases of exchange-traded funds (ETFs) and other assets, aiming to achieve the inflation target of 2 percent within two years. At its regular meetings on April 26, May 22, and June 11, the BOJ decided to conduct money market operations so that the monetary base will increase at an annual pace of about 60 trillion~70 trillion yen.

IV. Bank of England

At its three regular meetings in the second quarter of 2013, the Monetary Policy Committee (MPC) of the Bank of England announced that it would maintain the Bank Rate unchanged at 0.5 percent and maintain the size of the asset purchase program at GBP375 billion.

附录三 中国主要经济和金融指标

Appendix 3 China's Major Economic and Financial Indicators

一、经济增长与经济发展水平

1. Economic Growth

1978年以来中国经济增长与宏观经济政策

China's economic growth and macroeconomic policies since 1978

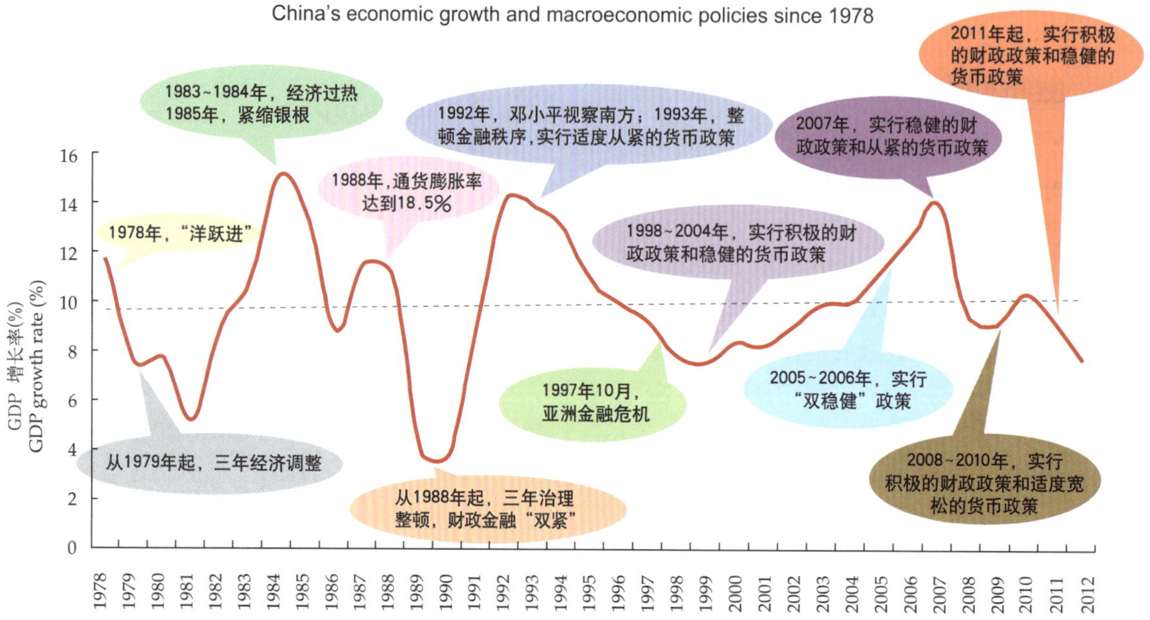

"Great leap forward" in 1978
3-year economic adjustment between 1979 and 1981
Over-heated economy between 1983 and 1984, tight monetary policy in 1985
Inflation of 18.5% in 1988
3-year rectification from 1988 to 1991, "double tightening" of fiscal and monetary policy
Deng Xiaoping's remarks on economic reform during his 1992 trip to South China, rectification of financial order and adoption of appropriately tight monetary policy in 1993
Asian financial crisis of October 1997
Proactive fiscal policy and sound monetary policy from 1998 to 2004
"Double sound" fiscal and monetary policy in 2005 and 2006
Sound fiscal policy and tight monetary policy in 2007
Proactive financial policy and moderately loose monetary policy in 2008 to 2010
Proactive financial policy and sound monetary policy since 2011

人均国内生产总值

Per capita GDP

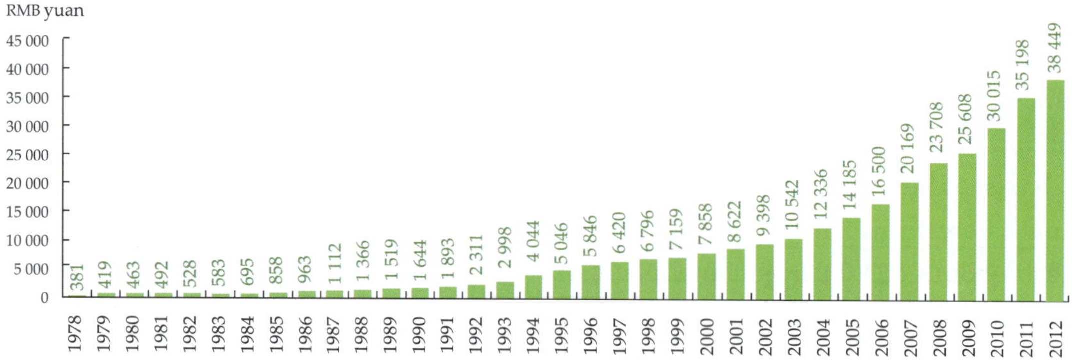

注：图中数据根据国家统计局最新数据修订。

Note: Data are revised by National Bureau of Statistics of China.

GDP总量：据世界银行按汇率折算法测算，2012年中国GDP总量为8.23万亿美元，占世界GDP总量71.67万亿美元的11.5%，位居第二，排在美国之后。根据《2013年世界发展指标》，按购买力平价法估算，2012年中国GDP总量为12.47万亿美元，占世界GDP总量85.54万亿美元的14.6%，位居第二，排在美国之后。

人均GDP：2012年，中国人均GDP为38 449元人民币，按年末汇率折算为6 117美元。

人均国民收入：据世界银行按汇率折算法测算，2012年世界人均国民收入为10 015美元，中国人均国民收入为5 740美元，位居世界213个经济体由高向低排列的第112位。按购买力平价法估算，2012年中国人均国民收入为9 210美元，相当于世界人均国民收入12 079美元的76.2%，位居世界213个经济体由高向低排列的第117位。

Gross Domestic Product (GDP): The World Bank estimated that the world total GDP and China's GDP in 2012 were USD71.67 trillion and USD8.23 trillion respectively based on Atlas methodology. Accounting for 11.5 percent of the world total, China's GDP ranked 2nd in the world after U.S. The World Bank estimated that the world total GDP and China's GDP in 2012 were USD85.54 trillion and USD12.47 trillion respectively based on a PPP basis, according to the *World Development Indicators 2013*. Accounting for 14.6 percent of the world total, China's GDP ranked 2nd in the world, after the US.

GDP per capita: In 2012, China's GDP per capita reached RMB38 449 yuan, or USD 6,117 based on the exchange rate at the end of 2012.

Gross National Income (GNI) per capita: The World Bank estimated that in 2012 the GNI per capita for the world as a whole was USD10,015 based on Atlas methodology. The GNI per capita in China was USD5,740, ranking 112th among 213 worldwide economies. In PPP terms, the GNI per capita in China in 2012 was USD9,210, equivalent to 76.2 percent of the world figure which was USD12,079, thus ranking 117th among the 213 worldwide economies.

2012年世界银行按汇率折算法测算的GDP总量前10名排序

Top ten economies in terms of GDP based on atlas methodology in 2012 (World Bank estimation)

排名 Rank	国家 Country		GDP(万亿美元) GDP (USD trillion)	占世界GDP总量的比重(%) As a percent of the world total (%)
1	美国	U.S.	15.68	21.9
2	**中国**	**China**	**8.23**	**11.5**
3	日本	Japan	5.96	8.3
4	德国	Germany	3.40	4.7
5	法国	France	2.61	3.6
6	英国	U.K.	2.44	3.4
7	巴西	Brazil	2.25	3.1
8	俄罗斯	Russia	2.01	2.8
9	意大利	Italy	2.01	2.8
10	印度	India	1.84	2.6
世界	World total		71.67	100

2012年世界银行按购买力平价方法估算的GDP总量前10名排序

Top ten economies in terms of GDP based on PPP in 2012 (World Bank estimation)

排名 Rank	国家 Country		GDP(万亿美元) GDP (USD trillion)	占世界GDP总量的比重(%) As a percent of the world total (%)
1	美国	U.S.	15.68	18.3
2	**中国**	**China**	**12.47**	**14.6**
3	印度	India	4.79	5.6
4	日本	Japan	4.49	5.2
5	俄罗斯	Russia	3.38	4.0
6	德国	Germany	3.31	3.9
7	巴西	Brazil	2.37	2.8
8	法国	France	2.35	2.8
9	英国	U.K.	2.26	2.6
10	墨西哥	Mexico	2.02	2.4
世界	World total		85.54	100

世界银行估算的2012年人均国民收入

National income per capita in 2012 (estimated by the World Bank)

单位：美元　Unit: USD

	世界平均 Global average	低收入国家 Low-income countries	中等收入国家 Middle-income countries	较低收入组 Lower-middle-income countries	较高收入组 Upper-middle-income countries	高收入国家 High-income countries
汇率折算法 On atlas methodology	10 015	584	4 369	1 877	6 987	37 595
购买力平价法 On a PPP basis	12 079	1 387	7 228	3 912	10 712	37 545

国内生产总值
Gross domestic product

年/季 Year /Quarter	国内生产总值 GDP		第一产业 Primary industry		第二产业 Secondary industry		第三产业 Tertiary industry	
	绝对值(亿元) Absolute value (RMB 100 million yuan)	增长(%) Growth(%)	绝对值(亿元) Absolute value (RMB 100 million yuan)	增长(%) Growth(%)	绝对值(亿元) Absolute value (RMB 100 million yuan)	增长(%) Growth(%)	绝对值(亿元) Absolute value (RMB 100 million yuan)	增长(%) Growth(%)
2007 I	53 058	13.0	3 654	4.4	26 465	14.6	22 940	12.7
I～II	112 458	13.4	9 283	4.0	57 615	15.0	45 561	13.5
I～III	174 428	13.4	17 937	4.3	86 405	14.8	70 086	14.0
I～IV	257 306	13.0	28 627	3.7	124 799	14.7	103 880	13.8
2008 I	66 284	11.3	4 679	2.8	31 658	11.5	27 097	10.9
I～II	140 478	11.0	11 697	3.4	70 543	11.3	53 596	10.7
I～III	217 026	10.6	21 869	4.4	105 889	11.2	81 989	11.2
I～IV	314 045	9.6	33 702	5.4	149 003	9.9	131 340	10.4
2009 I	69 817	6.6	4 627	3.5	32 658	5.8	32 531	7.9
I～II	148 204	7.5	11 831	3.8	71 703	7.1	64 670	8.5
I～III	231 303	8.2	22 142	4.0	109 101	8.1	100 060	9.3
I～IV	340 903	9.1	35 226	4.2	157 639	9.9	148 038	9.3
2010 I	82 613	12.1	5 144	3.8	39 436	14.5	38 034	10.5
I～II	174 879	11.2	13 379	3.6	86 261	13.3	75 239	9.9
I～III	272 627	10.7	25 623	4.0	129 947	12.6	117 056	9.7
I～IV	401 513	9.8	40 534	4.3	187 383	12.3	173 596	9.8
2011 I	97 480	9.8	5 952	3.3	46 944	10.8	44 584	9.7
I～II	206 488	9.5	15 626	3.0	102 527	10.6	88 336	9.7
I～III	322 345	9.2	30 196	3.6	154 552	10.6	137 596	9.5
I～IV	473 104	8.9	47 486	4.3	220 413	10.3	205 205	9.4
2012 I	108 486	8.1	6 922	3.8	51 413	9.1	50 151	7.5
I～II	228 035	7.8	17 471	4.3	110 864	8.3	99 700	7.8
I～III	353 724	7.7	33 088	4.2	165 429	8.1	155 207	7.9
I～IV	518 942	7.7	52 377	4.5	235 319	8.1	231 626	8.1
2013 I	118 855	7.7	7 427	3.4	54 569	7.8	56 859	8.3
I～II	248 009	7.6	18 622	3.0	117 037	7.6	112 350	8.3

注：① 表中绝对数按当年价格计算，“比上年同期增长”按不变价格计算。
② 表中数据根据国家统计局最新数据修订。

Notes: 1. Absolute figures in this table are calculated at current prices, and the year-on-year growth rates are calculated at constant prices.
2. Data are revised by National Bureau of Statistics of China.

1978年以来GDP及其增长率
GDP and its annual growth rate since 1978

年 Year	GDP(万亿元) GDP(RMB trillion yuan)	GDP增长率(%) GDP growth rate(%)
1978	0.4	11.7
1979	0.4	7.6
1980	0.5	7.8
1981	0.5	5.3
1982	0.5	9.0
1983	0.6	10.9
1984	0.7	15.2
1985	0.9	13.5
1986	1.0	8.9
1987	1.2	11.6
1988	1.5	11.3
1989	1.7	4.1
1990	1.9	3.8
1991	2.2	9.2
1992	2.7	14.2
1993	3.5	14.0
1994	4.8	13.1
1995	6.1	10.9
1996	7.1	10.0
1997	7.9	9.3
1998	8.4	7.8
1999	9.0	7.6
2000	9.9	8.4
2001	11.0	8.3
2002	12.0	9.1
2003	13.6	10.0
2004	16.0	10.1
2005	18.3	10.4
2006	21.2	11.6
2007	25.7	13.0
2008	31.4	9.6
2009	34.1	9.2
2010	40.2	10.4
2011	47.3	9.3
2012	51.9	7.7

注：表中数据根据国家统计局最新数据修订。
Note: Data are revised by National Bureau of Statistics of China.

1978年以来GDP及其增长率
GDP and its annual growth rate since 1978

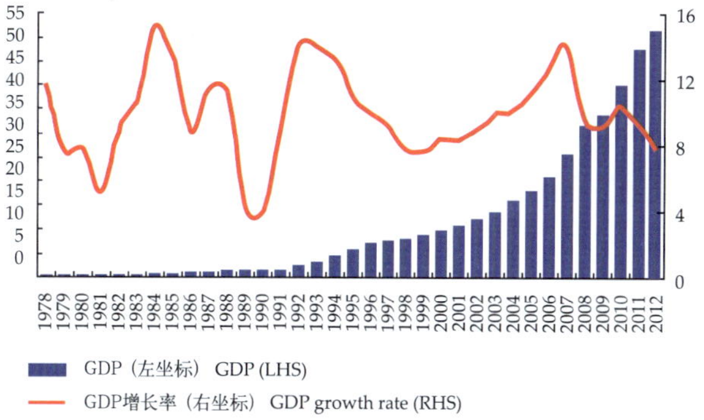

2002年以来年度GDP中三大产业比重
Shares of industries in GDP since 2002

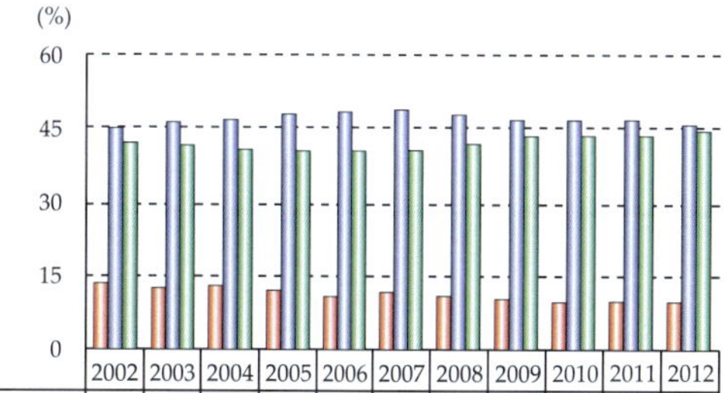

	2002	2003	2004	2005	2006	2007	2008	2009	2010	2011	2012
第一产业 Primary industry	13.5	12.6	13.1	12.2	11.1	11.1	10.7	10.3	10.1	10.0	10.1
第二产业 Secondary industry	44.8	46.0	46.2	47.7	47.9	48.5	47.4	46.24	46.7	46.6	45.3
第三产业 Tertiary industry	41.7	41.4	40.7	40.1	40.0	40.4	41.8	43.4	43.2	43.4	44.6

注：图中数据根据国家统计局最新数据修订。
Notes: Data are revised by National Bureau of Statistics of China.

季度GDP三次产业所占的比重与增长率变化
Shares of industries in GDP and their growth rates on a quarterly basis

单位：% Unit: %

年/季 Year/Quarter	第一产业所占的比重 Share of primary industry	第二产业所占的比重 Share of secondary industry	第三产业所占的比重 Share of tertiary industry	第一产业同比累计增长 YOY accumulated growth of primary industry	第二产业同比累计增长 YOY accumulated growth of secondary industry	第三产业同比累计增长 YOY accumulated growth of tertiary industry
2007Q1	6.9	49.9	43.2	4.4	14.6	12.7
2007Q2	8.3	51.2	40.5	4.0	15.0	13.5
2007Q3	10.3	49.5	40.2	4.3	14.8	14.0
2007Q4	11.1	48.5	40.4	3.7	14.7	13.8
2008Q1	7.4	49.9	42.7	2.8	11.5	10.9
2008Q2	8.8	51.5	39.8	3.5	11.3	10.7
2008Q3	10.6	50.0	39.4	4.5	10.6	10.5
2008Q4	10.7	47.4	41.8	5.5	9.3	9.5
2009Q1	7.1	48.6	44.2	3.5	5.3	7.4
2009Q2	8.6	50.1	41.3	3.8	6.6	8.3
2009Q3	10.3	48.9	40.8	4.0	7.5	8.8
2009Q4	10.3	46.2	43.4	4.2	9.9	9.3
2010Q1	6.2	47.7	46.0	3.8	14.5	10.5
2010Q2	7.7	49.3	43.0	3.6	13.3	9.9
2010Q3	9.4	47.7	42.9	4.0	12.6	9.7
2010Q4	10.1	46.7	43.2	4.3	12.3	9.8
2011Q1	6.1	48.2	45.7	3.3	10.8	9.6
2011Q2	7.6	49.7	42.7	3.0	10.6	9.6
2011Q3	9.4	48.0	42.6	3.6	10.6	9.5
2011Q4	10.0	46.6	43.3	4.3	10.3	9.4
2012Q1	6.4	47.4	46.2	3.8	9.1	7.5
2012Q2	7.7	48.6	43.7	4.3	8.3	7.7
2012Q3	9.4	46.8	43.8	4.2	8.1	7.9
2012Q4	10.1	45.3	44.6	4.5	7.9	8.1
2013Q1	6.2	45.9	47.8	3.4	7.8	8.3
2013Q2	7.5	47.2	45.3	3.0	7.6	8.3

注：① 从2006年第一季度开始，根据《国民经济行业分类》(2002)，将"农林牧渔服务业"从第三产业调整到第一产业。
② 表中数据根据国家统计局最新数据修订。

Notes: 1. Beginning from the first quarter 2006,according to the *Classification of National Economic Sectors* (2002)，services for agriculture,forestry, animal husbandry and fishery have been readjusted form tertiary industry to primary industry.
2. Data are revised by National Bureau of Statistics of China.

季度GDP三次产业所占的比重与增长率变化
Shares of industries in GDP and their growth rates on a quarterly basis

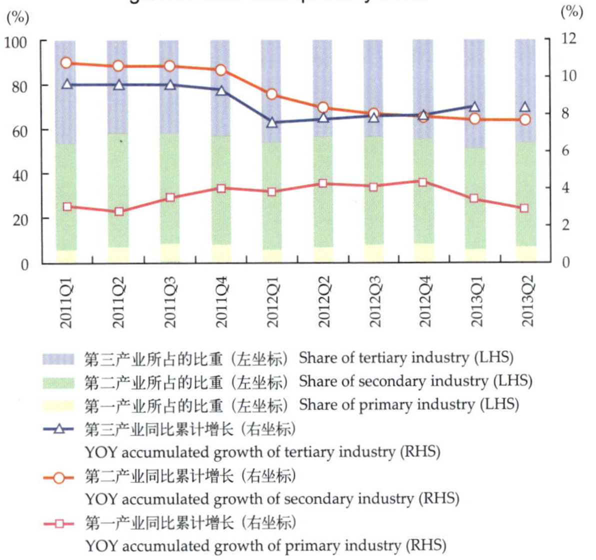

2004年以来GDP季度累计增长率
Quarterly accumulated GDP growth rates since 2004

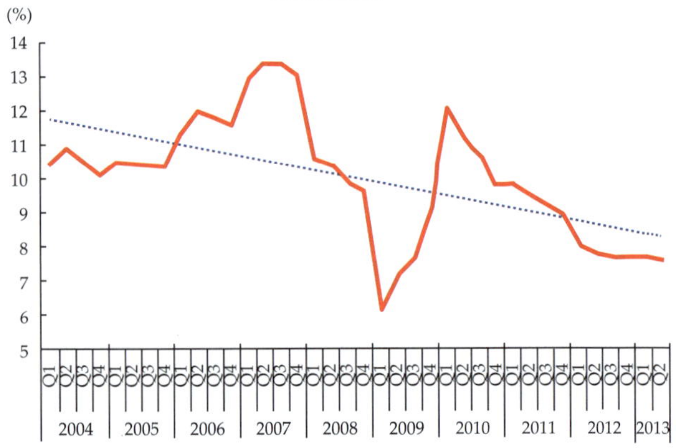

工业增加值增长速度
Growth rate of value added of industry

单位：% Unit: %

年/月 Year/Month		工业增加值 Value added	轻工业 Light industry	重工业 Heavy industry	国有及国有控股企业 State-owned and state-holding enterprises	集体企业 Collectively-owned enterprises	股份制企业 Joint-stock enterprises	外商及港澳台投资企业 Enterprises with foreign, Hongkong, Macau, and Taiwan investment
		比上年同期增长(%) Year-on-year growth rate(%)						
2007		18.5	16.3	19.6	13.8	11.5	20.6	17.5
2008		12.9	12.3	13.2	9.1	8.1	15.0	9.9
2009		11.0	9.7	11.5	6.9	10.2	10.3	6.2
2010		15.7	13.6	16.5	13.7	9.4	16.8	14.5
2011		13.9	13.0	14.3	9.9	9.3	15.8	10.4
2012	1	—	—	—	—	—	—	-
	2	21.3	23.6	20.4	14.7	15.8	23.8	17.1
	3	11.9	13.9	11.2	8.0	9.3	13.7	8.2
	4	9.3	10.3	8.9	4.3	6.6	10.7	5.7
	5	9.6	9.1	9.8	6.6	6.4	11.0	6.7
	6	9.5	9.0	9.6	6.5	7.4	11.5	5.5
	7	9.2	10.1	8.8	4.8	7.1	10.9	5.3
	8	8.9	8.6	9.0	5.3	6.6	10.4	5.0
	9	9.2	9.0	9.3	6.3	7.0	11.0	5.3
	10	9.6	9.1	9.7	7.0	5.1	11.7	4.7
	11	10.1	9.2	10.5	7.2	6.5	11.8	6.5
	12	10.3	9.6	10.6	8.0	5.2	12.1	6.9
2013	1	—	—	—	—	—	—	-
	2	—	—	—	—	—	—	-
	3	8.9	8.2	9.1	4.3	5.8	11.0	6.1
2012	4	9.3	8.5	9.6	4.3	5.7	10.9	7.4
	5	9.2	8.0	9.8	4.4	4.0	10.7	8.1
	6	8.9	7.9	9.3	6.3	1.7	10.5	7.8
	1～2	11.4	12.7	10.9	7.3	9.9	13.9	5.0
	1～3	11.6	13.2	11.0	7.2	9.7	13.8	6.4
	1～4	11.0	12.3	10.5	6.6	8.3	12.9	6.6
	1～5	10.7	11.5	10.3	6.7	7.7	12.4	6.5
	1～6	10.5	11.1	10.1	7.0	8.0	12.4	6.3
	1～7	10.3	10.8	9.9	6.6	8.0	12.1	6.1
	1～8	10.1	10.5	9.8	6.3	7.8	12.0	6.0
	1～9	10.0	10.4	9.7	6.3	7.6	11.8	6.0
	1～10	10.0	10.3	9.7	6.4	7.3	11.8	6.0
	1～11	10.0	10.2	9.8	6.3	7.3	11.8	6.0
	1～12	10.0	10.1	9.9	6.4	7.1	11.8	6.3
2013	1～2	9.9	9.1	10.2	5.8	6.5	11.4	7.7
	1～3	9.5	8.7	9.8	5.2	6.7	11.3	6.9
	1～4	9.4	8.6	9.7	4.9	6.5	11.1	7.1
	1～5	9.4	8.5	9.7	4.9	5.7	11.0	7.3
	1～6	9.3	8.4	9.6	5.2	5.0	10.9	7.4

注：①自2011年起，工业统计范围调整为年主营收入2 000万元及以上的工业企业。
②本表中“比上年同期增长”按可比价格计算。

Notes: 1. Since 2011, the statistical coverage of industry has been adjusted to industrial enterprises with the annual sales income from main business of RMB20 million yuan and above.
2. The year-on-year changes in this table are calculated at comparable prices.

工业增加值增长速度及工业产品销售率
Growth rate of industrial value added and ratio of sales to output of industrial products

单位：% Unit: %

年/月 Year/Month		当月工业增加值同比增长 YOY growth of monthly industrial value added	工业增加值月度累计同比增长 YOY growth of monthly accumulated industrial value added	当月销售率 Monthly ratio of sales to output
2011	7	14.0	14.3	98.5
	8	13.5	14.2	98.2
	9	13.8	14.2	97.8
	10	13.2	14.1	97.8
	11	12.4	14.0	97.5
	12	12.8	13.9	98.1
2012	1	—	—	—
	2	21.3	11.4	97.7
	3	11.9	11.6	97.3
	4	9.3	11.0	98.1
	5	9.6	10.7	97.9
	6	9.5	10.5	97.2
	7	9.2	10.3	98.2
	8	8.9	10.1	98.4
	9	9.2	10.0	98.3
	10	9.6	10.0	98.1
	11	10.1	10.0	98.0
	12	10.3	10.0	99.5
2013	1	—	—	98.5
	2	—	9.9	97.3
	3	8.9	9.5	96.8
	4	9.3	9.4	98.5
	5	9.2	9.4	97.8
	6	8.9	9.3	97.5

工业增加值增长速度及工业产品销售率
Growth rate of industrial value added and ratio of sales to output of industrial products

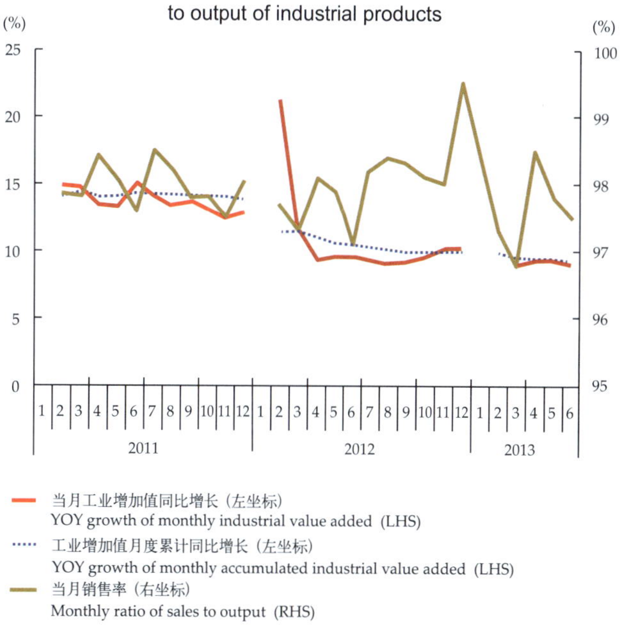

二、价格走势
2. Price Development

1.各种价格指数一览
(1) Overview of price indices

各种价格指数变动表
Changes in price indices

单位：% Unit: %

年/月 Year/Month	居民消费价格指数 CPI			农业生产资料价格指数 Agricultural production materials price index		工业生产者购进价格指数 Purchasing price index for industrial producers		工业生产者出厂价格指数 Producer price index for manufactured goods		固定资产投资价格指数 Fixed asset investment price index		进出口同比价格指数 Import-export price index (YOY)		
	月环比 MOM	当月同比 YOY	累计同比 Accumulated YOY	当月同比 YOY	累计同比 Accumulated YOY	当月同比 YOY	累计同比 Accumulated YOY	当月同比 YOY	累计同比 Accumulated YOY	当季同比 YOY	累计同比 Accumulated YOY	出口 Exports	进口 Imports	贸易条件 Terms of trade
2011 1	1.0	4.9	4.9	5.4	5.4	9.7	9.7	6.6	6.6	—	—	11.0	11.7	99.4
2	1.2	4.9	4.9	6.5	6.0	10.4	10.0	7.2	6.9	—	—	11.4	16.6	95.5
3	-0.2	5.4	5.0	8.6	6.9	10.5	10.2	7.3	7.1	6.5	6.5	7.5	15.5	93.1
4	0.1	5.3	5.1	10.2	7.7	10.4	10.3	6.8	7.0	—	—	10.9	12.9	98.2
5	0.1	5.5	5.2	11.4	8.4	10.2	10.2	6.8	7.0	—	—	9.4	16.7	93.7
6	0.3	6.4	5.4	13.5	9.3	10.5	10.3	7.1	7.0	6.7	6.6	10.9	15.7	95.9
7	0.5	6.5	5.5	14.6	10.1	11.0	10.4	7.5	7.1	—	—	10.3	15.0	95.9
8	0.3	6.2	5.6	14.7	10.6	10.6	10.4	7.3	7.1	—	—	9.2	15.6	94.5
9	0.5	6.1	5.7	15.0	11.1	10.0	10.4	6.5	7.0	7.3	6.8	9.5	14.8	95.4
10	0.1	5.5	5.6	13.7	11.4	8.0	10.1	5.0	6.8	—	—	9.5	13.6	96.4
11	-0.2	4.2	5.5	11.2	11.4	5.1	9.7	2.7	6.4	—	—	9.6	10.5	99.2
12	0.3	4.1	5.4	10.4	11.3	3.5	9.1	1.7	6.0	5.7	6.6	11.1	9.1	101.8
2012 1	1.5	4.5	4.5	9.8	9.8	2.0	2.0	0.7	0.7	—	—	6.9	7.0	99.9
2	-0.1	3.2	3.9	9.3	9.5	1.0	1.5	0.0	0.4	—	—	5.1	5.4	99.7
3	0.2	3.6	3.8	8.0	9.0	0.1	1.0	-0.3	0.1	2.3	2.3	2.1	0.0	102.1
4	-0.1	3.4	3.7	7.7	8.7	-0.8	0.6	-0.7	-0.1	—	—	4.8	-0.2	105.0
5	-0.3	3.0	3.5	7.1	8.4	-1.6	0.1	-1.4	-0.3	—	—	2.9	-1.1	104.0
6	-0.6	2.2	3.3	5.2	7.8	-2.5	-0.3	-2.1	-0.6	1.6	2.0	2.9	-0.7	103.6
7	0.1	1.8	3.1	3.7	7.2	-3.4	-0.8	-2.9	-1.0	—	—	1.1	-3.8	105.1
8	0.6	2.0	2.9	3.1	6.7	-4.1	-1.2	-3.5	-1.3	—	—	1.3	-4.2	105.7
9	0.3	1.9	2.8	2.9	6.2	-4.1	-1.5	-3.6	-1.5	0.2	1.4	-1.0	-1.7	100.7
10	-0.1	1.7	2.7	3.2	5.9	-3.3	-1.7	-2.8	-1.6	—	—	-0.7	-1.9	101.2
11	0.1	2.0	2.7	3.7	5.7	-2.8	-1.8	-2.2	-1.7	—	—	-0.5	-2.6	102.2
12	0.8	2.5	2.6	3.9	5.6	-2.4	-1.8	-1.9	-1.7	0.3	1.1	1.8	-2.4	104.3
2013 1	1.0	2.0	2.0	4.1	4.1	-1.9	-1.9	-1.6	-1.6	—	—	0.7	-5.0	106.0
2	1.1	3.2	2.6	3.6	3.8	-1.9	-1.9	-1.6	-1.6	—	—	-0.2	-1.7	101.5
3	-0.9	2.1	2.4	2.9	3.5	-2.0	-2.0	-1.9	-1.7	0.2	0.2	-0.9	1.3	97.8
4	0.2	2.4	2.4	1.6	3.0	-2.7	-2.1	-2.6	-2.0	—	—	-0.1	-2.5	102.5
5	-0.6	2.1	2.4	0.9	2.6	-3.0	-2.3	-2.9	-2.1	—	—	-0.9	-4.5	103.8
6	0.0	2.7	2.4	1.1	2.3	-2.7	-2.4	-2.7	-2.2	-0.1	0.0	-0.7	-1.8	101.1

注：国家统计局从2011年1月开始实施新的工业生产者价格统计调查制度方法。“工业品价格统计”改称为“工业生产者价格统计”，相应地将“原材料、燃料、动力购进价格指数”改称为“工业生产者购进价格指数”，将“工业品出厂价格指数”改称为“工业生产者出厂价格指数”。

Notes: Since January 2011, NBS begins to conduct new statistical system and survey methods on PPI. "Prices statistics on industrial goods" is renamed to "prices statistics on industrial producers". Accordingly, "purchasing prices for raw material,fuels and power" is renamed to "purchasing price for industrial producers", "producer price index of industrial products" is renamed to "producer price index for manufactured goods".

居民消费价格月环比指数变动
Change in CPI (month-on-month)

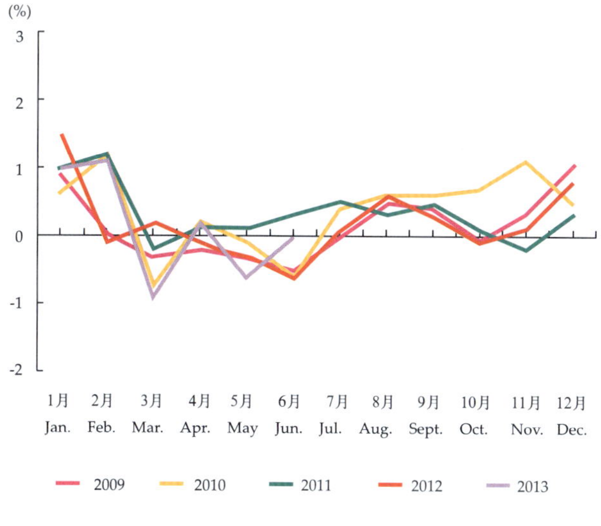

居民消费价格同比指数变动
Change in CPI (year-on-year)

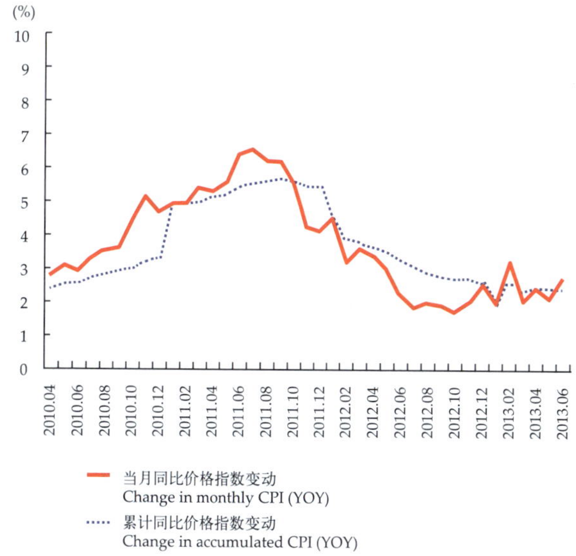

居民消费价格指数与生产价格指数的比较
Comparison between changes in CPI and PPI

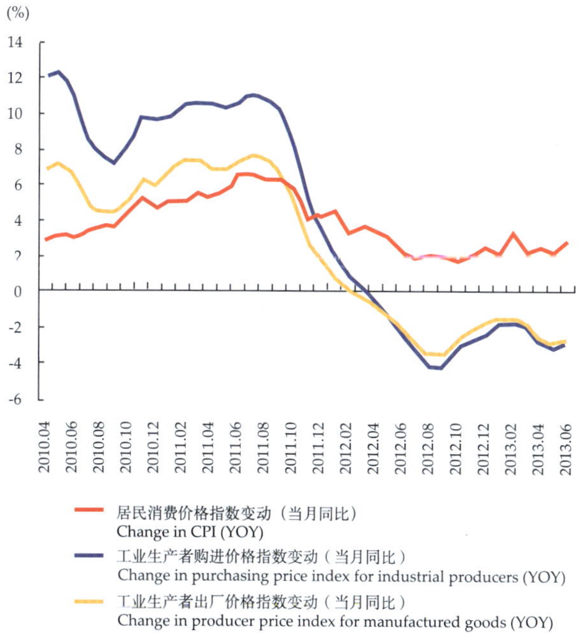

进出口价格指数和贸易条件
Import-export price index and terms of trade

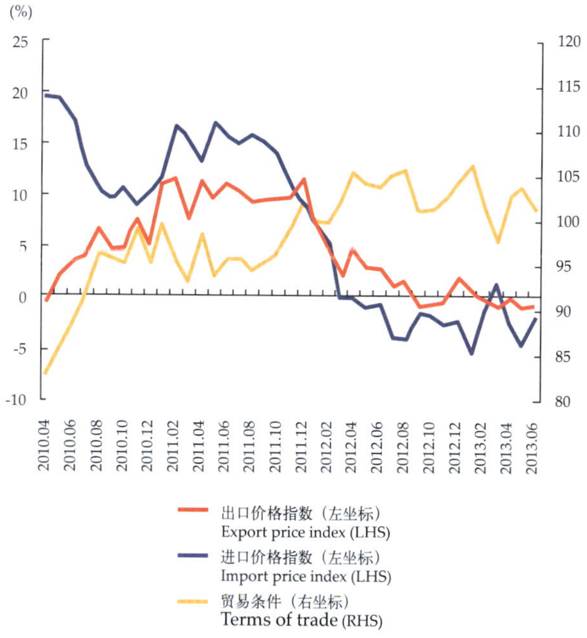

2.分类指数

(2) Breakdown of indices

居民消费价格当月同比分类指数变动

Breakdown of changes in CPI (YOY)

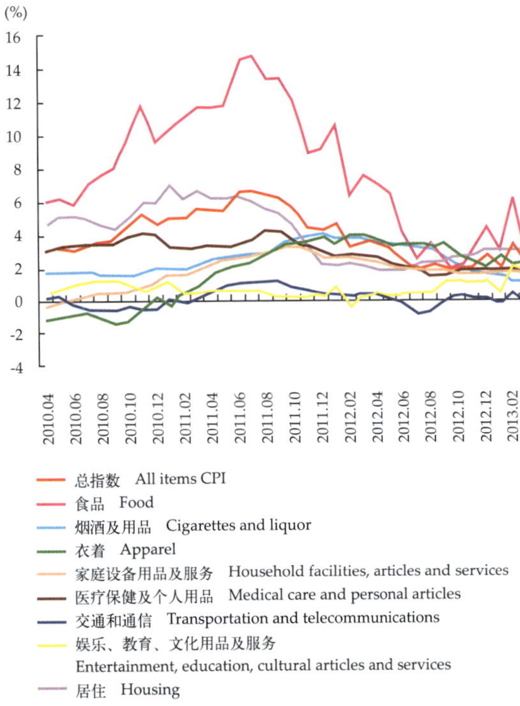

工业生产者出厂价格当月同比指数变动
按生产资料和生活资料分类

Breakdown of changes in producer price index (PPI) for manufactured goods by means of production and means of consumer goods (YOY)

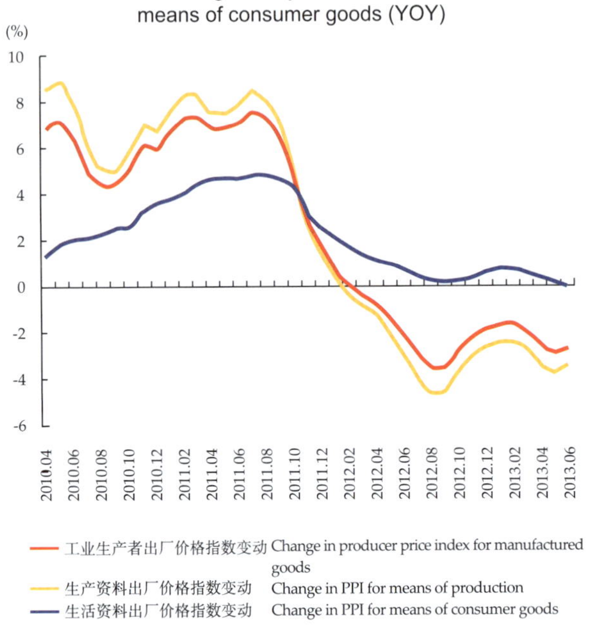

生活资料出厂价格当月同比分类指数变动

Breakdown of changes in PPI for means of consumer goods (YOY)

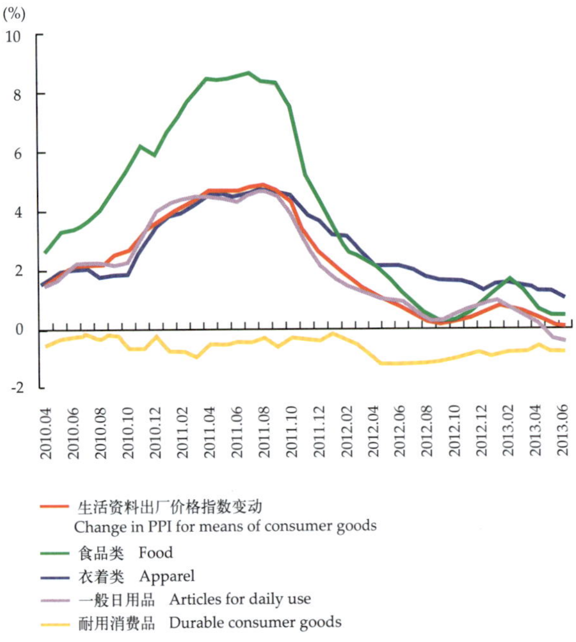

生产资料出厂价格当月同比分类指数变动

Breakdown of changes in PPI for means of production (YOY)

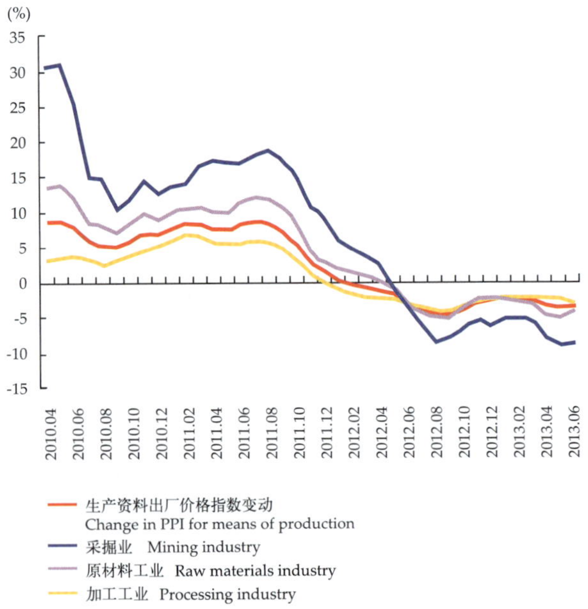

三、就业、失业与收入
3. Employment, Unemployment and Income

人口与就业基本情况
Population and employment

年 Year	年底总人口（亿人） Population at the end of the year (100 million people)					15~64岁 人口数(亿人) Population between 15~64 years of age (100 million people)	就业人员(亿人) Employment (100 million people)
		城镇 Urban	比重(%) Share (%)	乡村 Rural	比重(%) Share (%)		
2004	13.0	5.4	42	7.6	58	9.2	7.4
2005	13.1	5.6	43	7.5	57	9.4	7.5
2006	13.1	5.8	44	7.3	56	9.5	7.5
2007	13.2	6.1	46	7.1	54	9.6	7.5
2008	13.3	6.2	47	7.0	53	9.7	7.6
2009	13.3	6.5	48	6.9	52	9.7	7.6
2010	13.4	6.7	50	6.7	50	10.0	7.6
2011	13.5	6.9	51	6.6	49	10.0	7.6
2012	13.5	7.1	53	6.4	47	10.0	7.7

注：表中数据根据第六次人口普查数据重新修订。
Note:Data are revised according to the 6th National Population Census.

就业人员按城乡和产业分类
Employment in urban and rural areas and in industries

年 Year	就业人员(亿人) Employment (100 million people)	按城乡分 Urban and rural				按产业分 Industries					
		城镇 Urban	比重(%) Share (%)	乡村 Rural	比重(%) Share (%)	第一产业 Primary industry	比重(%) Share (%)	第二产业 Secondary industry	比重(%) Share (%)	第三产业 Tertiary industry	比重(%) Share (%)
2004	7.43	2.73	36.8	4.70	63.2	3.48	46.9	1.67	22.5	2.27	30.6
2005	7.46	2.84	38.0	4.63	62.0	3.34	44.8	1.78	23.8	2.34	31.4
2006	7.50	2.96	39.5	4.53	60.5	3.19	42.6	1.89	25.2	2.41	32.2
2007	7.53	3.10	41.1	4.44	58.9	3.07	40.8	2.02	26.8	2.44	32.4
2008	7.56	3.21	42.5	4.35	57.5	2.99	39.6	2.06	27.2	2.51	33.2
2009	7.58	3.33	43.9	4.25	56.1	2.89	38.1	2.11	27.8	2.59	34.1
2010	7.61	3.47	45.6	4.14	54.4	2.79	36.7	2.18	28.7	2.63	34.6
2011	7.64	3.59	47.0	4.05	53.0	2.66	34.8	2.25	29.5	2.73	35.7
2012	7.67	3.71	48.4	3.96	51.6	2.58	33.6	2.32	30.3	2.77	36.1

注：表中数据根据第六次人口普查数据重新修订。
Note:Data are revised according to the 6th National Population Census.

城乡居民家庭人均收入
Urban and rural household income (per capita)

年/季 Year/Quarter		农村居民家庭人均现金收入 Rural household cash income (per capita)		城镇居民家庭人均可支配收入 Urban household disposable income (per capita)	
		绝对值(元) Absolute value (RMB yuan)	同比实际增长(%) Growth in real terms (YOY) (%)	绝对值(元) Absolute value (RMB yuan)	同比实际增长(%) Growth in real terms (YOY) (%)
2010	I	1 814	9.2	5 308	7.5
	I~II	3 078	9.5	9 757	7.5
	I~III	4 869	9.7	14 334	7.5
	I~IV	7 089	—	19 109	7.8
2011	I	2 187	14.3	5 963	7.1
	I~II	3 706	13.7	11 041	7.6
	I~III	5 875	13.6	16 301	7.8
	I~IV	8 639	—	21 810	8.4
2012	I	2 560	12.7	6 796	9.8
	I~II	4 304	12.4	12 509	9.7
	I~III	6 778	12.3	18 427	9.8
	I~IV	9 787	—	24 565	9.6
2013	I	2 871	9.3	7 427	6.7
	I~II	4 817	9.2	13 649	6.5

城镇失业人数和失业率
Unemployed urban population and unemployment rate

年/季度末 Year/End of quarter		城镇登记失业人数(万人) Registered unemployment in urban areas (10 000 people)	城镇登记失业率(%) Registered unemployment rate in urban areas(%)
2010	I	919	4.2
	II	911	4.2
	III	905	4.1
	IV	908	4.1
2011	I	909	4.1
	II	908	4.1
	III	911	4.1
	IV	922	4.1
2012	I	907	4.1
	II	918	4.1
	III	926	4.1
	IV	917	4.1
2013	I	926	4.1
	II	923	4.1

四、国内需求
4. Domestic Demand

1.按支出法计算的国内生产总值
(1) Expenditure-based GDP

按支出法计算的国内生产总值及其构成
Expenditure-based GDP and its composition

年 Year	按支出法计算的国内生产总值(亿元) Expenditure-based GDP (RMB100 million yuan)	最终消费 Final consumption	居民消费 Household consumption	城镇居民 Urban	农村居民 Rural	政府消费 Government consumption	资本形成总额 Total capital formation	固定资本形成 Fixed capital formation	存货增加 Increased inventory	货物和服务净出口 Net exports of goods and services
	绝对值(亿元) Absolute value (RMB100 million yuan)									
2001	109 028	66 934	49 436	33 645	15 791	17 498	39 769	37 755	2 015	2 325
2002	120 476	71 817	53 057	36 785	16 272	18 760	45 565	43 632	1 933	3 094
2003	136 613	77 686	57 650	41 344	16 306	20 036	55 963	53 491	2 472	2 965
2004	160 957	87 553	65 219	47 529	17 690	22 334	69 168	65 118	4 051	4 236
2005	187 424	99 358	72 959	53 000	19 958	26 399	77 857	74 233	3 624	10 209
2006	222 713	113 104	82 576	60 790	21 786	30 528	92 954	87 954	5 000	16 655
2007	266 599	132 233	96 333	72 127	24 206	35 900	110 943	103 949	6 995	23 423
2008	315 975	153 423	111 670	83 993	27 677	41 752	138 325	128 084	10 241	24 227
2009	348 775	169 275	123 585	94 579	29 005	45 690	164 463	156 680	7 783	15 037
2010	402 817	194 115	140 759	108 784	31 975	53 356	193 604	183 615	9 989	15 098
2011	472 619	232 116	168 957	129 987	38 970	63 155	225 007	215 682	12 662	12 163
2012	529 238	261 833	190 424	148 113	42 310	71 409	253 524	241 757	11 016	14 632
	构成(%) Composition (%)									
2001	100	61.4	45.3	30.9	14.5	16.0	36.5	34.6	1.8	2.1
2002	100	59.6	44.0	30.5	13.5	15.6	37.8	36.2	1.6	2.6
2003	100	56.9	42.2	30.3	11.9	14.7	41.0	39.2	1.8	2.2
2004	100	54.4	40.5	29.5	11.0	13.9	43.0	40.5	2.5	2.6
2005	100	53.0	38.9	28.3	10.6	14.1	41.5	39.6	1.9	5.4
2006	100	50.8	37.1	27.3	9.8	13.7	41.7	39.5	2.2	7.5
2007	100	49.6	36.1	27.1	9.1	13.5	41.6	39.0	2.6	8.8
2008	100	48.6	35.3	26.6	8.8	13.2	43.8	40.5	3.2	7.7
2009	100	48.5	35.4	27.1	8.3	13.1	47.2	44.9	2.2	4.3
2010	100	48.2	34.9	27.0	7.9	13.2	48.1	45.6	2.5	3.7
2011	100	49.1	35.7	27.5	8.2	13.4	47.6	45.6	2.7	2.6
2012	100	49.5	36.0	28.0	8.0	13.5	47.9	45.7	2.1	2.8

注：表中数据根据国家统计局最新数据修订。
Note: Data are revised by National Bureau of Statistics of China.

按支出法计算的国内生产总值构成变化
Changes in the composition of GDP (based on expenditures)

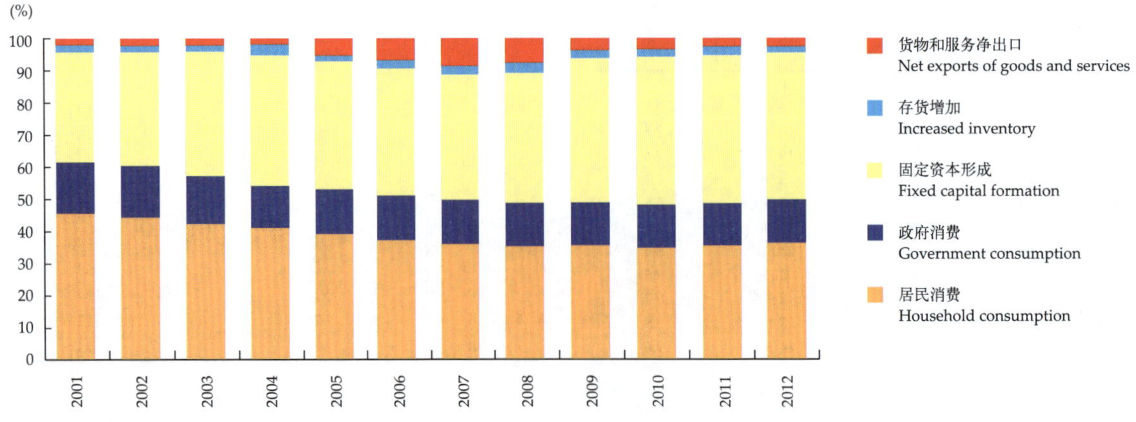

投资率和消费率
Investment ratio and consumption ratio

单位：%　Unit: %

年 Year	资本形成率(投资率) Capital formation ratio (investment ratio)	最终消费率(消费率) Final consumption ratio (consumption ratio)
1981	32.5	67.1
1982	31.9	66.5
1983	32.8	66.4
1984	34.2	65.8
1985	38.1	66.0
1986	37.5	64.9
1987	36.3	63.6
1988	37.0	63.9
1989	36.6	64.5
1990	34.9	62.5
1991	34.8	62.4
1992	36.6	62.4
1993	42.6	59.3
1994	40.5	58.2
1995	40.3	58.1
1996	38.8	59.2
1997	36.7	59.0
1998	36.2	59.6
1999	36.2	61.1
2000	35.3	62.3
2001	36.5	61.4
2002	37.8	59.6
2003	41.0	56.9
2004	43.0	54.4
2005	41.5	53.0
2006	41.7	50.8
2007	41.6	49.6
2008	43.8	48.6
2009	47.2	48.5
2010	48.1	48.2
2011	48.3	49.1
2012	48.1	49.2

注：表中数据根据国家统计局最新数据修订。
Note: Data are revised by National Bureau of Statistics of China.

生产法现价GDP与支出法现价GDP及其增长率比较
Comparison between production-based GDP and expenditure-based GDP at current price

年 Year	(1)生产法GDP Production-based GDP		(2)支出法GDP Expenditure-based GDP		(1)−(2)	
	绝对量(亿元) Absolute value (RMB100 million yuan)	现价增速(%) Growth rate at current price(%)	绝对量(亿元) Absolute value (RMB100 million yuan)	现价增速(%) Growth rate at current price(%)	绝对量(亿元) Absolute value (RMB100 million yuan)	现价增速(%) Growth rate at current price(%)
1981	4 892	7.6	5 009	9.1	-117	-1.45
1982	5 323	8.8	5 590	11.6	-267	-2.77
1983	5 963	12.0	6 216	11.2	-254	0.81
1984	7 208	20.9	7 363	18.4	-155	2.45
1985	9 016	25.1	9 077	23.3	-61	1.80
1986	10 275	14.0	10 509	15.8	-233	-1.80
1987	12 059	17.4	12 277	16.8	-219	0.53
1988	15 043	24.8	15 389	25.3	-346	-0.59
1989	16 992	13.0	17 311	12.5	-319	0.47
1990	18 668	9.9	19 348	11.8	-680	-1.90
1991	21 781	16.7	22 577	16.7	-796	-0.01
1992	26 923	23.6	27 565	22.1	-642	1.52
1993	35 334	31.2	36 938	34.0	-1 604	-2.76
1994	48 198	36.4	50 217	36.0	-2 020	0.46
1995	60 794	26.1	63 217	25.9	-2 423	0.24
1996	71 177	17.1	74 164	17.3	-2 987	-0.24
1997	78 973	11.0	81 659	10.1	-2 685	0.84
1998	84 402	6.9	86 532	6.0	-2 129	0.90
1999	89 677	6.2	91 125	5.3	-1 448	0.94
2000	99 215	10.6	98 749	8.4	466	2.27
2001	109 655	10.5	109 028	10.4	627	0.11
2002	120 333	9.7	120 476	10.5	-143	-0.76
2003	135 823	12.9	136 613	13.4	-791	-0.52
2004	159 878	17.7	160 957	17.8	-1 078	-0.11
2005	184 937	15.7	187 424	16.4	-2 486	-0.77
2006	216 314	17.0	222 713	18.8	-6 398	-1.86
2007	265 810	22.9	266 599	19.7	-789	3.18
2008	314 045	18.1	315 975	18.5	-1 929	-0.37
2009	340 903	8.6	348 775	10.4	-7 872	-1.83
2010	401 513	17.8	402 816	15.5	-1 304	2.28
2011	473 104	17.8	472 619	17.3	485	0.50
2012	518 942	9.7	529 238	12.0	-9 916	-2.21

注：表中数据根据国家统计局最新数据修订。
Note: Data are revised by National Bureau of Statistics of China.

投资率和消费率
Investment ratio and consumption ratio

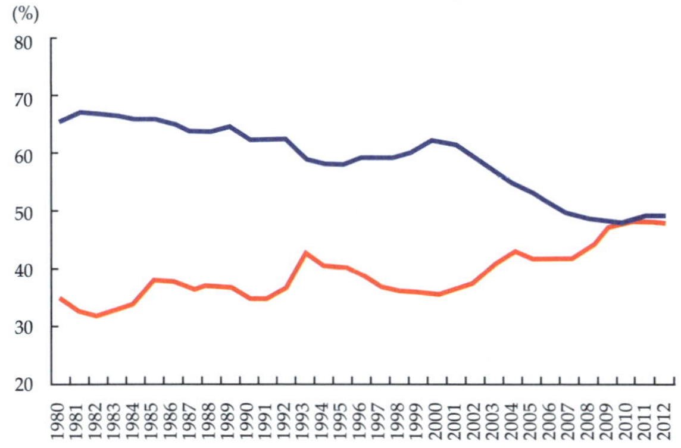

资本形成率（投资率）Capital formation ratio (investment ratio)
最终消费率（消费率）Final consumption ratio (consumption ratio)

生产法现价GDP与支出法现价GDP增速比较
Comparison of growth rate at current prices between production-based GDP and expenditure-based GDP

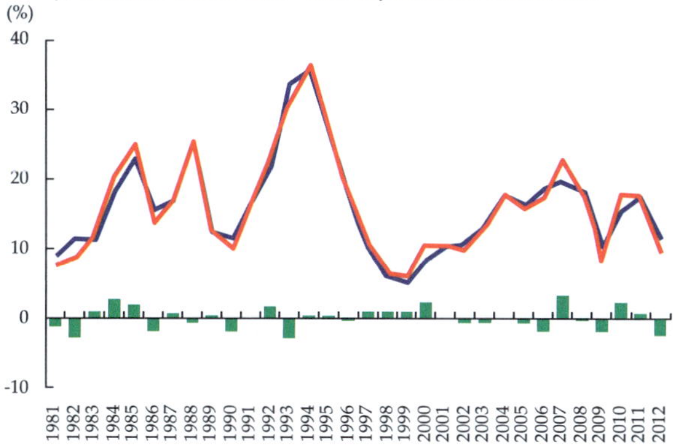

生产法现价GDP增速−支出法现价GDP增速 Gap between the two growth rates
生产法现价GDP增速 Growth rate of production-based GDP at current prices
支出法现价GDP增速 Growth rate of expenditure-based GDP at current prices

2.社会消费品零售额

(2) Retail sales of consumer goods

社会消费品零售总额
Retail sales of consumer goods

单位：亿元
Unit: RMB 100 million yuan

年/月 Year/Month	当月社会消费品零售总额 Monthly retail sales of consumer goods	当月同比增长率(%) Monthly growth rate (YOY)(%)	社会消费品零售总额累计 Accumulative retail sales of consumer goods	累计同比增长率(%) Accumulative growth rate (YOY)(%)
2012.01	—	—	—	—
2012.02	—	—	33 669	14.7
2012.03	15 650	15.2	49 319	14.8
2012.04	15 603	14.1	64 922	14.7
2012.05	16 715	13.8	81 637	14.5
2012.06	16 585	13.7	98 222	14.4
2012.07	16 315	13.1	114 537	14.2
2012.08	16 659	13.2	131 195	14.1
2012.09	18 227	14.2	149 422	14.1
2012.10	18 934	14.5	168 356	14.1
2012.11	18 477	14.9	186 833	14.2
2012.12	20 334	15.2	210 307	14.3
2013.01	—	—	—	—
2013.02	—	—	37 810	12.3
2013.03	17 641	12.6	55 451	12.4
2013.04	17 600	12.8	73 051	12.5
2013.05	18 886	12.9	91 938	12.6
2013.06	18 827	13.3	110 764	12.7

注：为消除春节日期不固定因素带来的影响，增强数据的可比性，按照国家统计制度，历年1～2月数据一起调查、一起发布。
Note: In order to eliminate the impact of the different date of "Spring Festival" of each year,and enchance the comparability of data, in accordance with the national statistical system,the data in January and Februry was investigated and released together.

社会消费品零售总额与最终消费增长率的比较
Comparison of growth rate at current prices between retail sales of consumer goods and final consumption expenditure

单位：万亿元
Unit: RMB trillion yuan

年 Year	社会消费品零售总额 Retail sales of consumer goods	最终消费 Final consumption	社会消费品零售总额现价增长率(%) Growth rate at current prices of retail sales of consumer goods(%)	最终消费现价增长率(%) Growth rate at current prices of final consumption expenditure(%)
1991	0.94	1.41	13.4	16.6
1992	1.10	1.72	16.8	22.1
1993	1.43	2.19	29.8	27.3
1994	1.86	2.92	30.5	33.5
1995	2.36	3.67	26.8	25.7
1996	2.84	4.39	20.1	19.5
1997	3.13	4.81	10.2	9.6
1998	3.34	5.16	6.8	7.2
1999	3.56	5.56	6.8	7.8
2000	3.91	6.15	9.7	10.6
2001	4.31	6.69	10.1	8.8
2002	4.81	7.18	11.8	7.3
2003	5.25	7.77	9.1	8.2
2004	5.95	8.76	13.3	12.7
2005	6.84	9.94	14.9	13.5
2006	7.91	11.31	15.8	13.8
2007	9.36	13.22	18.2	16.9
2008	11.48	15.34	22.7	16.0
2009	13.27	16.93	15.5	10.3
2010	15.70	19.41	18.3	14.7
2011	18.39	22.86	17.1	17.7
2012	21.03	25.96	14.3	11.8

注：表中数据根据国家统计局最新数据修订。
Note: Data are revised by National Bureau of Statistics of China.

累计社会消费品零售总额及其增长率
Accumulative retail sales and growth rates of consumer goods

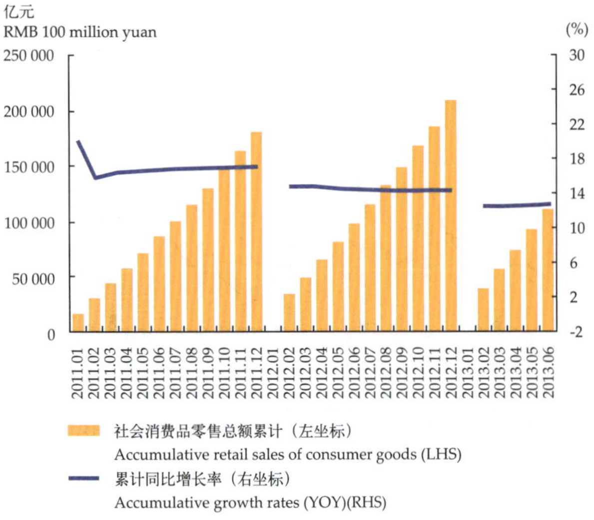

社会消费品零售总额及最终消费增长趋势
Growth trend of retail sales of consumer goods and final consumption expenditure

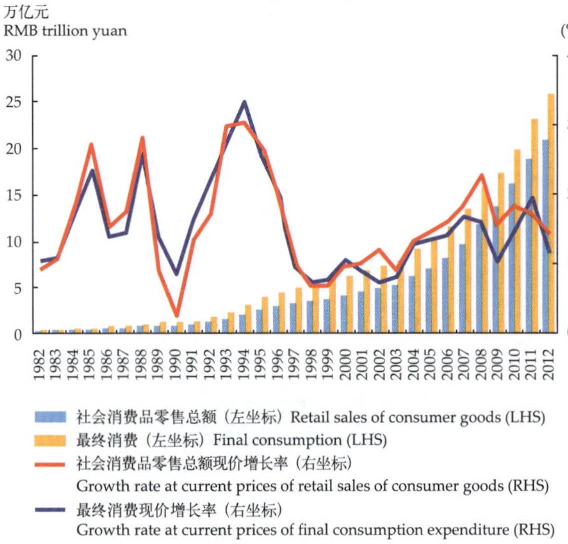

3.固定资产投资完成额
(3) Completed fixed-asset investment

固定资产投资（不含农户）完成额
Completed investment in fixed assets (excluding rural households)

单位：亿元
Unit: RMB 100 million yuan

年/月 Year/Month	投资完成额 Investment completed	增长率(%) Growth rate (%)
2011 1~7	152 419.9	25.4
1~8	180 607.6	25.0
1~9	212 274.0	24.9
1~10	241 365.1	24.9
1~11	269 452.1	24.5
1~12	301 932.8	23.8
	—	—
2012 1~2	21 188.8	21.5
1~3	47 865.4	20.9
1~4	75 591.6	20.2
1~5	108 924.2	20.1
1~6	150 710.1	20.4
1~7	184 311.8	20.4
1~8	217 958.1	20.2
1~9	256 932.9	20.5
1~10	292 542.0	20.7
1~11	326 236.2	20.7
1~12	364 835.1	20.6
	—	—
2013 1~2	25 675.9	21.2
1~3	58 092.3	20.9
1~4	91 319.2	20.6
1~5	131 210.6	20.4
1~6	181 317.6	20.1

注：自2011年起，投资项目统计起点标准由原来的50万元调整为500万元，“固定资产投资（不含农户）”等于原口径的城镇固定资产投资加上农村企事业组织项目投资。

Notes: Since 2011, investment indicators are calculated using new threshold criteria of RMB5 million yuan instead of RMB500 thousand yuan in the past."Investment in fixed assets (excluding rural households)" equals to "investment in fixed assets in urban area" under the old criteria plus "investment of rural enterprises and institutions".

固定资产投资（不含农户）完成额
Completed investment in fixed assets (excluding rural households)

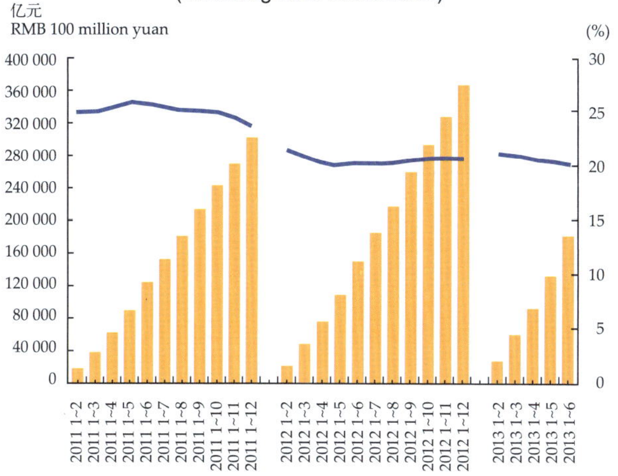

固定资产投资完成额和固定资本形成总额的比较
Comparison of completed fixed-asset investment and gross capital formation

单位：万亿元
Unit: RMB trillion yuan

年 Year	全社会固定资产投资完成额 Total completed fixed-asset investment	固定资本形成总额 Gross capital formation	全社会固定资产投资现价增长率(%) Growth rate of total fixed-asset investment at current prices(%)	固定资本形成总额现价增长率(%) Growth rate of gross capital formation at current prices(%)
1992	0.81	0.85	44.4	40.3
1993	1.31	1.33	61.8	56.3
1994	1.70	1.73	30.4	30.1
1995	2.00	2.09	17.5	20.6
1996	2.29	2.40	14.8	15.1
1997	2.49	2.60	8.8	8.0
1998	2.84	2.86	13.9	10.0
1999	2.99	3.30	5.1	6.9
2000	3.29	3.48	10.3	5.7
2001	3.72	3.98	13.0	14.1
2002	4.35	4.56	16.9	14.6
2003	5.56	5.60	27.7	22.8
2004	7.05	6.92	26.8	23.6
2005	8.88	7.79	26.0	12.6
2006	11.00	9.30	23.9	19.4
2007	13.73	11.09	24.8	19.4
2008	17.28	13.83	25.9	24.7
2009	22.46	16.45	30.0	18.9
2010	27.81	19.36	23.8	17.7
2011	31.10	22.50	11.8	16.2
2012	37.47	25.35	20.3	11.0

注：表中数据根据国家统计局最新数据修订。
Note: Data are revised by National Bureau of Statistics of China.

固定资产投资完成额和固定资本形成总额
Completed fixed-asset investment and gross capital formation

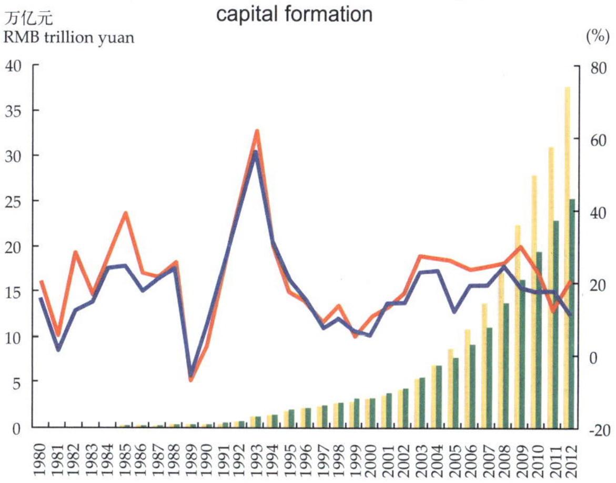

按建设性质分固定资产投资（不含农户）累计完成额及增长率

Completed investment in fixed assets (excluding rural households) and growth rate by type of construction

年/月 Year/Month	绝对值(亿元) Absolute value (RMB 100 million yuan)			增长率(%) Growth rate (%)		
	新建 New construction	扩建 Expansion	改建 Transformation	新建 New construction	扩建 Expansion	改建 Transformation
	—	—	—	—	—	—
2011 1~2	8 460.4	2 248.8	1 875.0	29.8	12.6	14.4
1~3	19 059.2	5 388.8	4 657.0	29.7	11.9	16.5
1~4	30 687.5	8 652.1	7 655.2	29.8	11.8	20.2
1~5	44 231.4	12 671.8	11 166.0	29.0	14.0	23.1
1~6	60 275.5	17 410.0	15 760.2	29.1	14.6	23.2
1~7	73 498.9	21 484.5	19 503.9	28.2	14.2	22.8
1~8	87 052.0	25 617.4	23 081.0	28.1	14.9	21.2
1~9	102 195.4	29 994.5	27 287.1	28.0	14.9	20.7
1~10	115 613.0	34 045.0	31 826.7	27.4	15.6	22.1
1~11	128 538.4	37 929.5	36 036.5	26.5	16.6	22.0
1~12	143 794.4	42 169.6	41 081.2	26.5	16.3	21.2
	—	—	—	—	—	—
2012 1~2	9 934.5	2 658.9	2 352.5	17.4	18.2	25.5
1~3	22 992.2	6 224.5	6 003.3	20.6	15.5	28.9
1~4	37 176.2	10 005.0	9 519.2	21.1	15.6	24.3
1~5	53 873.9	14 582.0	13 846.7	21.8	15.1	24.0
1~6	74 541.8	20 177.2	19 160.7	23.7	15.9	21.6
1~7	91 403.7	24 761.0	23 663.4	24.4	15.3	21.3
1~8	107 585.5	29 242.9	28 244.4	23.6	14.2	22.4
1~9	127 349.1	34 191.9	33 447.0	24.6	14.0	22.6
1~10	144 885.7	38 975.4	38 466.1	25.3	14.5	20.9
1~11	160 501.6	43 420.2	43 302.6	24.9	14.5	20.2
1~12	177 665.5	48 742.0	52 086.0	23.6	15.6	26.8
	—	—	—	—	—	—
2013 1~2	12 190.2	2 914.0	2 993.5	22.7	9.6	27.2
1~3	28 180.7	7 017.4	7 574.4	22.6	12.7	26.2
1~4	45 180.4	11 542.3	11 986.5	21.2	15.4	25.9
1~5	65 777.9	16 612.3	17 051.5	21.9	13.9	23.1
1~6	91 035.7	22 674.7	23 816.6	22.1	12.4	24.3

注：按建设性质分组的投资不含房地产投资。
Note: Investment grouped by type of construction does not include real estate investment.

按建筑性质分固定资产投资（不含农户）完成额构成变化

Completed investment in fixed assets (excluding rural households) by type of construction

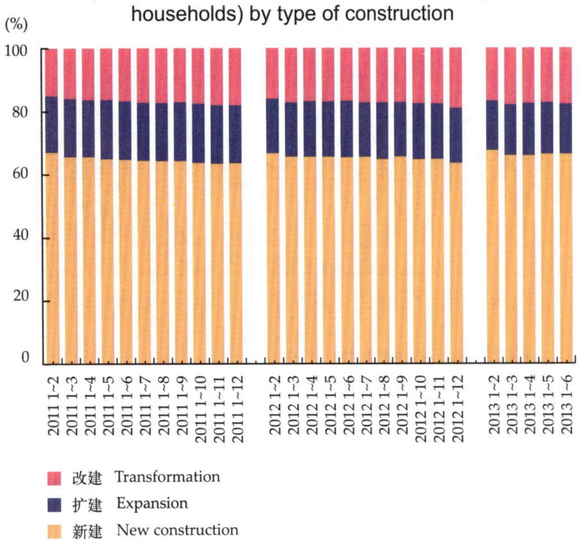

按建筑性质分固定资产投资（不含农户）完成额增长趋势

Growth of monthly accumulated completed investment in fixed assets (excluding rural households) by type of construction

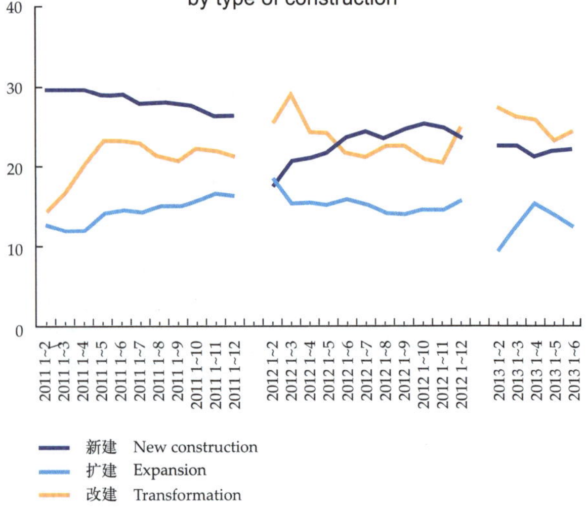

按隶属关系分固定资产投资（不含农户）累计完成额及增长率

Composition of monthly accumulated completed investment in fixed assets (excluding rural households) and growth rate by administrative relationship

年/月 Year/Month	绝对值(亿元) Absolute value (RMB 100 million yuan)		增长率(%) Growth rate (%)	
	中央项目 Central government projects	地方项目 Local government projects	中央项目 Central government projects	地方项目 Local government projects
	—	—	—	—
2011 1~2	1 385	16 060	6.3	26.9
1~3	2 540	36 925	3.0	26.8
1~4	4 124	58 593	2.6	27.4
1~5	5 670	84 584	0.3	28.0
1~6	7 360	117 207	-3.8	28.1
1~7	9 075	143 345	-4.7	28.0
1~8	10 722	169 885	-8.9	28.1
1~9	12 445	199 829	-7.5	27.7
1~10	14 260	227 105	-8.5	27.9
1~11	16 212	253 241	-8.5	27.5
1~12	20 209	281 724	-9.7	27.2
	—	—	—	—
2012 1~2	1 276	19 913	-7.9	24.0
1~3	2 393	45 473	-9.7	23.1
1~4	4 098	71 494	-4.1	22.0
1~5	5 605	103 319	-7.7	22.1
1~6	7 598	143 113	-4.1	22.1
1~7	9 387	174 925	-3.0	22.0
1~8	11 395	206 563	0.2	21.6
1~9	13 609	243 324	2.3	21.8
1~10	15 939	276 603	11.8	21.8
1~11	17 998	308 238	11.0	21.7
1~12	21 663	343 172	7.2	21.8
	—	—	—	—
2013 1~2	1 331	24 345	4.4	22.3
1~3	2 687	55 406	11.6	21.4
1~4	4 444	86 875	8.5	21.3
1~5	6 110	125 101	7.1	21.1
1~6	8 338	172 980	9.7	20.7

按隶属关系分固定资产投资（不含农户）完成额

Completed investment in fixed assets (excluding rural households) by administrative relationship

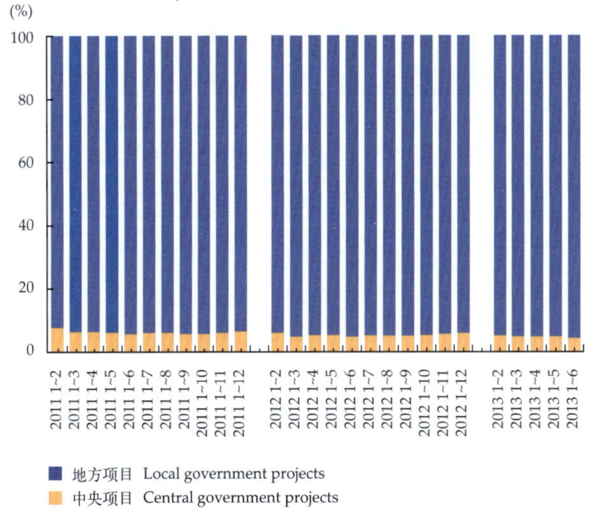

按隶属关系分固定资产投资（不含农户）完成额增长趋势

Growth of monthly accumulated completed investment in fixed assets (excluding rural households) by administrative relationship

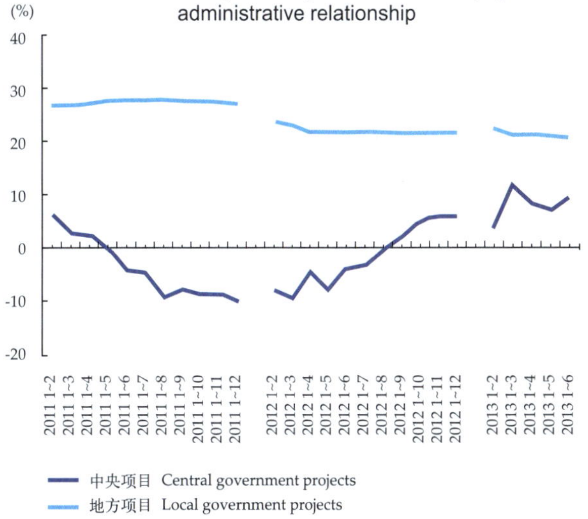

固定资产投资月度累计新开工项目数
Number of monthly accumulated urban newly started projects of fixed-asset investment

单位：万个 Unit: 10 000

		2009	2010	2011	2012	2013
1月	Jan.	—	—	—	—	—
2月	Feb.	1.85	1.85	1.72	2.16	2.43
3月	Mar.	5.29	5.88	5.33	6.18	6.77
4月	Apr.	8.64	8.52	8.73	9.87	10.74
5月	May	12.39	11.81	12.46	13.93	15.24
6月	Jun.	17.61	17.52	16.71	17.47	19.98
7月	Jul.	20.57	20.48	19.80	20.46	
8月	Aug.	23.49	23.23	22.71	24.32	
9月	Sept.	26.93	25.68	25.69	27.63	
10月	Oct.	29.34	28.03	28.77	30.49	
11月	Nov.	31.70	30.19	31.37	33.12	
12月	Dec.	34.48	33.00	33.29	35.63	

注：自2011年起，固定资产投资等于原口径的城镇固定资产投资加上农村企事业组织项目投资（不含农户）。
Note: Since 2011, "investment in fixed assets" equals to "investment in fixed assets in urban area" under the old criteria plus "investment of rural enterprises and institutions(excluding rural households)".

固定资产投资月度累计施工项目数
Number of monthly accumulated urban under-construction projects of fixed-asset investment

单位：万个 Unit: 10 000

		2009	2010	2011	2012	2013
1月	Jan.	—	—	—	—	—
2月	Feb.	7.87	9.28	9.81	10.88	12.12
3月	Mar.	12.91	15.37	16.06	17.29	19.11
4月	Apr.	17.25	18.99	20.70	22.20	24.55
5月	May	21.64	23.48	25.21	27.08	29.89
6月	Jun.	27.53	29.93	30.17	31.26	35.27
7月	Jul.	30.89	33.78	33.64	34.55	
8月	Aug.	33.98	36.27	36.80	38.38	
9月	Sept.	37.65	38.95	39.98	41.95	
10月	Oct.	40.22	41.52	43.33	45.03	
11月	Nov.	42.95	43.98	46.10	47.79	
12月	Dec.	46.15	47.19	48.32	50.54	

固定资产投资月度累计新开工项目数
Number of monthly accumulated newly started projects of fixed-asset investment

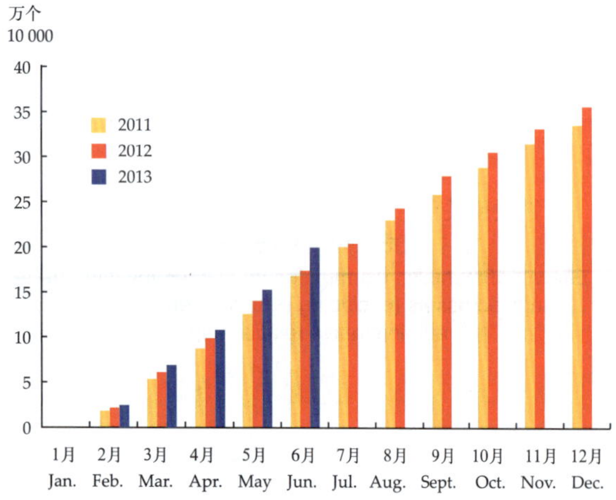

固定资产投资月度累计施工项目数
Number of monthly accumulated under-construction projects of fixed-asset investment

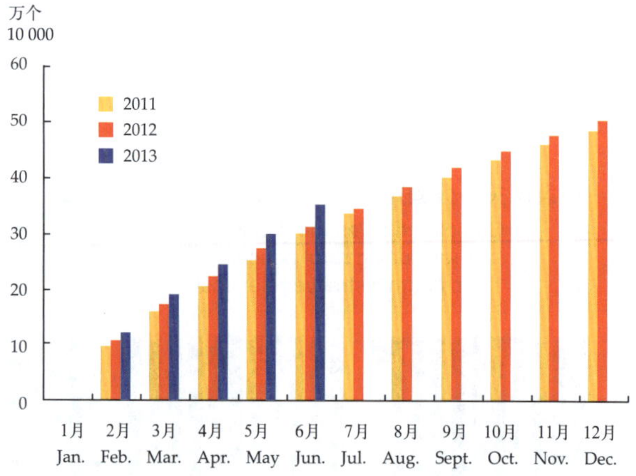

2013年上半年分省固定资产投资（不含农户）完成额及增长率
Accumulated completed investment in fixed assets (excluding rural households) and growth rate by province in the first half of 2013

单位：亿元　Unit: RMB 100 million yuan

	固定资产投资（不含农户）累计完成额 Accumulated completed investment in fixed assets (excluding rural households)	增长率(%) Growth rate (%)
Tibet 西 藏	301.8	40.4
Guizhou 贵 州	2 538.9	29.4
Yunnan 云 南	4 054.9	28.9
Qinghai 青 海	891.9	28.2
Gansu 甘 肃	2 994.7	27.4
Hainan 海 南	1 074.8	27.1
Ningxia 宁 夏	914.3	26.9
Heilongjiang 黑龙江	2 690.6	26.5
Zhejiang 浙 江	9 233.8	25.3
Shaanxi 陕 西	3 154.2	24.9
Shanxi 山 西	6 016.9	24.5
Fujian 福 建	6 822.5	24.1
Hubei 湖 北	8 812.8	24.0
Xinjiang 新 疆	2 203.6	24.0
Hunan 湖 南	6 767.2	23.6
Henan 河 南	10 858.6	23.5
Guangxi 广 西	5 337.9	22.9
Liaoning 辽 宁	11 191.5	21.1
Sichuan 四 川	9 428.4	20.2
Anhui 安 徽	8 072.5	20.0
Hebei 河 北	9 522.2	19.7
Jilin 吉 林	3 552.3	19.2
Jiangxi 江 西	5 600.9	18.1
Shandong 山 东	15 009.8	17.9
Tianjin 天 津	4 805.9	16.7
Inner Mongolia 内蒙古	5 547.0	15.9
Guangdong 广 东	8 510.7	15.9
Shanghai 上 海	2 315.8	15.7
Jiangsu 江 苏	15 737.0	14.3
Chongqing 重 庆	3 940.3	12.9
Beijing 北 京	2 517.4	7.8

2013年上半年分省固定资产投资完成额（不含农户）及增长率
Accumulated completed investment in fixed assets (excluding rural households) and growth rate by province in the first half of 2013

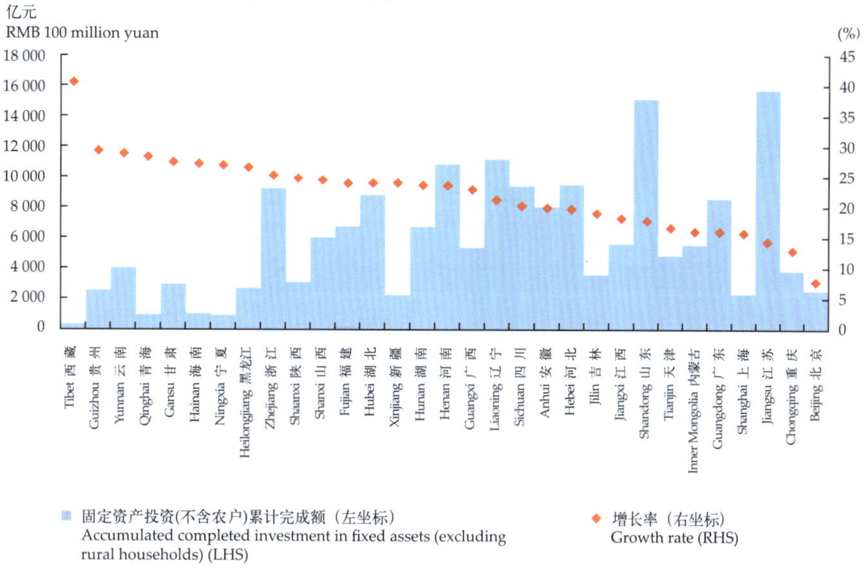

4. 房地产

(4) Real estate development

房地产开发投资按工程用途分的完成额及增长率

Real estate development investment completed and growth rate by purpose of engineering

单位：亿元　Unit: RMB 100 million yuan

年/月 Year/Month	房地产开发投资完成额 Real estate development investment completed		按工程用途分 By purpose of engineering							
			住宅投资 Residential building investment		办公楼投资 Office building investment		商业用房投资 Commercial and business building investment		其他投资 Other investment	
	绝对值 Absolute value	增长率(%) Growth rate (%)	绝对值 Absolute value	增长率(%) Growth rate (%)	绝对值 Absolute value	增长率(%) Growth rate (%)	绝对值 Absolute value	增长率(%) Growth rate (%)	绝对值 Absolute value	增长率(%) Growth rate (%)
2011.07	31 873	33.6	22 789	36.4	1 286	30.9	3 807	37.0	3 991	17.6
2011.08	37 781	33.2	27 118	36.4	1 508	33.0	4 509	37.0	4 647	14.6
2011.09	44 225	32.0	31 788	35.2	1 742	34.0	5 259	36.1	5 436	12.5
2011.10	49 923	31.1	35 832	34.3	2 029	40.2	5 927	35.5	6 134	10.2
2011.11	55 483	29.9	39 857	32.8	2 278	41.0	6 614	35.0	6 734	9.3
2011.12	61 740	27.9	44 308	30.2	2 544	40.7	7 370	30.5	7 518	10.9
2012.01	—	—	—	—	—	—	—	—	—	—
2012.02	5 431	27.8	3 713	23.2	253	31.0	722	42.5	743	38.4
2012.03	10 927	23.5	7 443	19.0	518	43.4	1 420	34.2	1 546	31.7
2012.04	15 835	18.7	10 818	13.9	741	37.1	2 075	34.2	2 200	25.3
2012.05	22 213	18.5	15 098	13.6	1 082	44.7	2 887	31.6	3 146	25.6
2012.06	30 610	16.6	20 879	12.0	1 409	31.9	3 975	26.3	4 348	28.1
2012.07	36 774	15.4	25 226	10.7	1 721	33.8	4 707	23.6	5 120	28.3
2012.08	43 688	15.6	29 990	10.6	2 036	35.0	5 667	25.7	5 995	29.0
2012.09	51 046	15.4	35 126	10.5	2 371	36.1	6 589	25.3	6 959	28.0
2012.10	57 629	15.4	39 704	10.8	2 666	31.4	7 458	25.8	7 801	27.2
2012.11	64 772	16.7	44 606	11.9	3 024	32.7	8 417	27.3	8 725	29.6
2012.12	71 804	16.2	49 374	11.4	3 367	31.6	9 312	25.4	9 751	30.1
2013.01	—	—	—	—	—	—	—	—	—	—
2013.02	6 670	22.8	4 583	23.4	388	53.3	884	22.4	814	9.7
2013.03	13 133	20.2	9 013	21.1	747	44.1	1 721	21.2	1 652	6.9
2013.04	19 180	21.1	13 121	21.3	1 102	48.6	2 547	22.7	2 411	9.6
2013.05	26 798	20.6	18 363	21.6	1 526	41.0	3 582	24.1	3 326	5.7
2013.06	36 828	20.3	25 227	20.8	2 011	42.8	5 010	26.1	4 579	5.3

房地产开发投资按工程用途分的构成变化

Change in composition of real estate development investment by purpose of engineering

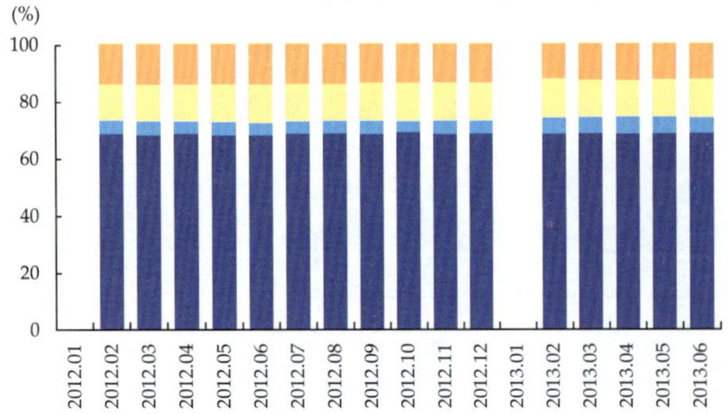

■ 其他投资　Other investment
■ 商业用房投资　Commercial and business building investment
■ 办公楼投资　Office building investment
■ 住宅投资　Residential building investment

房地产开发投资按工程用途分的增长趋势

Growth of composition of real estate development investment by purpose of engineering

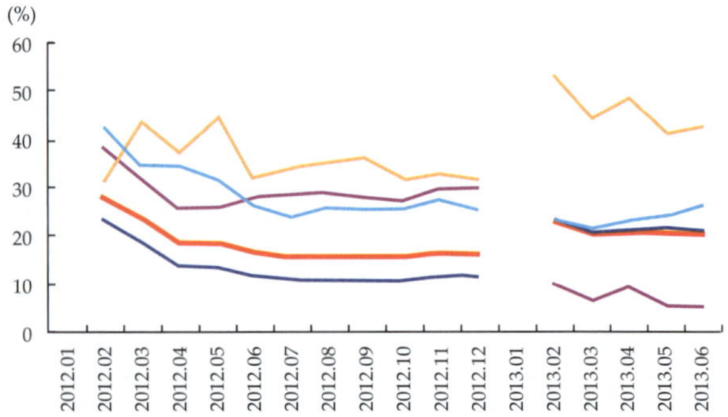

— 房地产开发投资完成额　Real estate development investment completed
— 住宅投资　Residential building investment
— 办公楼投资　Office building investment
— 商业用房投资　Commercial and business building investment
— 其他投资　Other investment

房地产开发投资按地区分的完成额及增长率
Real estate development investment completed and growth rate by region

单位：亿元 Unit: RMB 100 million yuan

年/月 Year/Month	东部地区投资 Investment in eastern area		中部地区投资 Investment in central area		西部地区投资 Investment in western area	
	绝对值 Absolute value	增长率(%) Growth rate (%)	绝对值 Absolute value	增长率(%) Growth rate (%)	绝对值 Absolute value	增长率(%) Growth rate (%)
2011.07	18 594	31.1	6 645	35.2	6 634	39.3
2011.08	21 855	30.5	7 965	34.8	7 961	39.6
2011.09	25 476	29.2	9 417	33.1	9 331	38.8
2011.10	28 712	28.8	10 649	31.3	10 562	37.8
2011.11	31 997	28.5	11 754	29.2	11 731	34.9
2011.12	35 607	27.1	13 197	25.5	12 936	32.8
2012.01	—	—	—	—	—	—
2012.02	3 327	26.0	996	29.4	1 108	31.9
2012.03	6 593	20.6	2 070	25.7	2 264	30.5
2012.04	9 354	15.2	3 159	24.5	3 323	23.8
2012.05	13 036	16.0	4 472	22.3	4 705	22.5
2012.06	17 809	15.4	6 328	16.9	6 473	19.9
2012.07	21 295	14.5	7 686	15.7	7 794	17.5
2012.08	25 116	14.9	9 313	16.9	9 259	16.3
2012.09	29 173	14.5	10 944	16.2	10 929	17.1
2012.10	32 823	14.3	12 395	16.4	12 410	17.5
2012.11	36 719	14.8	14 035	19.4	14 018	19.5
2012.12	40 541	13.9	15 763	19.4	15 500	19.8
2013.01	—	—	—	—	—	—
2013.02	4 024	20.9	1 241	24.6	1 405	26.8
2013.03	7 766	17.8	2 521	21.8	2 845	25.6
2013.04	11 241	20.2	3 804	20.4	4 136	24.5
2013.05	15 518	19.0	5 445	21.8	5 835	24.0
2013.06	21 140	18.7	7 645	20.8	8 043	24.3

房地产开发投资按地区分的构成变化
Change in composition of real estate development investment by region

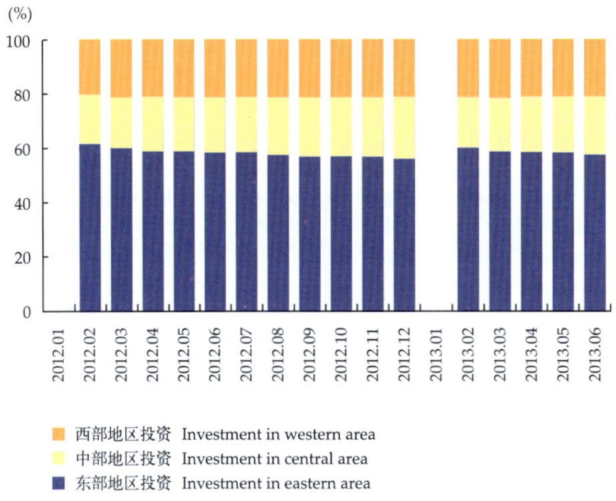

房地产开发投资按地区分的增长趋势
Growth of composition of real estate development investment by region

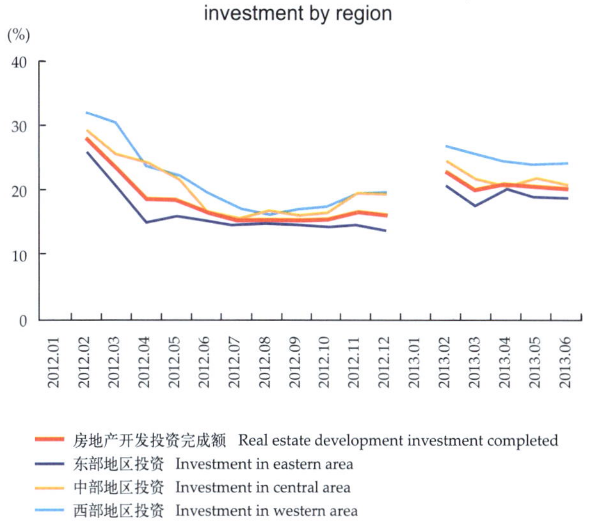

商品房建筑与销售
Construction and sales of commercial buildings

单位：亿平方米、亿元
Unit: 100 million square meters, RMB 100 million yuan

年/月 Year/Month	施工面积 Area under construction	同比增长(%) YOY growth(%)	竣工面积 Area completed	同比增长(%) YOY growth(%)	销售面积 Area sold	同比增长(%) YOY growth(%)	销售面积与竣工面积之比 Ratio of sold to completed areas	月度累计销售额 Monthly accumulated sales volume	增长率(%) Growth rate (%)
2012.01	—	—	—	—	—	—	—	—	—
2012.02	39.5	35.5	1.0	45.2	0.7	-14.0	69	4 145	-20.9
2012.03	40.9	25.0	1.8	39.3	1.5	-13.6	85	8 672	-14.6
2012.04	42.7	21.2	2.2	30.2	2.2	-13.4	97	12 421	-11.8
2012.05	45.1	19.6	2.7	26.3	2.9	-12.4	106	16 932	-9.1
2012.06	47.6	17.2	3.3	20.7	4.0	-10.0	120	23 314	-5.2
2012.07	48.9	15.3	3.9	19.0	4.9	-6.6	126	28 699	-0.5
2012.08	51.2	15.6	4.5	20.2	5.7	-4.1	129	34 011	2.2
2012.09	52.5	14.0	5.1	16.4	6.8	-4.0	135	40 354	2.7
2012.10	53.8	13.3	5.8	17.3	7.9	-1.1	135	46 301	5.6
2012.11	55.7	13.3	6.8	14.1	9.2	2.4	135	53 526	9.1
2012.12	57.3	12.9	9.9	11.4	11.1	1.2	112	64 456	9.0
2013.01	—	—	—	—	—	—	—	—	—
2013.02	45.5	15.3	1.4	34.0	1.0	49.5	77	7 361	77.6
2013.03	47.9	17.0	1.9	8.9	2.1	37.1	107	13 992	61.3
2013.04	50.1	17.2	2.4	6.6	3.0	38.0	125	19 847	59.8
2013.05	52.3	16.0	2.9	5.3	3.9	35.6	136	25 864	52.8
2013.06	54.9	15.5	3.5	6.3	5.1	28.7	146	33 376	43.2

商品房施工面积、竣工面积与销售面积
Area of commercial housing under construction, completed, and sold

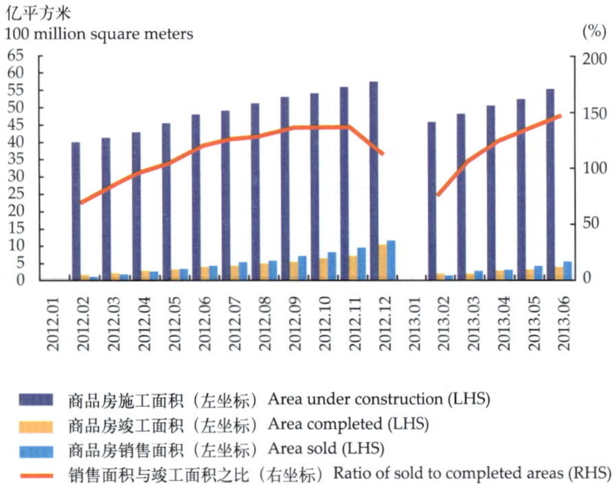

商品房施工面积、竣工面积与销售面积增长趋势
Growth of area of commercial housing under construction, completed, and sold

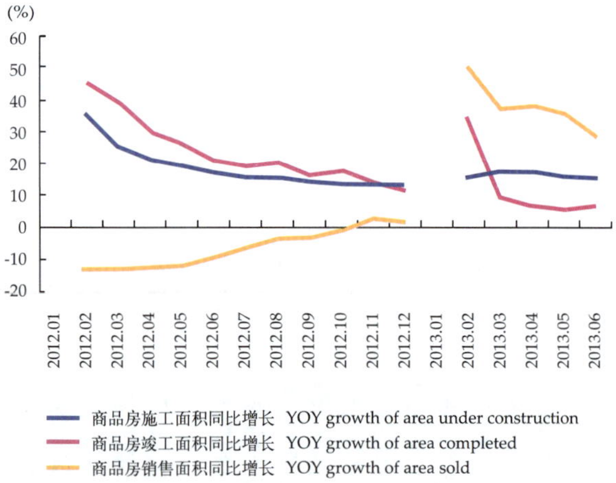

商品房销售额及其增长率
Sales volume of commercial housing and its growth rate

住宅在商品房施工面积、竣工面积与销售面积中所占的比重
Share of residences in commercial housing under construction, completed, and sold

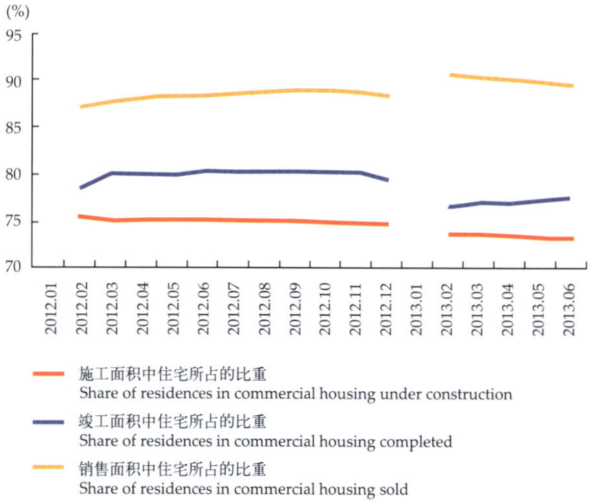

主要经济指标环比增速
MOM growth rates of main economic indicators

年/季 Year/Quarter		国内生产总值 Gross domestic product (%)	年/月 Year/Month		规模以上工业增加值 Value added of industry (%)	固定资产投资（不含农户） Completed investment in fixed assets (excluding rural households) (%)	社会消费品零售总额 Retail sales of consumer goods (%)
2011			2011	1	—	—	—
				2	0.93	-0.23	1.35
	I	2.3		3	1.09	2.58	1.35
				4	0.91	1.71	1.33
				5	0.94	1.83	1.29
	II	2.5		6	1.30	1.48	1.49
				7	0.76	1.55	1.33
				8	0.84	1.44	1.42
	III	2.2		9	0.95	1.88	1.33
				10	0.76	1.75	1.47
				11	0.74	1.13	1.40
	IV	1.8		12	0.96	1.47	1.52
2012			2012	1	0.50	1.24	0.19
				2	0.61	1.84	1.01
	I	1.5		3	1.24	1.01	1.21
				4	0.36	1.21	0.97
				5	0.89	1.89	1.09
	II	2.1		6	0.80	1.87	1.12
				7	0.69	1.32	1.09
				8	0.72	1.27	1.10
	III	2		9	0.79	1.93	1.36
				10	0.78	1.97	1.17
				11	0.79	1.01	1.18
	IV	1.9		12	0.81	1.38	1.30
2013			2013	1	0.58	1.82	0.19
				2	0.78	0.72	0.97
	I	1.6		3	0.65	1.84	1.29
				4	0.86	1.37	1.24
				5	0.61	1.43	1.15
	II	1.7		6	0.68	1.51	1.26

注：1. 自2011年4月起，国家统计局对外公布国内生产总值、规模以上工业增加值、固定资产投资（不含农户）、社会消费品零售总额四项统计指标的经季节调整的环比数据。
2. 表中数据根据国家统计局最新数据修订。

Notes:1. From April 2011, National Bureau of Statistics began to pubilsh four seasonally-adjusted MOM indices, namely: gross domestic product, value added of industry, completed investment in fixed assets (excluding rural households), retail sales of consumer goods.
2. Data are revised by National Bureau of Statistics of China.

五、对外部门
5. External Sector

1.外贸
(1)Foreign trade

据世界贸易组织统计，2012年，中国货物贸易出口总值为20 490亿美元，占世界货物贸易出口总值18.325万亿美元的11.2%，比2011年提高0.8个百分点，在全球货物贸易出口排名中位居第一。2012年，中国货物贸易进口总值为18 180亿美元，占世界货物贸易进口总值18.565万亿美元的9.8%，比2011年提高了0.3个百分点，在全球货物贸易进口中排名第二，位于美国之后。

According to WTO statistics, in 2012, China's export volume of goods totaled USD2,049 billion, accounting for 11.2 percent of the world total of USD18.325 trillion, 0.8 percentage point higher than that in 2011. And China's goods export also ranked 1st in the world. China's import volume of goods reached USD1,818 billion, accounting for 9.8 percent of the world total of USD18.565 trillion, 0.3 percentage point higher than that in 2011. China ranked 2nd in the world after the U.S. in terms of goods imports.

2012年世界货物贸易出口前十位排名
Top ten economies in the world in terms of goods exported in 2012

			出口(10亿美元) Exports (USD billion)	比重(%) Share (%)
	世界	**World total**	**18 325**	**100**
1	**中 国**	**China**	**2 049**	**11.2**
2	美 国	U.S.	1 547	8.4
3	德 国	Germany	1 407	7.7
4	日 本	Japan	799	4.4
5	荷 兰	Netherlands	656	3.6
6	法 国	France	569	3.1
7	韩 国	Korea	548	3.0
8	俄罗斯	Russia	529	2.9
9	意大利	Italy	500	2.7
10	香 港	HK SAR of China	493	2.7

2012年世界货物贸易进口前十位排名
Top ten economies in the world in terms of goods imported in 2012

			进口(10亿美元) Imports (USD billion)	比重(%) Share (%)
	世界	**World total**	**18 565**	**100.0**
1	美 国	U.S.	2 335	12.6
2	**中 国**	**China**	**1 818**	**9.8**
3	德 国	Germany	1 167	6.3
4	日 本	Japan	886	4.8
5	法 国	France	680	3.7
6	荷 兰	Netherlands	674	3.6
7	香 港	HK SAR of China	591	3.2
8	韩 国	Korea	554	3.0
9	印 度	India	520	2.8
10	意大利	Italy	489	2.6

年度进出口额及其增长率
Annual imports & exports and growth rates

单位：亿美元
Unit: USD 100 million

年 Year	进出口 Imports & Exports		出口 Exports		进口 Imports		进出口差额 Trade balance
	总额 Total value	增长率(%) Growth rate (%)	总额 Total value	增长率(%) Growth rate (%)	总额 Total value	增长率(%) Growth rate (%)	
1991	1 357	17.6	719	15.8	638	19.6	81
1992	1 655	22.0	849	18.1	806	26.3	44
1993	1 957	18.2	917	8.0	1 040	29.0	-122
1994	2 366	20.9	1 210	31.9	1 156	11.2	54
1995	2 809	18.7	1 488	23.0	1 321	14.2	167
1996	2 899	3.2	1 510	1.5	1 388	5.1	122
1997	3 252	12.2	1 828	21.0	1 424	2.5	404
1998	3 239	-0.4	1 837	0.5	1 402	-1.5	435
1999	3 606	11.3	1 949	6.1	1 657	18.2	292
2000	4 743	31.5	2 492	27.8	2 251	35.8	241
2001	5 097	7.5	2 661	6.8	2 436	8.2	225
2002	6 208	21.8	3 256	22.4	2 952	21.2	304
2003	8 510	37.1	4 382	34.6	4 128	39.8	255
2004	11 546	35.7	5 933	35.4	5 612	36.0	321
2005	14 219	23.2	7 620	28.4	6 600	17.6	1 020
2006	17 604	23.8	9 689	27.2	7 915	19.9	1 775
2007	21 766	23.6	12 205	25.9	9 561	20.8	2 643
2008	25 633	17.8	14 307	17.2	11 326	18.5	2 981
2009	22 075	-13.9	12 016	-16.0	10 059	-11.2	1 957
2010	29 740	34.7	15 778	31.3	13 962	38.8	1 815
2011	36 419	22.5	18 986	20.3	17 433	24.9	1 553
2012	38 669	6.2	20 488	7.9	18 181	4.3	2 307

注：表中数据根据海关总署最新数据修订。
Note: Data are revised by General Administration of Customs of the People's Republic of China.

出口总值与GDP之比
Total exports over GDP

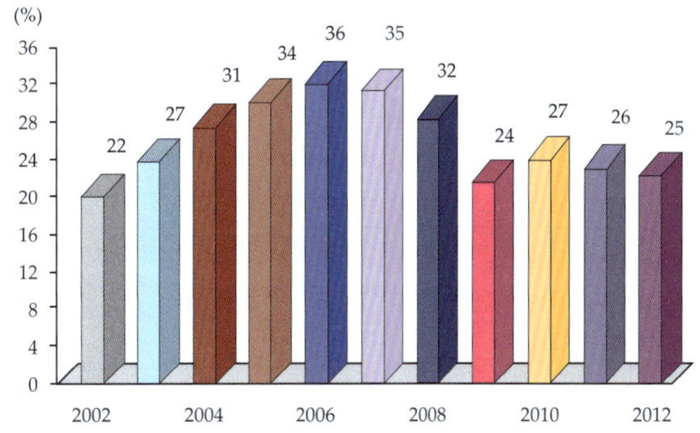

注：图中数据根据国家统计局最新数据修订。
Note: Data are revised by National Bureau of Statistics of China.

贸易差额
Trade balance

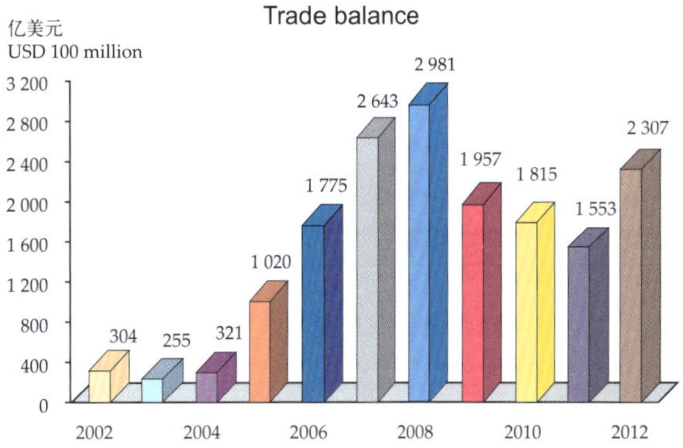

贸易总额及其增长趋势
Total trade volume and growth rates

贸易总额与GDP之比
Total trade volume over GDP

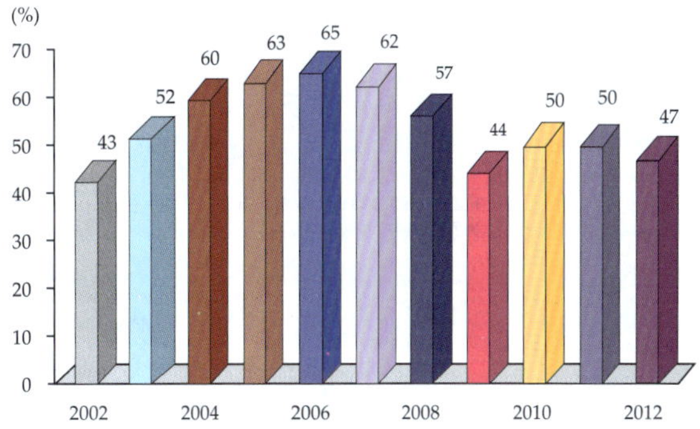

注：图中数据根据国家统计局最新数据修订。
Note: Data are revised by National Bureau of Statistics of China.

当月进出口总值及其增长率
Total monthly imports, exports, and growth rates

单位：亿美元
Unit: USD 100 million

年/月 Year/Month	出口总值 Total exports	进口总值 Total imports	出口同比增长率(%) Growth rate of exports (YOY)(%)	进口同比增长率(%) Growth rate of imports (YOY)(%)	当月差额 Monthly trade balance
2011.07	1 751	1 436	20.3	23.0	315
2011.08	1 733	1 556	24.4	30.4	178
2011.09	1 697	1 552	17.0	21.1	145
2011.10	1 575	1 405	15.8	29.1	170
2011.11	1 745	1 599	13.8	22.6	145
2011.12	1 747	1 582	13.3	12.1	165
2012.01	1 499	1 227	-0.5	-15.0	273
2012.02	1 145	1 460	18.3	40.3	-315
2012.03	1 657	1 603	8.8	5.4	53
2012.04	1 633	1 448	4.9	0.4	184
2012.05	1 811	1 624	15.3	12.7	187
2012.06	1 802	1 485	11.3	6.3	317
2012.07	1 769	1 518	1.0	5.7	251
2012.08	1 780	1 513	2.7	-2.7	267
2012.09	1 863	1 587	9.8	2.3	277
2012.10	1 756	1 435	11.5	2.2	320
2012.11	1 794	1 597	2.8	-0.1	196
2012.12	1 992	1 676	14.0	6.0	316
2013.01	1 874	1 582	25.0	29.0	291
2013.02	1 394	1 241	21.7	-14.9	152
2013.03	1 822	1 830	10.0	14.2	-8
2013.04	1 871	1 689	14.6	16.6	182
2013.05	1 828	1 623	0.9	-0.1	204
2013.06	1 743	1 472	-3.3	-0.9	271

月度累计进出口总值及其增长率
Total accumulated monthly imports,exports, and growth rates

单位：亿美元
Unit: USD 100 million

年/月 Year/Month	累计出口总值 Accumulated total exports	累计进口总值 Accumulated total imports	累计出口同比增长率(%) Growth rate of accumulated exports (YOY) (%)	累计进口同比增长率(%) Growth rate of accumulated imports (YOY) (%)	累计贸易差额 Accumulated trade balance
2011.07	10 492	9 745	23.4	27.1	747
2011.08	12 225	11 301	23.5	27.6	924
2011.09	13 921	12 852	22.7	26.7	1 069
2011.10	15 495	14 253	21.9	26.9	1 241
2011.11	17 239	15 852	21.1	26.5	1 387
2011.12	18 986	17 435	20.3	25.0	1 553
2012.01	1 499	1 227	-0.5	-15.0	270
2012.02	2 644	2 686	6.8	8.1	-49
2012.03	4 301	4 289	7.6	7.1	2
2012.04	5 931	5 739	6.8	5.3	188
2012.05	7 742	7 370	8.7	6.9	370
2012.06	9 544	8 855	9.2	6.8	686
2012.07	11 311	10 370	7.8	6.4	939
2012.08	13 090	11 884	7.1	5.2	1 203
2012.09	14 954	13 471	7.4	4.8	1 477
2012.10	16 703	14 905	7.8	4.6	1 798
2012.11	18 497	16 503	7.3	4.1	1 994
2012.12	20 488	18 181	7.9	4.3	2 307
2013.01	1 874	1 582	25.0	28.8	291
2013.02	3 266	2 829	23.6	5.1	437
2013.03	5 088	4 660	18.4	8.5	428
2013.04	6 957	6 354	17.3	10.7	603
2013.05	8 784	7 977	13.5	8.2	807
2013.06	10 527	9 448	10.4	6.7	1 079

注：表中数据根据海关总署最新数据修订。
Note: Data are revised by General Administration of Customs of the People's Republic of China.

当月进出口总值及其增长率
Total monthly imports, exports, and growth rates

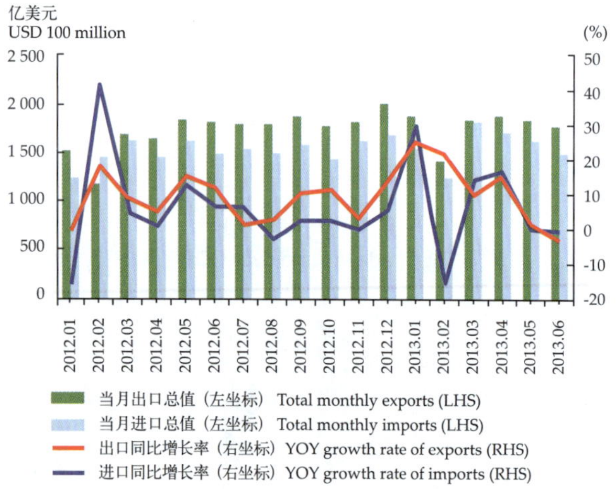

月度累计进出口总值及其增长率
Total accumulated monthly imports, exports, and growth rates

贸易差额月度变动趋势
Movement of monthly trade balance

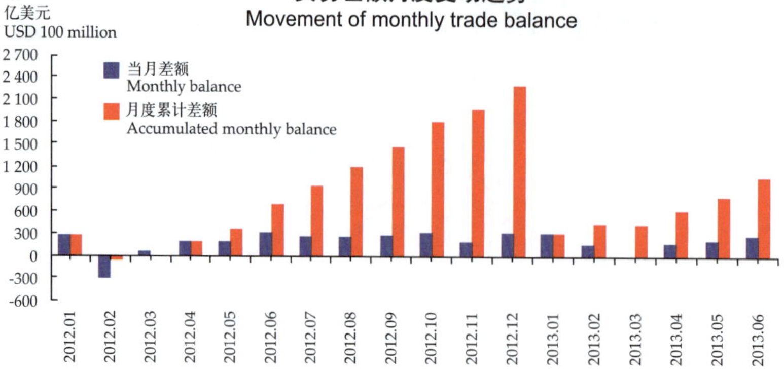

贸易差额构成
Composition of trade balance

单位：亿美元
Unit: USD 100 million

年 Year	贸易差额总计 Total trade balance	一般贸易 General trade	加工贸易 Processing trade	其他贸易 Other trade
1998	435	306	359	-230
1999	292	121	373	-202
2000	241	51	451	-261
2001	225	-16	535	-293
2002	304	71	577	-344
2003	255	-57	789	-477
2004	321	-46	1 063	-697
2005	1 020	354	1 425	-759
2006	1 775	831	1 889	-945
2007	2 643	1 098	2 491	-971
2008	2 981	899	2 968	-912
2009	1 957	-40	2 646	-646
2010	1 815	-473	3 229	-926
2011	1 553	-903	3 656	-1 200
2012	2 307	-338	3 816	-1 171

注：“贸易差额总计”根据《海关统计》月报修订。
Note: "Total trade balance" are revised by *China Monthly Exports and Imports.*

月度累计贸易差额按企业性质分
Accumulated monthly trade balance by enterprise

单位：亿美元
Unit: USD 100 million

年/月 Year/Month	国有企业 State-owned enterprises	外资企业 Foreign-funded enterprises	其他企业 Other enterprises
2011.07	-1 272	678	1 356
2011.08	-1 485	776	1 637
2011.09	-1 679	889	1 862
2011.10	-1 844	1 034	2 050
2011.11	-2 057	1 159	2 283
2011.12	-2 262	1 305	2 508
2012.01	-171	188	256
2012.02	-452	176	234
2012.03	-691	296	403
2012.04	-903	447	650
2012.05	-1 135	1 555	959
2012.06	-1 313	718	1 283
2012.07	-1 272	678	1 356
2012.08	-1 630	918	1 919
2012.09	-1 795	1 028	2 251
2012.10	-1 974	1 179	2 598
2012.11	-2 181	1 330	2 846
2012.12	-2 391	1 515	3 188
2013.01	-206	160	338
2013.02	-386	297	530
2013.03	-617	433	615
2013.04	-842	558	894
2013.05	-1 038	673	1 174
2013.06	-1 220	823	1 477

贸易差额构成
Composition of trade balance

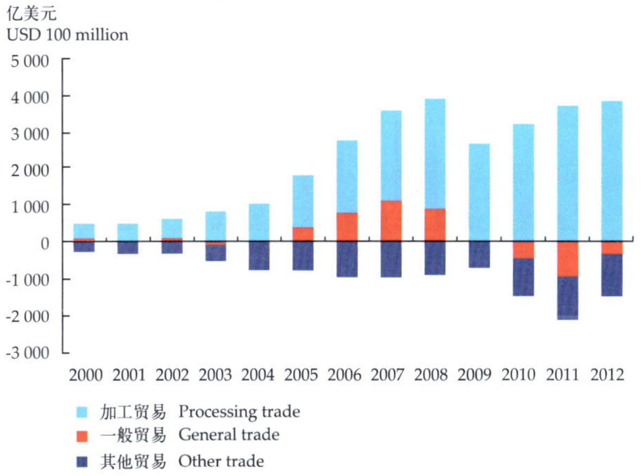

月度累计贸易差额按企业性质分
Accumulated monthly trade balance by enterprise

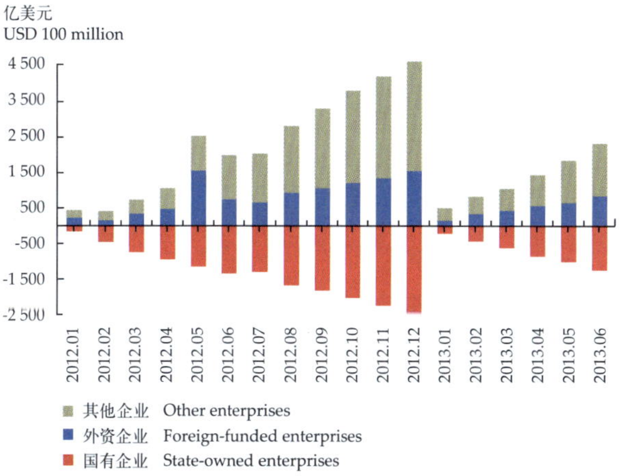

一般贸易累计进出口及其增长率
Accumulated imports and exports under general trade and growth rates

加工贸易累计进出口及其增长率
Accumulated imports and exports under processing trade and growth rates

中国大陆对美国进出口及其增长趋势
Mainland China's imports from and exports to the U.S. and their growth

中国大陆对美国贸易总额和贸易差额
Mainland China's trade volume and trade balance with the U.S.

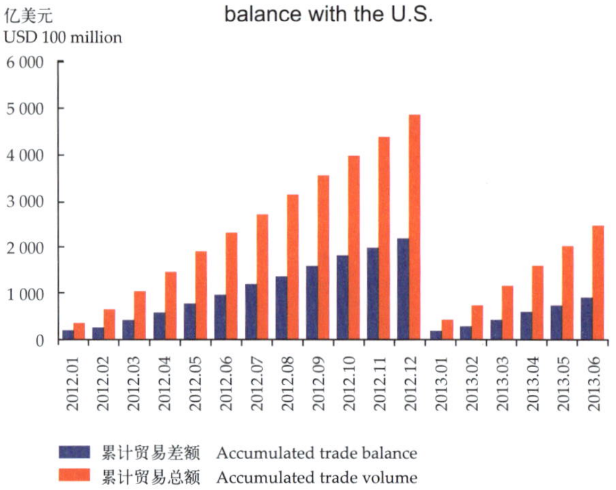

中国大陆对欧盟进出口及其增长趋势
Mainland China's imports from and exports to the EU and their growth

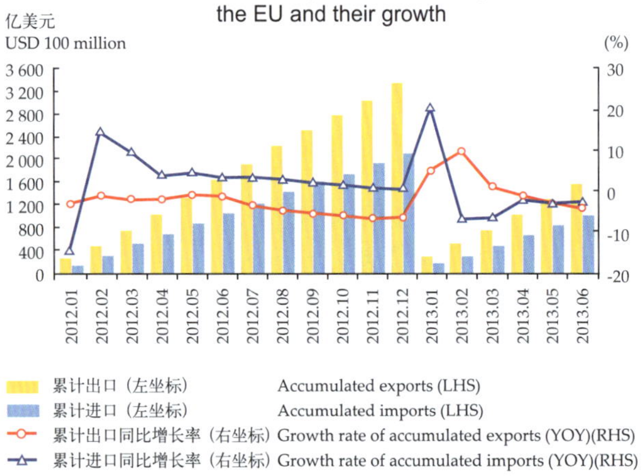

中国大陆对欧盟贸易总额和贸易差额
Mainland China's trade volume and trade balance with the EU

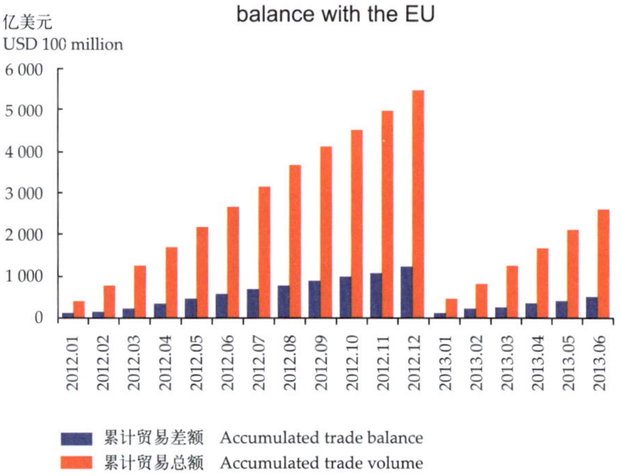

中国大陆对日本进出口及其增长趋势
Mainland China's imports from and exports to Japan and their growth

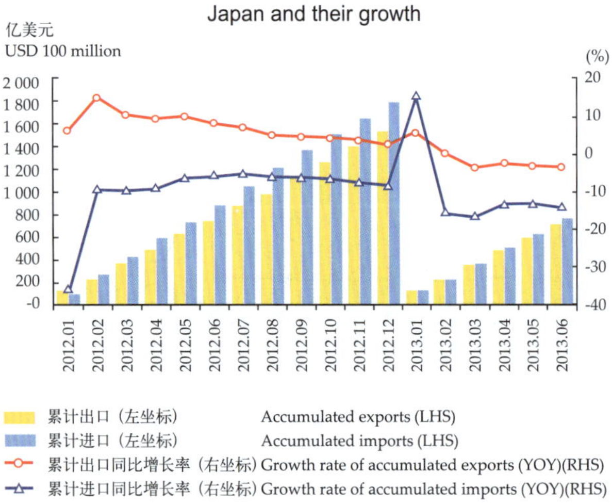

中国大陆对日本贸易总额和贸易差额
Mainland China's trade volume and trade balance with Japan

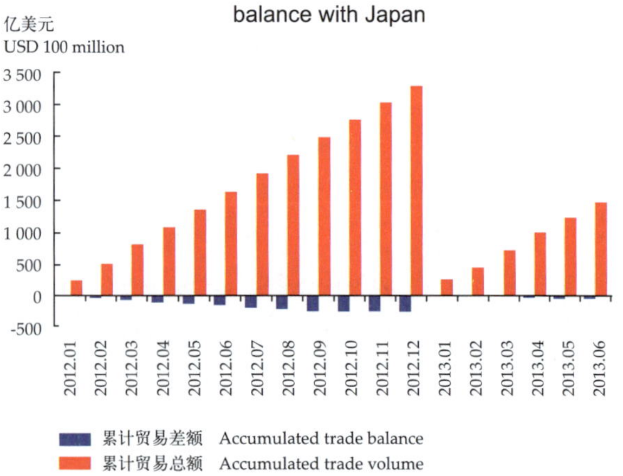

中国大陆对东盟进出口及其增长趋势
Mainland China's imports from and exports to ASEAN and their growth

中国大陆对东盟贸易总额和贸易差额
Mainland China's trade volume and trade balance with ASEAN

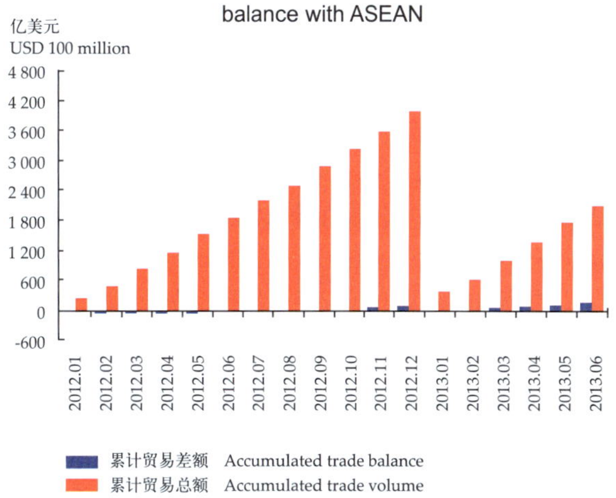

中国大陆对中国香港地区进出口及其增长趋势
Mainland China's imports from and exports to Hong Kong SAR of China and their growth

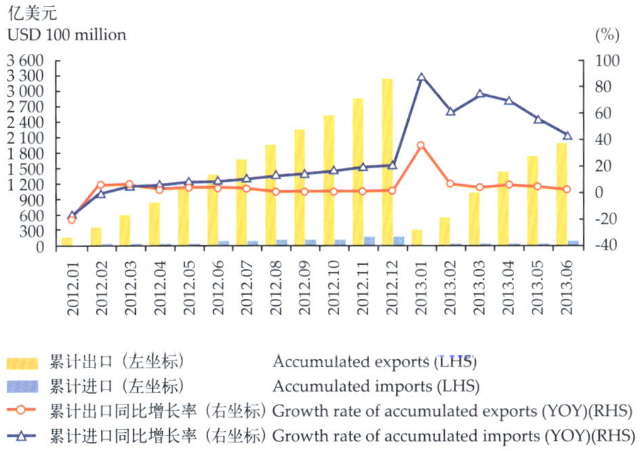

中国大陆对中国香港地区贸易总额和贸易差额
Mainland China's trade volume and trade balance with Hong Kong SAR of China

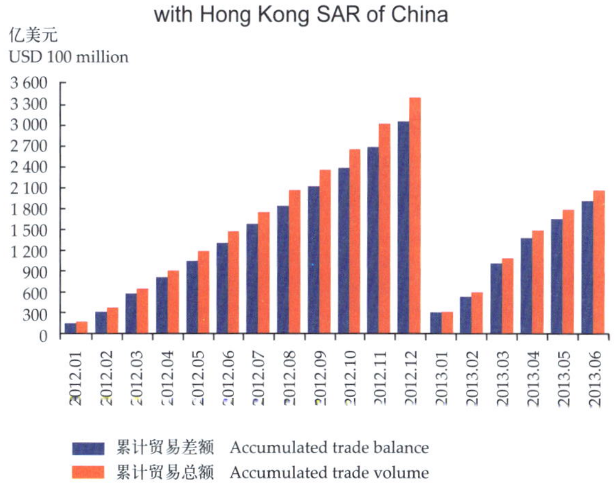

中国大陆对中国台湾地区进出口及其增长趋势
Mainland China's imports from and exports to China Taiwan and their growth

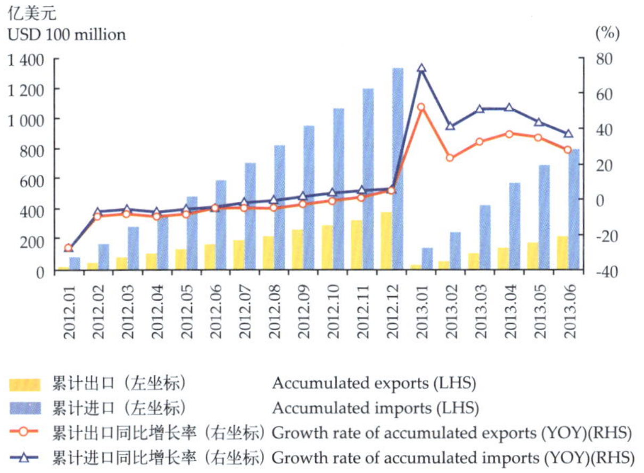

中国大陆对中国台湾地区贸易总额和贸易差额
Mainland China's trade volume and trade balance with China Taiwan

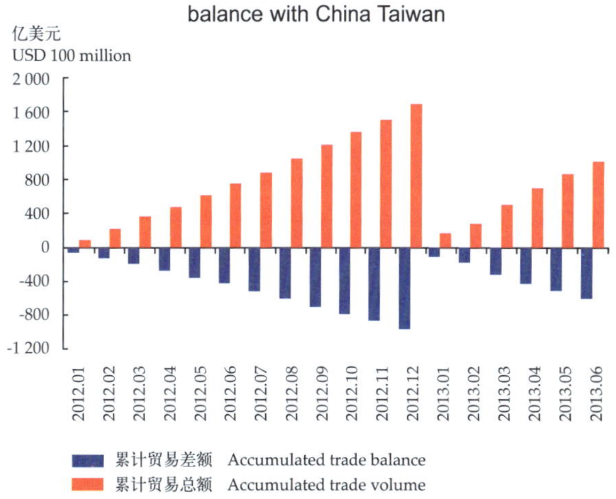

2.外资

(2) Foreign investment

据联合国贸易与发展会议2013年6月发布的《2013年世界投资报告》，中国以1 210亿美元流入量成为2012年全球发展中国家中第一大外国直接投资接受国，报告指出：2012年全球外国直接投资流入量为1.35万亿美元，较上年下降18%。

另据商务部统计，2012年，新批设立外商投资企业24 925家，实际使用外资金额1 117.2亿美元。

According to the UNCTAD's *World Investment Report 2013* published in June 2013, China became the world's No.1 recipient of foreign direct investment (FDI) among developing countries in 2012, with capital inflows of USD121 billion. It is pointed out in the report that global FDI inflows decreased by 18% to USD1.35 trillion in 2012.

According to statistics of the Ministry of Commerce, in 2012, 24,925 foreign-invested enterprises were approved for incorporation in China, with actual utilized FDI reaching USD 111.72 billion.

实际利用外商直接投资及其增长趋势

Actual utilized foreign direct investments and growth rates

单位：亿美元
Unit: USD 100 million

年 Year	绝对值 Absolute value	增长率(%) Growth rates (%)
1991	43.7	28.7
1992	110.1	152.1
1993	275.2	150.0
1994	337.7	22.7
1995	375.2	11.1
1996	417.3	11.2
1997	452.6	8.5
1998	454.6	0.5
1999	403.2	-11.3
2000	407.2	1.0
2001	468.5	14.9
2002	527.4	12.6
2003	535.1	1.4
2004	606.3	13.3
2005	603.3	-0.5
2006	630.2	4.5
2007	747.7	13.6
2008	924.0	23.6
2009	900.3	-2.6
2010	1 057.0	17.4
2011	1 160.1	9.7
2012	1 117.2	-3.7

实际利用外商直接投资及其增长率

Actual utilized foreign direct investments and growth rates

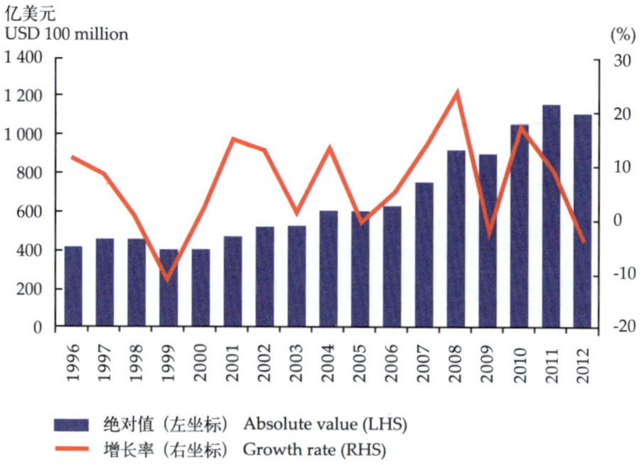

月度累计实际外商直接投资
Accumulated utilized FDI on a monthly basis

单位：亿美元
Unit: USD 100 million

年/月 Year/Month	实际外商直接投资累计金额 Accumulated utilized FDI	实际外商直接投资累计同比增长率(%) Growth rate of accumulated utilized FDI (%)
2011.07	692	18.6
2011.08	776	17.7
2011.09	867	16.6
2011.10	950	15.9
2011.11	1 038	13.2
2011.12	1 160	9.7
2012.01	100	-0.3
2012.02	177	-0.6
2012.03	295	-2.8
2012.04	379	-2.4
2012.05	471	-1.9
2012.06	591	-2.9
2012.07	667	-3.6
2012.08	750	-3.4
2012.09	834	-3.7
2012.10	918	-3.4
2012.11	1 001	-3.6
2012.12	1 117	-3.7
2013.01	93	-7.3
2013.02	175	-1.4
2013.03	299	1.4
2013.04	383	1.2
2013.05	476	1.0
2013.06	620	4.9

月度累计实际外商直接投资
Accumulated utilized FDI on a monthly basis

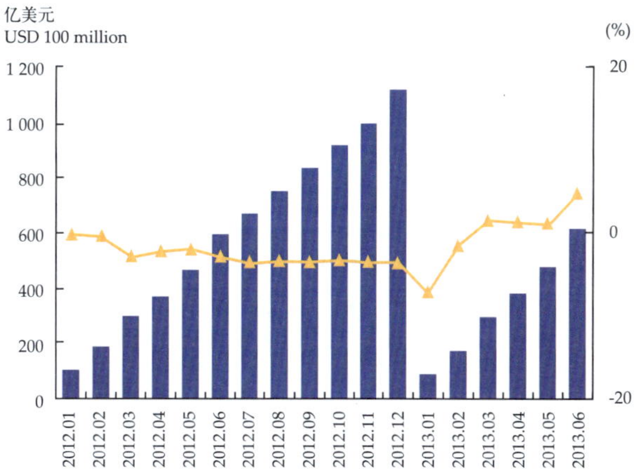

3. 国际收支
(3) Balance of payments (BOP)

中国国际收支变化趋势
Movement of China's balance of payments

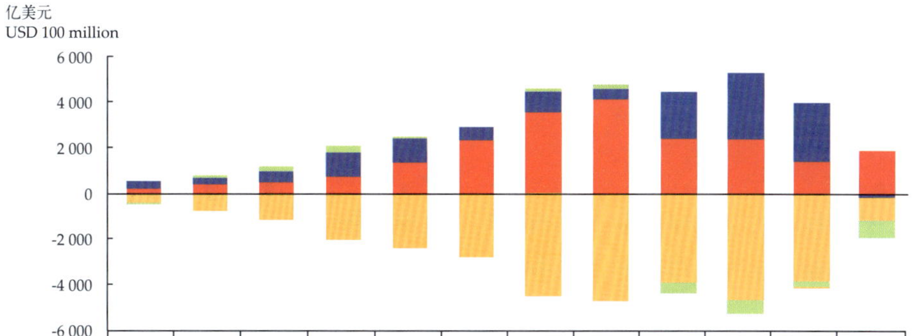

	2001	2002	2003	2004	2005	2006	2007	2008	2009	2010	2011	2012
净误差与遗漏差额 Balance of errors and omissions (net)	-49	78	184	270	155	37	133	188	-434	-530	-138	-798
储备资产差额 Balance of reserve assets	-473	-755	-1 170	-2 064	-2 506	-2 848	-4 607	-4 795	-3 984	-4 717	-3 878	-966
资本和金融项目差额 Balance of capital and financial accounts	348	323	527	1 107	1 010	439	942	401	1 985	2 869	2 655	-168
经常项目差额 Balance of current account	174	354	459	687	1 341	2 318	3 532	4 206	2 433	2 378	1 361	1 931

注：1. 储备资产的增加用负值表示，储备资产的减少用正值表示。
2. 图中数据根据国家统计局最新数据修订。

Notes: 1. The increase in the reserve assets is expressed in a negative figure and the decresae in the reserve assets is expressed in a positive figure.
2. Data are revised by State Administration of Foregn Exchange.

2013年第一季度国际收支平衡表简表

BOP sheet in the first quarter of 2013

单位：亿美元
Unit: USD 100 million

项　目	Items	差额 Balance	贷方 Credit	借方 Debit
一、经常项目	**Current account**	476	6 234	5 758
A. 货物和服务	Goods and services	401	5 572	5 172
a.货物	Goods	675	5 110	4 434
b.服务	Services	-275	463	737
B. 收益	Yields	90	541	451
C. 经常转移	Current transfers	-15	121	136
二、资本和金融项目	**Capital and financial accounts**	901	4 589	3 689
A. 资本项目	Capital account	16	16	1
B. 金融项目	Financial account	885	4 573	3 688
1.直接投资	Direct investment	319	679	360
1.1 我国在外直接投资	FDI outflow	-213	62	275
1.2 外国在华直接投资	FDI inflow	533	617	84
2.证券投资	Portfolio investment	141	224	84
2.1 资产	Assets	-29	44	72
2.2 负债	Liabilities	170	181	11
3.其他投资	Other investment	425	3 670	3 245
三、储备资产	**Reserve assets**	-1 570	1	1 571
3.1 货币黄金	Monetary gold	0	0	0
3.2 特别提款权	SDRs	0	0	0
3.3 在国际货币基金组织的储备头寸	Reserve position in IMF	1	1	0
3.4 外汇	Foreign exchange	-1 571	0	1 571
3.5 其他债权	Other claims	0	0	0
四、净误差与遗漏	**Errors and omissions (net)**	193	193	0

4.外汇储备

(4) Foreign exchange reserves

外汇储备及其增长率

Foreign exchange reserves and growth rates

单位：亿美元
Unit: USD 100 million

年/月 Year/Month	外汇储备 Foreign exchange reserves	同比增长(%) Growth rate (YOY)(%)
2011.07	32 453	27.8
2011.08	32 625	28.0
2011.09	32 017	20.9
2011.10	32 738	18.6
2011.11	32 209	16.4
2011.12	31 811	11.7
2012.01	32 536	11.0
2012.02	33 097	10.6
2012.03	33 050	8.5
2012.04	32 989	4.9
2012.05	32 062	1.3
2012.06	32 400	1.3
2012.07	32 400	-0.2
2012.08	32 729	0.3
2012.09	32 851	2.6
2012.10	32 874	0.4
2012.11	32 977	2.4
2012.12	33 116	4.1
2013.01	34 101	4.8
2013.02	33 954	2.6
2013.03	34 426	4.2
2013.04	35 345	7.1
2013.05	35 148	9.6
2013.06	34 967	7.9

外汇储备及其增长率

Foreign exchange reserves and growth rates

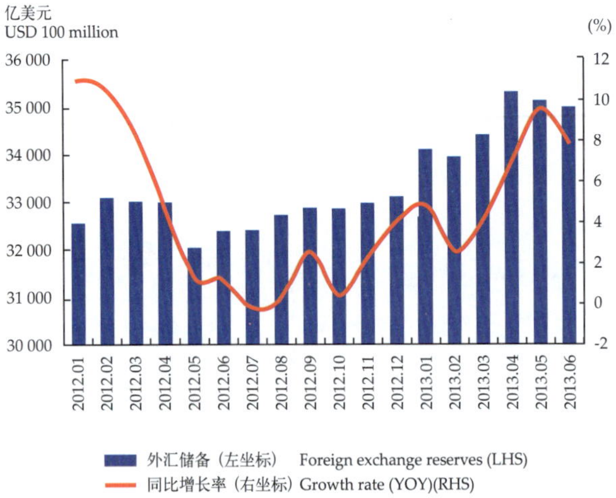

5.外债
(5) External debt

外债余额与外债债务率
Balance and ratio of external debt to foreign exchange income

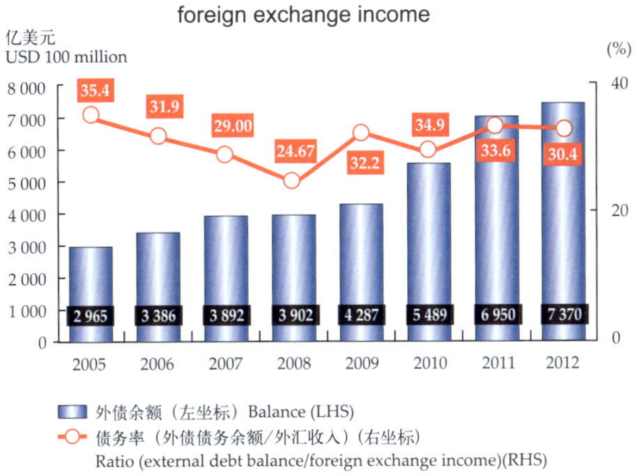

外债余额与外债负债率
Balance and ratio of external debt to GDP

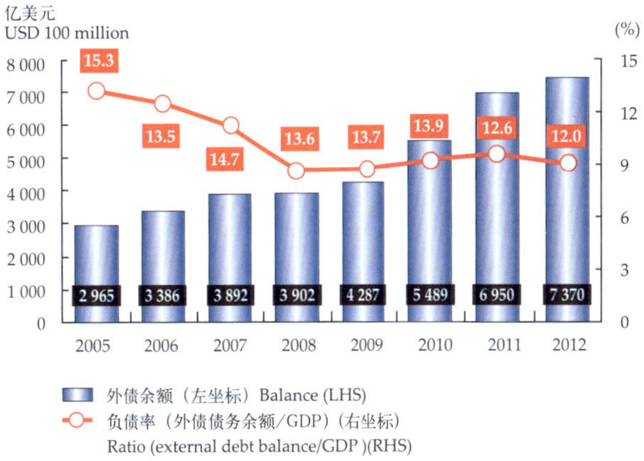

注：图中数据根据国家外汇管理局最新数据修订。
Note: Data are revised by State Administration of Foreign Exchange.

2013年3月末外债数据
External debt balance at the end of March of 2013

单位：亿美元
Unit: USD 100 million

	登记外债 Registered external debt	中资金融机构 Chinese financial institutions	外商投资企业 Foreign investment enterprises	境内外资金融机构 Domestic foreign financial institutions	贸易信贷 Trade credit	合计 Total
外债余额 Debt balance	4 613.68	2 151.17	1 485.35	555.13	3 036.00	7 649.68
比重(%) Share (%)	100	46.63	32.19	12.03	—	—

注：2013年第一季度，中国新借入中长期外债118.09亿美元，还本72.29亿美元，付息6.36亿美元。
Note: In the first quarter of 2013, China borrowed medium- and long-term external debts totaling USD11.809 billion, repaid principal in the amount of USD7.229 billion and interest in the amount of USD0.636 billion.

2013年3月末外债结构
External debt structure at the end of March of 2013

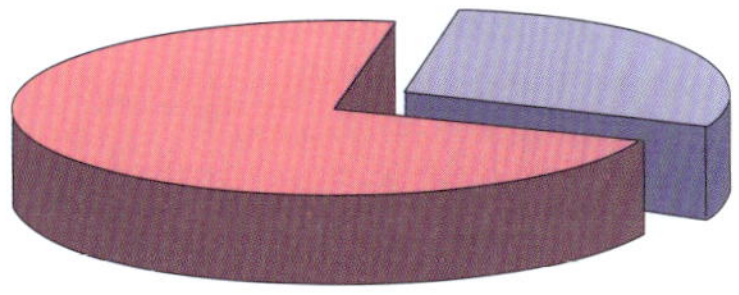

2013年3月末，中国外债余额为7 649.68亿美元，其中，中长期外债余额为1 992.93亿美元，占外债余额的26.05%；短期外债余额为5 656.75亿美元，占外债余额的73.95%。
China's outstanding balance of external debt was USD764.968 billion at the end of March of 2013, among which USD199.293 billion or 26.05 percent was medium- and long-term external debt, and USD565.675 billion or 73.95 percent was short-term debt.

六、财政收支与债务
6. Fiscal Revenue, Expenditure and Debt

年度财政收入、财政支出及其增长趋势
Annual budgetary revenue, budgetary expenditure, and their growth

单位：亿元
Unit: RMB 100 million yuan

年 Year	财政收入 Budgetary revenue	财政支出 Budgetary expenditure	财政收入同比增长率(%) Growth rate of budgetary revenue (YOY) (%)	财政支出同比增长率(%) Growth rate of budgetary expenditure (YOY)(%)
1993	4 349	4 642	24.8	24.1
1994	5 218	5 793	20.0	24.8
1995	6 242	6 824	19.6	17.8
1996	7 408	7 938	18.7	16.3
1997	8 651	9 234	16.8	16.3
1998	9 876	10 798	14.2	16.9
1999	11 444	13 188	15.9	22.1
2000	13 395	15 887	17.0	20.5
2001	16 386	18 903	22.3	19.0
2002	18 904	22 053	15.4	16.7
2003	21 715	24 650	14.9	11.8
2004	26 396	28 487	21.6	15.6
2005	31 649	33 930	19.9	19.1
2006	38 760	40 423	22.5	19.1
2007	51 322	49 781	32.4	23.2
2008	61 330	62 593	19.5	25.4
2009	68 518	76 300	11.7	21.9
2010	83 080	89 575	21.3	17.4
2011	103 740	108 930	24.8	21.2
2012	117 210	125 712	12.8	15.1

注：表中数据根据财政部最新数据修订。
Note: Data are revised by Ministry of Finance People's Republic of China.

月度累计财政收支增长率与收支差额
Monthly growth rate and balance of accumulated fiscal revenue and expenditure

单位：亿元
Unit: RMB 100 million yuan

年/月 Year/Month	财政收入累计同比增长率(%) Growth rate of accumulated fiscal revenue(YOY)(%)	财政支出累计同比增长率(%) Growth rate of accumulated fiscal expenditure(YOY)(%)	累计财政收支总量差额 Balance of accumulated fiscal revenue and expenditure
2011.07	30.5	29.7	15 355
2011.08	30.9	29.2	14 824
2011.09	29.5	27.5	12 183
2011.10	28.1	27.2	13 292
2011.11	26.8	24.3	8 353
2011.12	24.9	21.6	-8 500
2012.01	12.3	9.6	5 886
2012.02	13.1	32.8	6 994
2012.03	14.7	33.6	5 858
2012.04	12.5	26.2	8 746
2012.05	12.7	22.4	11 586
2012.06	12.2	21.3	9 902
2012.07	11.6	23.4	11 046
2012.08	10.8	21.8	9 890
2012.09	10.9	21.1	6 469
2012.10	11.2	19.6	8 296
2012.11	11.9	17.9	4 008
2012.12	13.0	15.4	-8 000
2013.01	5.8	19.1	5 289
2013.02	7.2	15.7	6 321
2013.03	6.9	12.1	4 997
2013.04	6.7	13.6	7 120
2013.05	6.6	13.2	9 603
2013.06	7.5	10.8	8 877

注：表中数据根据财政部最新数据修订。
Note: Data are revised by Ministry of Finance People's Republic of China.

年度财政收入、财政支出及其增长趋势
Annual budgetary revenue, budgetary expenditure, and their growth

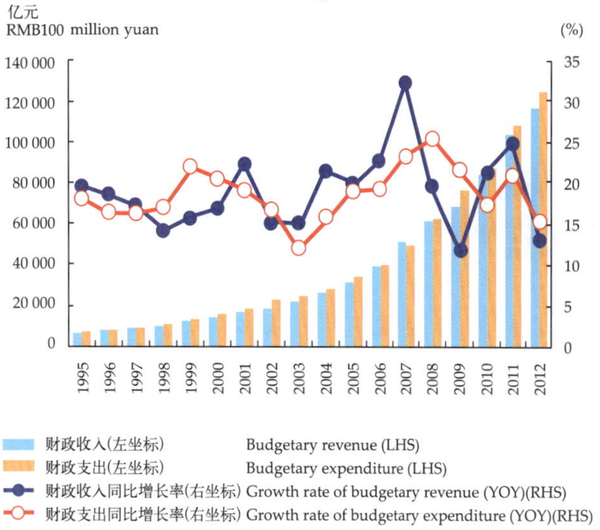

月度累计财政收支增长率与收支差额
Monthly growth rate and balance of accumulated fiscal revenue and expenditure

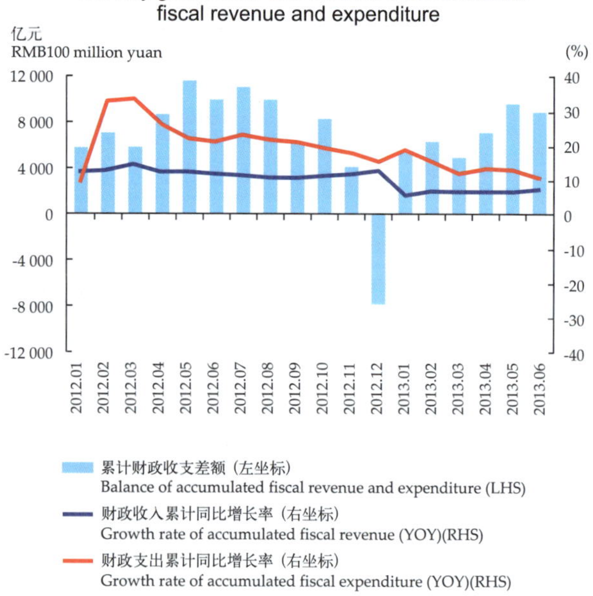

中央财政收支在全部财政收支中所占的比重
Ratio of revenues and expenditures of the central government to total fiscal revenues and expenditures

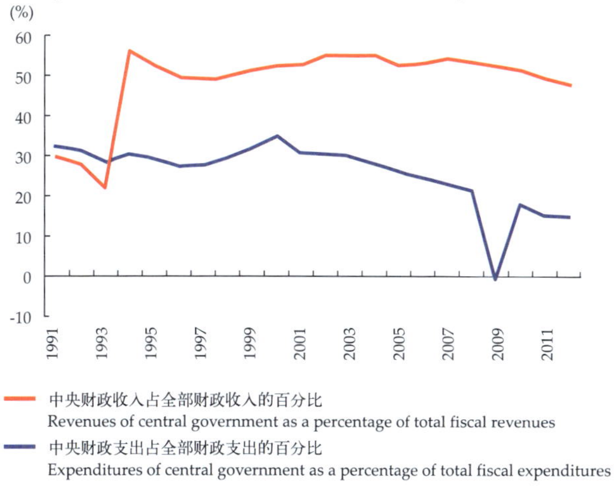

财政风险
Fiscal risks

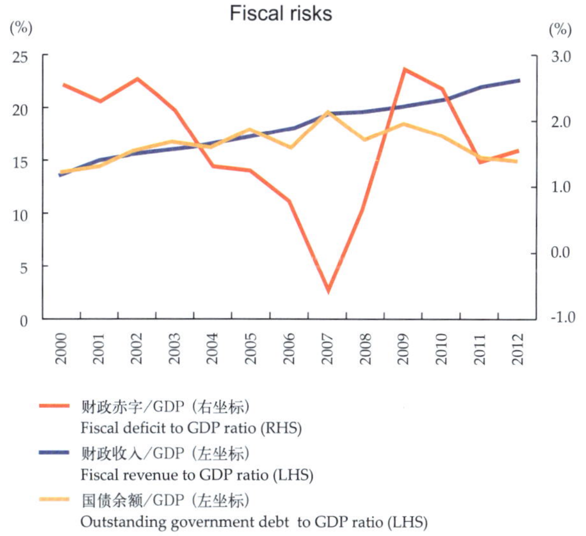

2013年主要预算指标：

2013年，中央财政预算收入为60 060亿元，比2012年执行数（下同）增长7%。从中央预算稳定调节基金中调入1 000亿元。合计收入总量为61 060亿元。中央财政预算支出总量为69 560亿元，增长8.4%。中央财政收支总量相抵，赤字为8 500亿元，比上年预算数增加3 000亿元。中央财政国债余额限额为91 208.35亿元。

汇总中央预算和地方预算安排，2013年全国财政收入为126 630亿元，增长8%，加上从中央预算稳定调节基金调入1 000亿元，可安排的收入总量为127 630亿元；全国财政支出138 246亿元，增长10%。全国财政收支差额为12 000亿元。

Budgetary targets for 2013:

In 2013 Revenue in the central budget will reach RMB6.006 trillion yuan, 7% over the figure for 2012 (here and below). The central budget stabilization fund will contribute RMB100 billion yuan, bringing total revenue to RMB6.106 trillion yuan. Expenditures in the central budget will reach RMB6.956 trillion yuan, an increase of 8.4%. Expenditures in the central budget will exceed revenue, resulting in a deficit of RMB850 billion yuan, an increase of RMB300 billion yuan than previous year's budget. The limit for the outstanding balance of government bonds issued by the central government will be RMB9.120835 trillion yuan.

Total combined revenue of central and local governments is budgeted at RMB12.663 trillion yuan, an increase of 8%. Adding RMB100 billion yuan from the central budget stabilization fund, total national revenue is projected to reach RMB12.763 trillion yuan. Total national expenditures are budgeted at RMB13.8246 trillion yuan, up 10%. Total expenditures will exceed total revenue by RMB1.2 trillion yuan.

七、货币银行
7. Money and Banking

1.货币供应量
(1) Money supply

年度M0、M1、M2及其变化趋势
Annual M0, M1, and M2 and their changes

单位：万亿元
Unit: RMB trillion yuan

年 Year	M0	M1	M2	M0同比增长率(%) Growth rate of M0 (YOY)(%)	M1同比增长率(%) Growth rate of M1 (YOY)(%)	M2同比增长率(%) Growth rate of M2 (YOY)(%)
1999	1.4	4.6	12.0	20.1	17.7	14.7
2000	1.5	5.3	13.5	8.9	16.0	12.3
2001	1.6	6.0	15.8	7.1	12.7	14.4
2002	1.7	7.1	18.5	10.1	16.8	16.8
2003	2.0	8.4	22.1	14.3	18.7	19.6
2004	2.2	9.6	25.4	8.7	13.6	14.7
2005	2.4	10.7	29.9	11.9	11.8	17.6
2006	2.7	12.6	34.6	12.7	17.5	16.9
2007	3.0	15.3	40.3	12.1	21.0	16.7
2008	3.4	16.6	47.5	12.7	9.1	17.8
2009	3.8	22.0	60.6	11.8	32.4	27.7
2010	4.5	26.7	72.6	16.7	21.2	19.7
2011	5.1	29.0	85.2	13.8	7.9	13.6
2012	5.5	30.9	97.4	7.7	6.5	13.8

月度M0、M1、M2及其变化趋势
Monthly M0, M1, and M2 and their changes

单位：万亿元
Unit: RMB trillion yuan

年/月 Year/Month	M0	M1	M2	M0同比增长率(%) Growth rate of M0 (YOY)(%)	M1同比增长率(%) Growth rate of M1 (YOY)(%)	M2同比增长率(%) Growth rate of M2 (YOY)(%)
2011.01	5.8	26.3	73.4	42.5	13.6	17.2
2011.02	4.7	25.9	73.6	10.3	14.5	15.7
2011.03	4.5	26.6	75.8	14.8	15.0	16.6
2011.04	4.5	26.7	75.7	14.7	12.9	15.3
2011.05	4.5	26.9	76.3	15.4	12.7	15.1
2011.06	4.4	27.5	78.1	14.4	13.1	15.9
2011.07	4.5	27.1	77.3	14.3	11.6	14.7
2011.08	4.6	27.3	78.1	14.7	11.2	13.5
2011.09	4.7	26.7	78.7	12.7	8.9	13.0
2011.10	4.7	27.7	81.7	11.9	8.4	12.9
2011.11	4.7	28.1	82.6	12.0	7.8	12.7
2011.12	5.1	29.0	85.2	13.8	7.9	13.6
2012.01	6.0	27.0	85.6	3.0	3.1	12.4
2012.02	5.1	27.0	86.7	8.8	4.3	13.0
2012.03	5.0	27.8	89.6	10.6	4.4	13.4
2012.04	5.0	27.5	89.0	10.4	3.1	12.8
2012.05	4.9	27.9	90.0	10.0	3.5	13.2
2012.06	4.9	28.8	92.5	10.8	4.7	13.6
2012.07	5.0	28.3	91.9	10.0	4.6	13.9
2012.08	5.0	28.6	92.5	9.7	4.5	13.5
2012.09	5.3	28.7	94.4	13.3	7.3	14.8
2012.10	5.1	29.3	93.6	10.5	6.1	14.1
2012.11	5.2	29.7	94.5	10.7	5.5	13.9
2012.12	5.5	30.9	97.4	7.7	6.5	13.8
2013.01	6.2	31.1	99.2	4.4	15.3	15.9
2013.02	6.0	29.6	99.9	17.2	9.5	15.2
2013.03	5.5	31.1	103.6	12.4	11.9	15.7
2013.04	5.6	30.8	103.3	10.8	11.9	16.1
2013.05	5.4	31.0	104.2	10.8	11.3	15.8
2013.06	5.4	31.4	105.4	9.9	9.1	14.0

货币供应量与货币流动性
Money supply and monetary liquidity

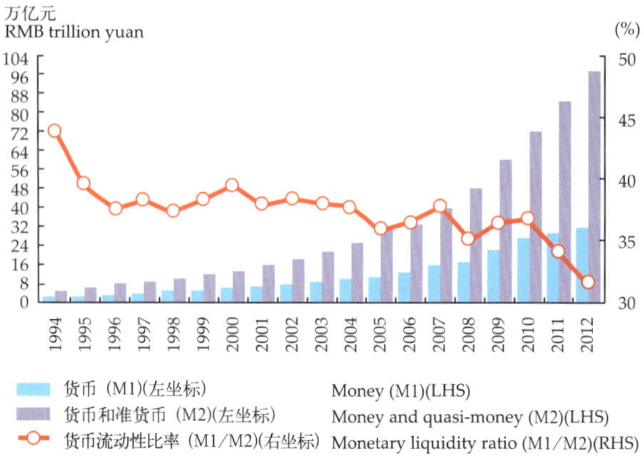

年度M0、M1、M2及其变化趋势
Annual M0, M1 and M2 and their changes

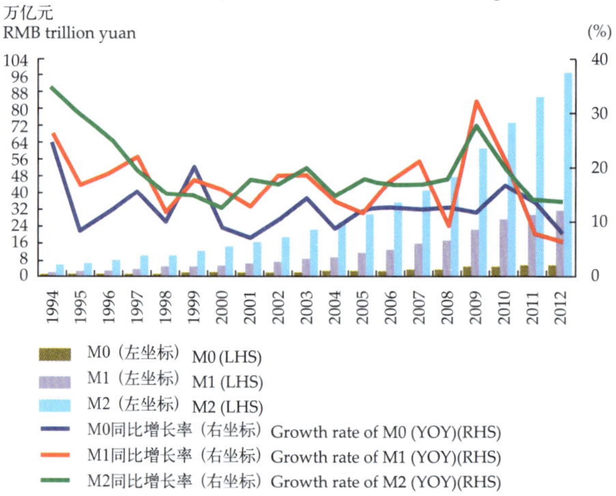

月度M0、M1、M2及其变化趋势
Monthly M0, M1 and M2 and their changes

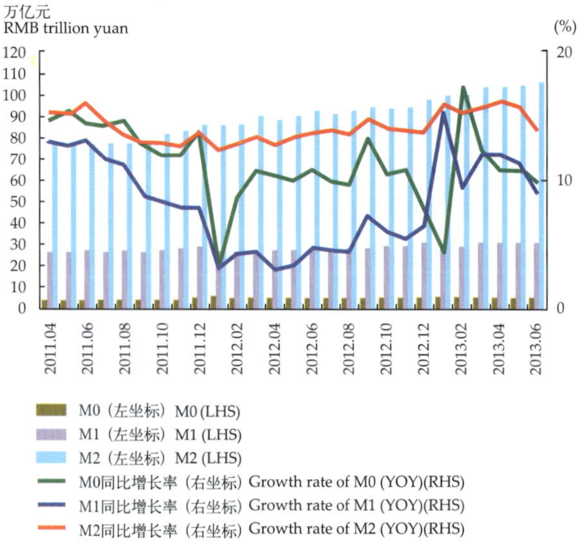

货币供应量构成
Composition of money supply

单位：亿元
Unit: RMB 100 million yuan

年/月 Year/Month	货币和准货币 Money & quasi-money M2	货币 Money M1	流通中货币 Currency in circulation M0	单位活期存款 Coporate demand deposits	准货币 Quasi-money	单位定期存款 Coporate time deposits	个人存款 Personal deposits	其他存款 Other deposits
2011.07	772 924	270 546	45 183	225 363	502 378	160 322	331 071	10 984
2011.08	780 852	273 394	45 775	227 618	507 459	163 846	331 418	12 194
2011.09	787 406	267 193	47 145	220 048	520 213	171 105	341 792	7 315
2011.10	816 829	276 553	46 579	229 973	540 277	162 366	334 498	43 412
2011.11	825 494	281 416	47 317	234 099	544 078	162 640	336 627	44 810
2011.12	851 591	289 848	50 748	239 099	561 743	166 616	352 797	42 330
2012.01	855 899	270 010	59 821	210 190	585 888	165 955	370 564	49 370
2012.02	867 171	270 312	51 449	218 863	596 859	168 851	372 271	55 737
2012.03	895 566	277 998	49 596	228 402	617 567	177 917	385 443	54 207
2012.04	889 604	274 984	50 199	224 785	614 620	179 841	378 926	55 853
2012.05	900 049	278 656	49 040	229 617	621 392	181 670	381 242	58 480
2012.06	924 991	287 526	49 285	238 242	637 465	186 606	396 300	54 560
2012.07	919 072	283 091	49 706	233 385	635 982	188 282	390 815	56 884
2012.08	924 895	285 739	50 235	235 504	639 155	190 002	391 897	57 256
2012.09	943 689	286 788	53 433	233 355	656 901	200 657	403 175	53 069
2012.10	936 404	293 310	51 468	241 842	643 094	191 727	396 448	54 920
2012.11	944 832	296 883	52 392	244 491	647 949	192 174	398 962	56 813
2012.12	974 149	308 664	54 660	254 004	665 485	195 940	411 363	58 182
2013.01	992 129	311 229	62 450	248 779	680 901	202 559	419 143	59 198
2013.02	998 601	296 103	60 314	235 790	702 498	204 965	436 912	60 621
2013.03	1 035 858	310 898	55 461	255 438	724 960	215 733	449 007	60 220
2013.04	1 032 552	307 648	55 607	252 041	724 903	223 900	439 471	61 532
2013.05	1 042 169	310 204	54 431	255 773	731 965	227 155	442 270	62 539
2013.06	1 054 404	313 500	54 064	259 436	740 904	228 029	453 411	59 464

广义货币供应量M2变动
Changes in the composition of broad money M2

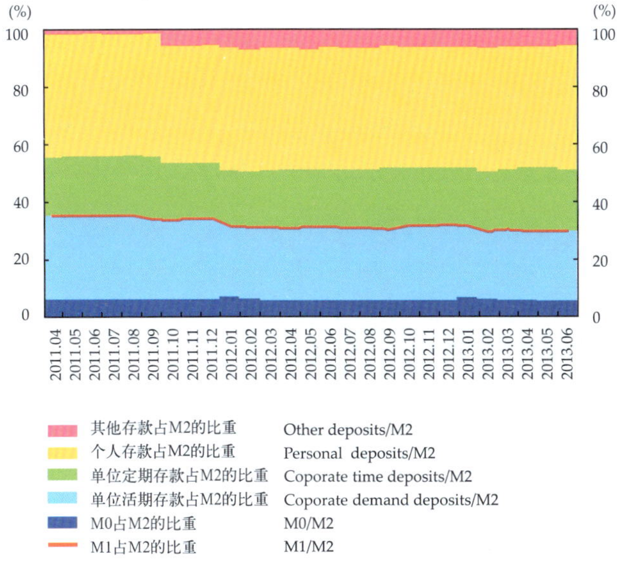

2013年6月末货币供应量构成
Composition of money supply at the end of June, 2013

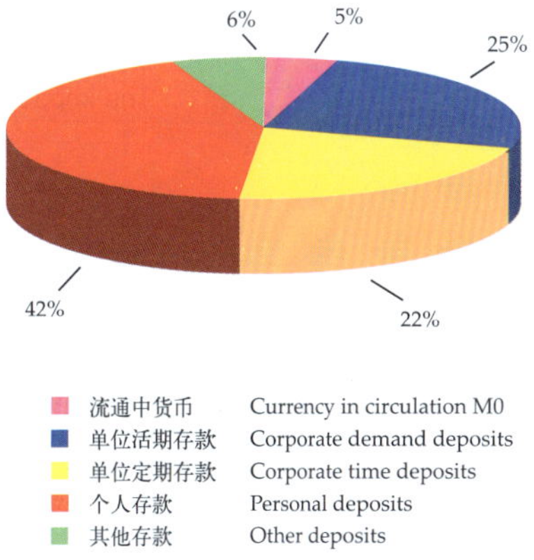

存款性公司概览
Depository corporations survey

单位：万亿元
Unit: RMB trillion yuan

年/月 Year/Month	国外净资产 Net foreign assets	国内信贷 Domestic credit	对政府债权(净) Claims on government (net)	对非金融部门债权 Claims on non-financial sectors	对其他金融部门债权 Claims on other financial sectors	其他 Others	货币和准货币 Money & quasi-money M2
2011.01	22.97	59.42	3.24	53.03	3.15	-8.85	73.39
2011.02	23.15	59.92	2.96	53.62	3.34	-9.03	73.61
2011.03	23.53	61.11	3.19	54.23	3.69	-9.20	75.81
2011.04	23.71	61.09	2.80	55.04	3.25	-9.06	75.74
2011.05	23.97	61.59	2.60	55.67	3.32	-9.22	76.34
2011.06	24.35	63.05	2.66	56.28	4.10	-9.32	78.08
2011.07	24.57	62.67	2.38	56.85	3.44	-9.95	77.29
2011.08	24.73	63.61	2.40	57.45	3.77	-10.25	78.09
2011.09	24.87	64.76	2.79	57.94	4.03	-10.89	78.74
2011.10	25.00	65.01	2.52	58.69	3.80	-8.33	81.68
2011.11	25.04	66.36	3.02	59.35	3.99	-8.85	82.55
2011.12	25.16	68.80	4.24	60.06	4.50	-8.80	85.16
2012.01	25.37	69.12	3.95	60.90	4.28	-8.90	85.59
2012.02	25.55	70.03	3.85	61.72	4.46	-8.86	86.72
2012.03	25.81	72.20	4.21	62.90	5.09	-8.45	89.56
2012.04	25.90	71.89	3.84	63.48	4.57	-8.83	88.96
2012.05	25.98	72.52	3.60	64.34	4.58	-8.50	90.00
2012.06	26.13	74.65	3.89	65.36	5.40	-8.28	92.50
2012.07	26.23	74.32	3.63	65.98	4.71	-8.64	91.91
2012.08	26.24	75.19	3.84	66.70	4.64	-8.94	92.49
2012.09	26.19	77.26	4.21	67.51	5.55	-9.08	94.37
2012.10	26.11	77.02	3.76	68.13	5.14	-9.49	93.64
2012.11	25.97	77.89	3.91	68.77	5.21	-9.38	94.48
2012.12	25.89	80.56	5.07	69.44	6.06	-9.03	97.41
2013.01	26.49	81.43	4.75	70.76	5.93	-8.71	99.21
2013.02	26.69	82.00	4.67	71.54	5.79	-8.83	99.86
2013.03	26.95	84.64	4.86	72.95	6.84	-8.01	103.59
2013.04	27.18	84.53	4.48	73.95	6.10	-8.46	103.26
2013.05	27.22	85.12	4.13	74.60	6.39	-8.13	104.22
2013.06	27.27	86.80	4.16	75.38	7.26	-8.63	105.44

国外净资产及国内信贷对广义货币的影响
The impact of net foreign assets and domestic credit on broad money M2

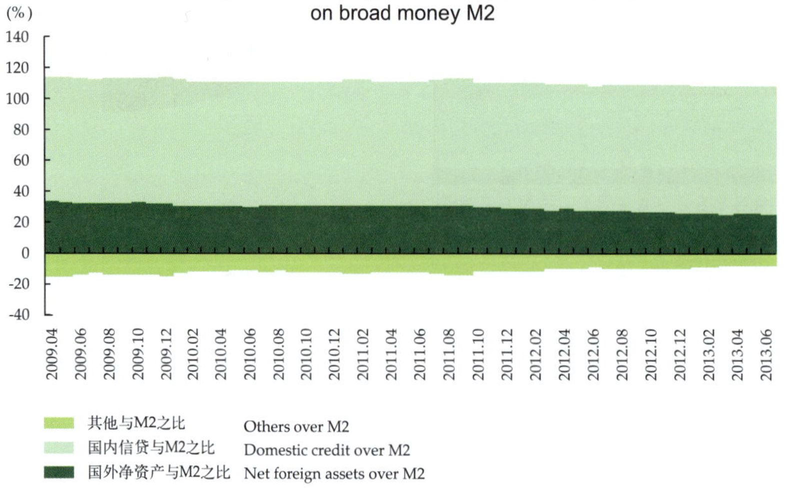

2.存贷款
(2) Deposits and loans

金融机构人民币各项存贷款余额及其增长趋势
Outstanding amounts of total deposits & loans and their growth in financial institutions

单位：万亿元
Unit: RMB trillion yuan

年/月 Year/Month	各项存款 Total deposits	各项贷款 Total loans	各项存款同比增长率(%) Growth rate of deposits (YOY)(%)	各项贷款同比增长率(%) Growth rate of loans (YOY)(%)
2011.04	75.6	50.2	17.3	17.5
2011.05	76.7	50.8	17.1	17.1
2011.06	78.6	51.4	17.6	16.9
2011.07	78.0	51.9	16.3	16.6
2011.08	78.7	52.4	15.5	16.4
2011.09	79.4	52.9	14.2	15.9
2011.10	79.2	53.5	13.6	15.8
2011.11	79.5	54.1	13.1	15.6
2011.12	80.9	54.8	13.5	15.8
2012.01	80.1	55.5	12.4	15.0
2012.02	81.7	56.2	12.6	15.2
2012.03	84.7	57.2	12.5	15.7
2012.04	84.2	57.9	11.4	15.4
2012.05	85.4	58.7	11.4	15.7
2012.06	88.3	59.6	12.3	16.0
2012.07	87.8	60.2	12.6	16.0
2012.08	88.3	60.9	12.2	16.1
2012.09	90.0	61.5	13.3	16.3
2012.10	89.7	62.0	13.3	15.9
2012.11	90.2	62.5	13.4	15.7
2012.12	91.7	63.0	13.3	15.0
2013.01	92.9	64.1	16.0	15.4
2013.02	93.7	64.7	14.6	15.0
2013.03	97.9	65.8	15.6	14.9
2013.04	97.8	66.6	16.2	14.9
2013.05	99.3	67.2	16.2	14.5
2013.06	100.9	68.1	14.3	14.2

金融机构人民币各项存贷款余额及其增长趋势
Outstanding amounts of total deposits & loans and their growth in financial institutions

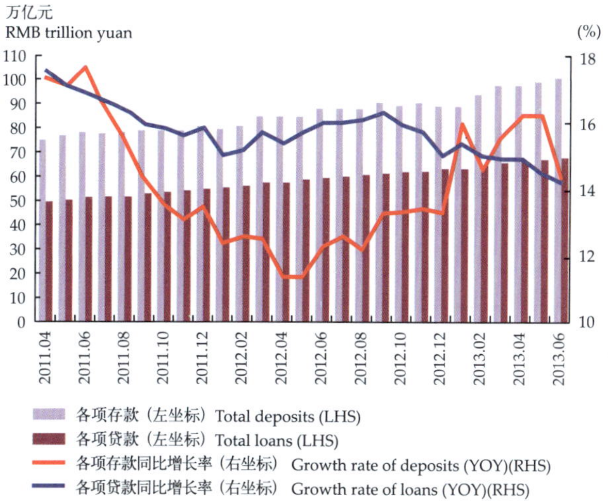

金融机构当年累计新增人民币存款
Accumulated new RMB deposits in financial institutions

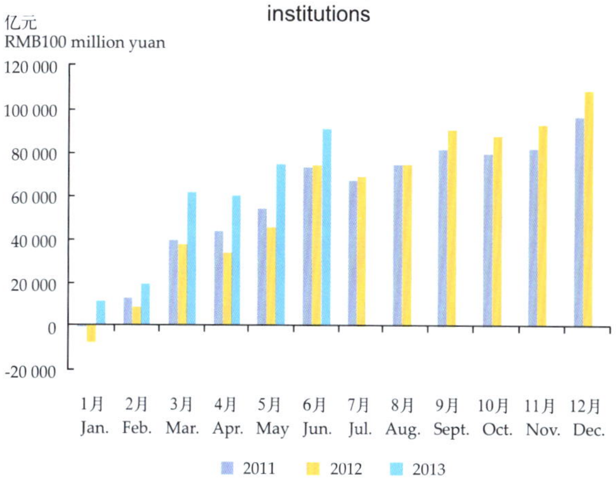

金融机构当月新增人民币存款
New RMB deposits in financial institutions by month

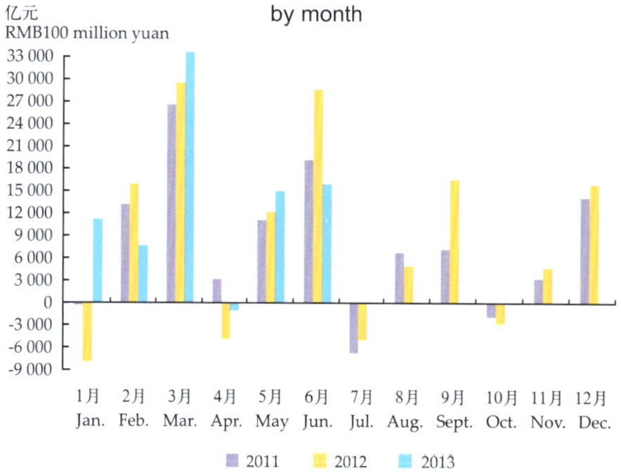

2013年6月末人民币存款余额
Outstanding amounts of RMB deposits at the end of June, 2013

单位：亿元
Unit: RMB 100 million yuan

		余额 Outstanding amount
各项存款	Total deposits	1 009 122
单位存款	Corporate deposits	496 212
个人存款	Personal deposits	452 958
财政性存款	Fiscal deposits	33 953
临时性存款	Temporary deposits	1 832
委托存款	Designated deposits	197
其他存款	Other deposits	23 970

住户存款和非金融企业存款余额
Outstanding amounts of household deposits and non-financial corporate deposits

单位：亿元
Unit: RMB 100 million yuan

年/月 Year/Month	住户存款 Deposits of households	活期及临时性存款 Demand & temporary deposits	定期及保证性存款 Time & marginal deposits	非金融企业存款 Deposits of non-financial enterprises	活期及临时性存款 Demand & temporary deposits	定期及保证性存款 Time & marginal deposits
2011.04	322 951	123 709	199 242	285 294	129 902	155 393
2011.05	323 664	124 690	198 974	289 998	131 417	158 581
2011.06	333 679	132 640	201 038	294 263	133 924	160 339
2011.07	327 022	125 303	201 719	290 163	130 546	159 617
2011.08	327 287	126 403	200 884	293 972	130 802	163 169
2011.09	337 212	130 682	206 531	290 919	124 967	165 952
2011.10	329 940	126 192	203 748	291 820	132 232	159 587
2011.11	332 043	127 532	204 512	295 560	134 062	161 498
2011.12	348 046	137 576	210 469	303 504	139 323	164 182
2012.01	365 910	143 134	222 776	276 304	116 854	159 450
2012.02	367 554	139 418	228 136	285 251	121 224	164 028
2012.03	380 498	145 084	235 415	299 253	125 784	173 469
2012.04	374 119	138 798	235 321	296 285	123 413	172 872
2012.05	376 379	140 041	236 338	301 806	126 675	175 131
2012.06	391 186	148 865	242 321	311 167	130 445	180 722
2012.07	385 846	144 160	241 686	307 197	126 854	180 343
2012.08	386 878	145 937	240 941	309 161	127 474	181 687
2012.09	398 070	150 833	247 237	313 960	125 826	188 134
2012.10	391 431	147 279	244 152	312 800	131 052	181 747
2012.11	393 947	149 874	244 073	316 049	133 099	182 950
2012.12	406 181	158 265	247 916	327 445	140 900	186 544
2013.01	413 958	162 592	251 366	327 904	135 453	192 452
2013.02	431 656	167 187	264 469	318 498	127 440	191 059
2013.03	443 408	173 557	269 851	342 606	137 114	205 492
2013.04	434 067	163 516	270 551	345 752	134 317	211 435
2013.05	436 833	164 319	272 514	349 577	135 071	214 507
2013.06	447 772	169 141	278 632	349 741	135 326	214 415

住户存款和非金融企业存款余额
Outstanding amounts of household deposits and non-financial enterprises deposits

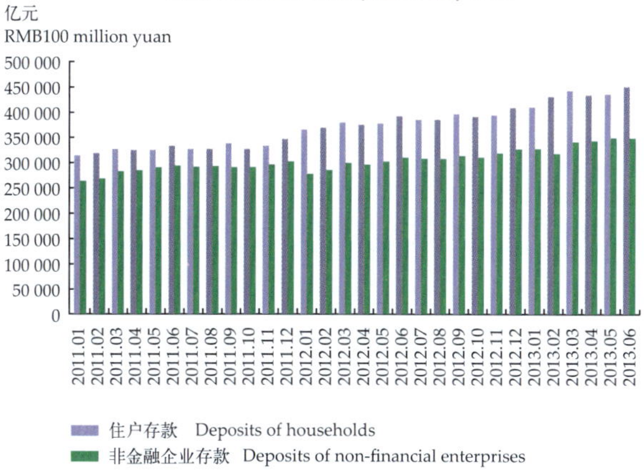

住户存款构成
Composition of households deposits

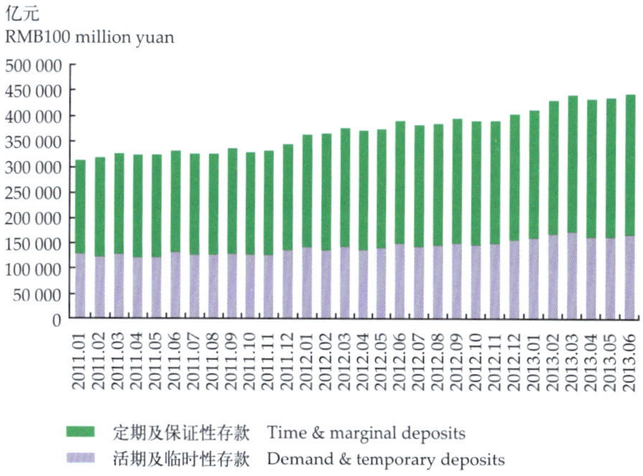

非金融企业存款构成
Composition of non-financial enterprise deposits

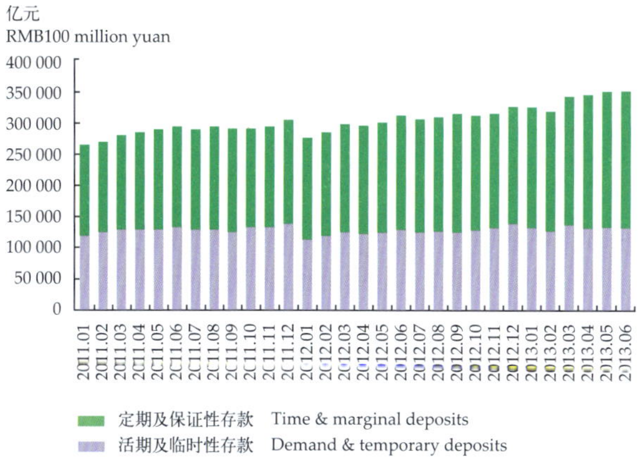

2013年6月末人民币存款余额构成
Composition of outstanding amounts of RMB deposits at the end of June, 2013

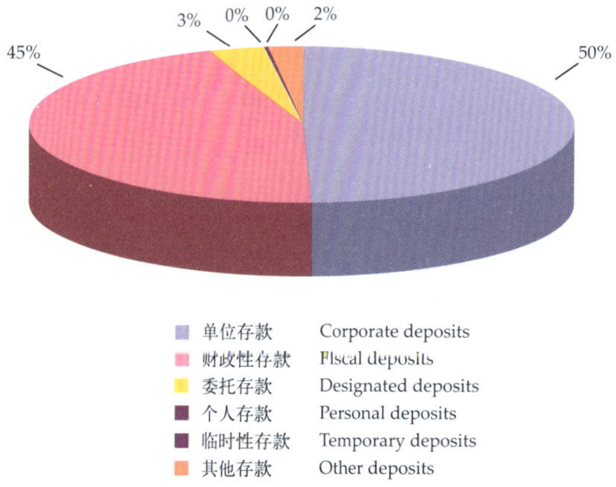

2013年6月末人民币贷款按部门分类
RMB loans issued at the end of June 2013 by sectors

单位：亿元
Unit: RMB 100 million yuan

	余额 Outstanding amounts	比年初增加 Increase over the beginning of the year
住户贷款 Loans to households	182 106	20 806
消费性贷款 Consumer loans	117 525	13 168
短期消费性贷款 Short-term consumer loans	22 721	3 354
中长期消费性贷款 Medium- and long-term consumer loans	94 804	9 814
经营性贷款 Business loans	64 581	7 638
短期经营性贷款 Short-term business loans	41 236	5 001
中长期经营性贷款 Medium- and long-term business loans	23 345	2 637
非金融性企业及其他部门贷款 Loans to non-financial enterprises and other sectors	496 880	30 080
短期贷款及票据融资 Short-term loans and bill financing	228 495	15 392
中长期贷款 Medium- and long-term loans	260 684	13 474
其他贷款 Other loans	7 701	1 213

金融机构当年累计新增人民币贷款
Accumulated new RMB loans in financial institutions

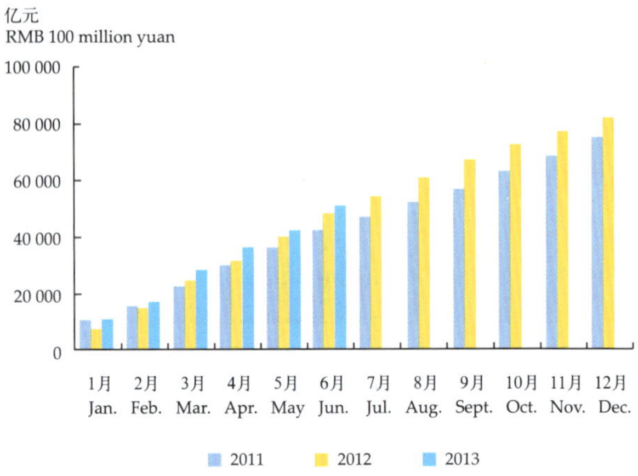

金融机构当月新增人民币贷款
New RMB loans in financial institutions by month

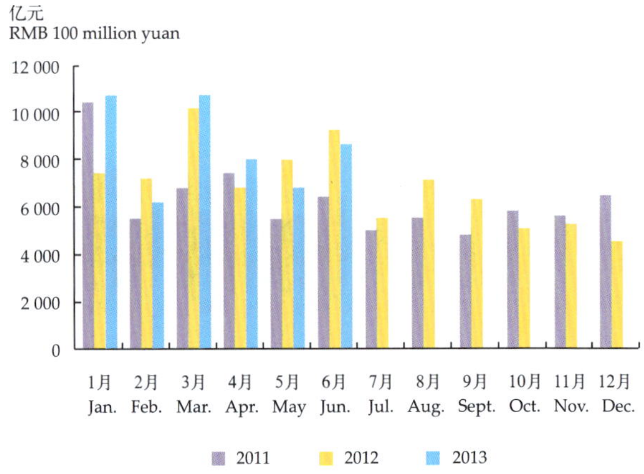

2013年上半年金融机构新增人民币贷款构成
Composition of new RMB loans of financial institutions in the first half of 2013

单位：亿元
Unit: RMB 100 million yuan

		2013年上半年 First half of 2013		2012年上半年 First half of 2012	
		比年初增加 Increase over the beginning of the year	比重(%) Share (%)	比年初增加 Increase over the beginning of the year	比重(%) Share (%)
各项贷款	**Total loans**	50 768	100	48 551	100
短期贷款	Short-term loans	20 900	41.2	23 700	48.8
中长期贷款	Medium- and long-term loans	25 830	50.9	15 694	32.3
票据融资	Bill financing	2 793	5.5	7 642	15.7
其他贷款	Other loans	1 245	2.5	1 515	3.1

当年累计新增住户贷款
Accumulated new loans to households

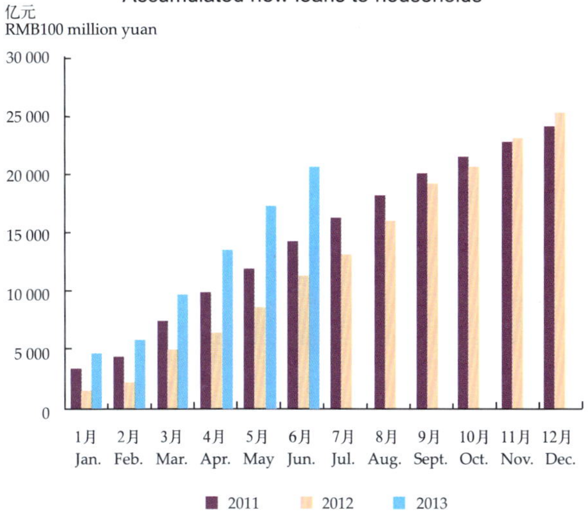

当月新增住户贷款
New loans to households by month

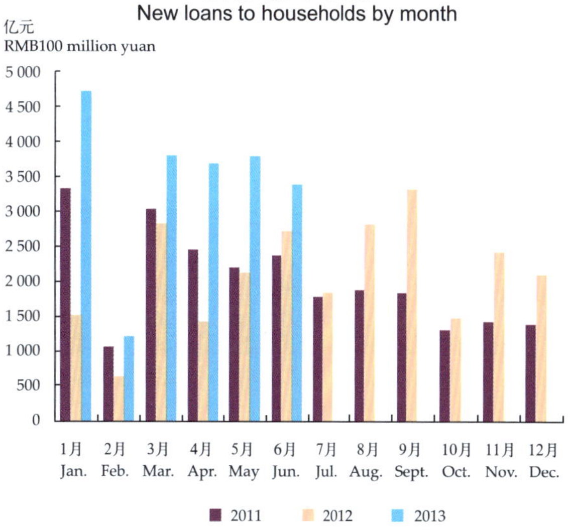

当年累计新增非金融企业及其他部门贷款
Accumulated new loans to non-financial insititutions and other sectors

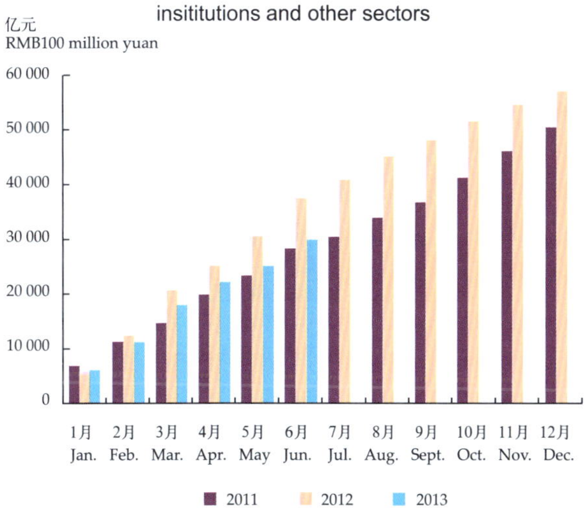

当月新增非金融企业及其他部门贷款
New loans to non-financial institutions and other sectors by month

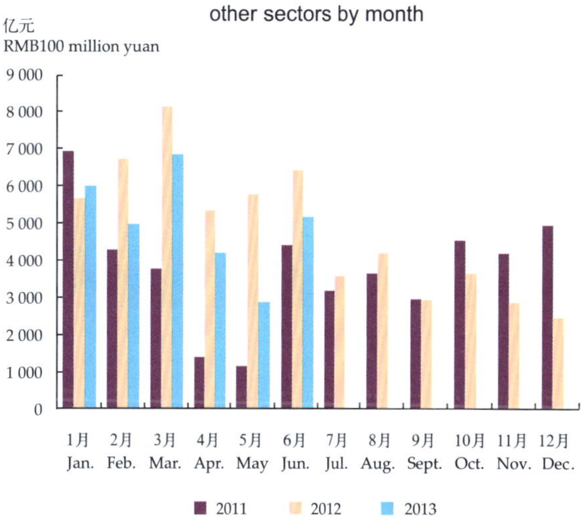

2013年6月末个人消费贷款构成
Composition of consumer loans at the end of June, 2013

单位：亿元
Unit: RMB 100 million yuan

	余额 Outstanding amounts	同比增长率(%) Growth rate (YOY)(%)	比年初增加 Increase over the beginning of the year	比上年同期 Change compared with the same period of last year
个人消费贷款 Consumer loans	117 525	24.3	13 204	7 369
个人住房贷款 Individual housing mortgage loans	82 816	21.6	8 795	5 857
个人汽车消费贷款 Individual auto loans	2 870	12.5	205	268
助学贷款 Student loans	469	12.6	-37	-10
其他贷款 Other loans	31 370	33.7	4 241	1 255

2013年6月末个人消费贷款构成
Composition of consumer loans at the end of June, 2013

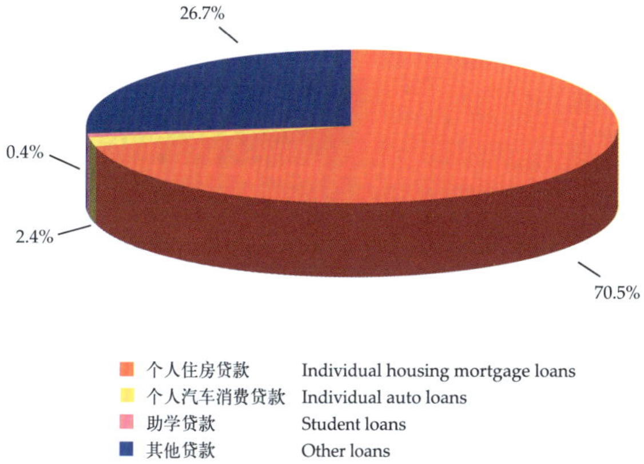

当年累计新增个人消费贷款
Accumulated new consumer loans

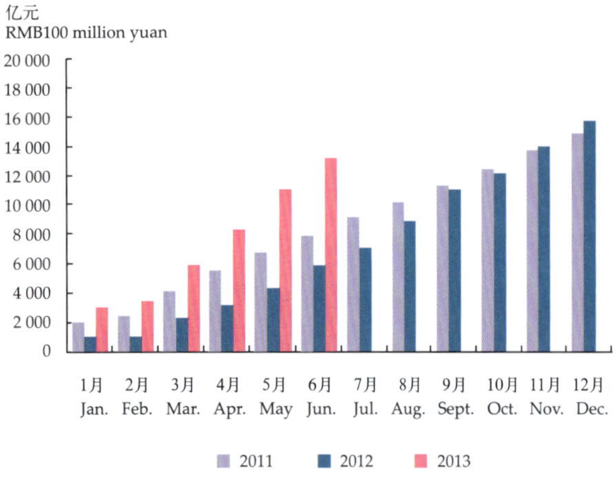

当月新增个人消费贷款
New consumer loans by month

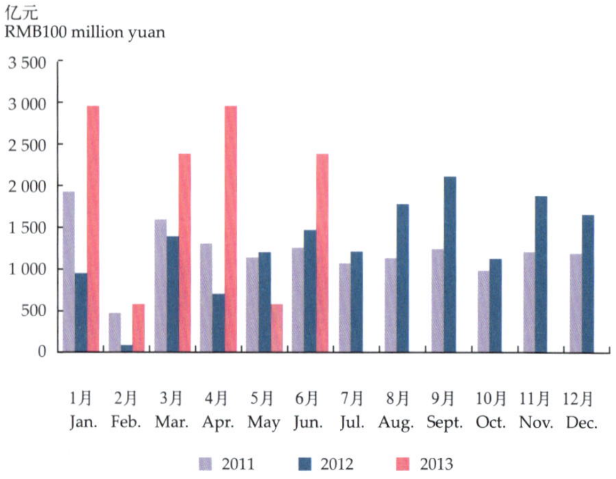

当年累计新增个人住房贷款
Accumulated new housing mortgage loans

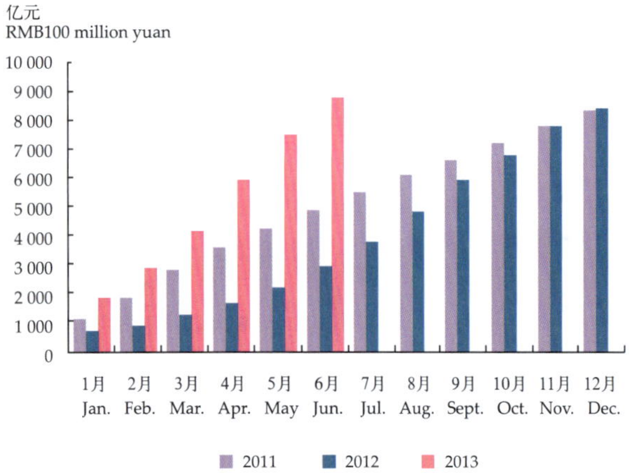

当月新增个人住房贷款
New housing mortgage loans by month

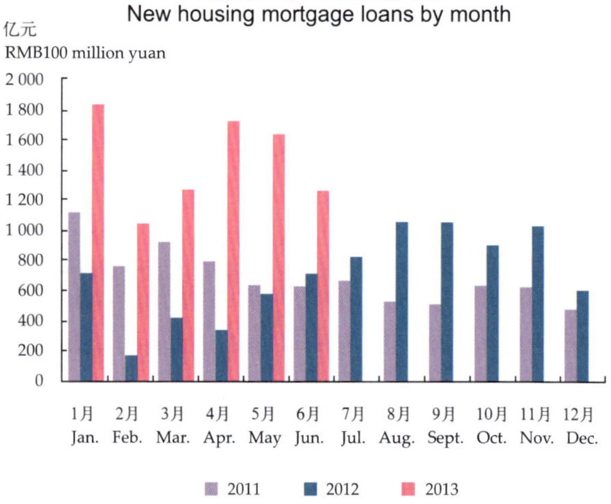

个人消费贷款余额及其增长趋势
Consumer loans and their growth

个人住房贷款余额及其增长趋势
Individual housing mortgage loans and their growth

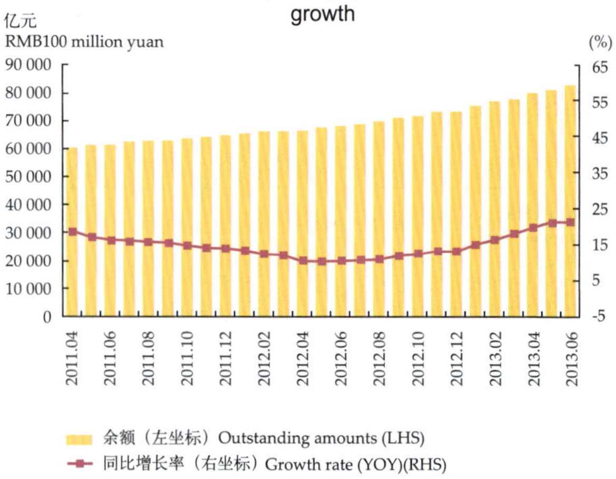

个人汽车消费贷款余额及其增长趋势
Individual auto loans and their growth

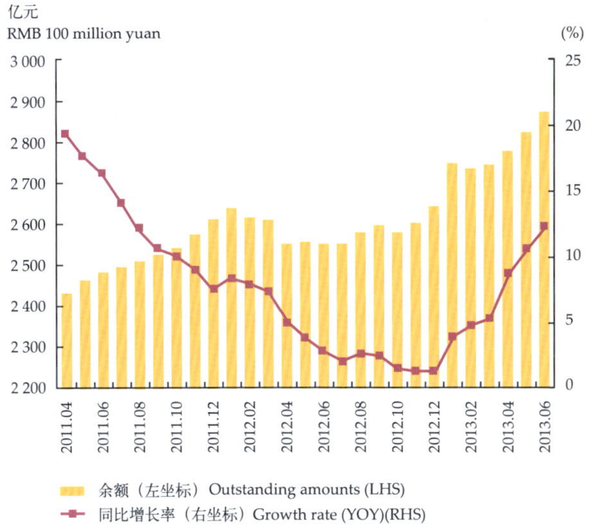

3.基础货币
(3) Monetary base

基础货币余额及其增长趋势
Monetary base and its growth

单位：万亿元
Unit: RMB trillion yuan

年/月 Year/Month	余额 Outstanding amounts	同比增长率(%) Growth rate (YOY) (%)
2011.01	19.41	38.3
2011.02	19.12	25.9
2011.03	19.26	29.0
2011.04	19.33	32.2
2011.05	19.62	34.1
2011.06	20.35	32.7
2011.07	20.25	32.0
2011.08	20.51	33.9
2011.09	21.22	32.8
2011.10	21.28	29.9
2011.11	21.66	28.2
2011.12	22.46	23.2
2012.01	23.74	22.3
2012.02	22.33	16.8
2012.03	22.67	17.7
2012.04	22.44	16.1
2012.05	22.20	13.1
2012.06	22.81	12.1
2012.07	22.55	11.4
2012.08	22.85	11.4
2012.09	23.60	11.2
2012.10	23.45	10.2
2012.11	23.49	8.4
2012.12	25.21	12.2
2013.01	25.29	6.5
2013.02	25.20	12.8
2013.03	25.37	11.9
2013.04	25.15	12.1
2013.05	24.95	12.4
2013.06	25.78	13.0

助学贷款余额及其增长趋势
Student loans and their growth

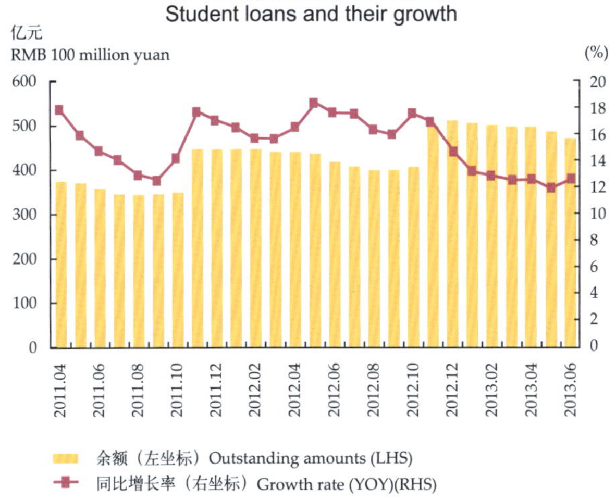

基础货币余额及其增长趋势
Monetary base and its growth

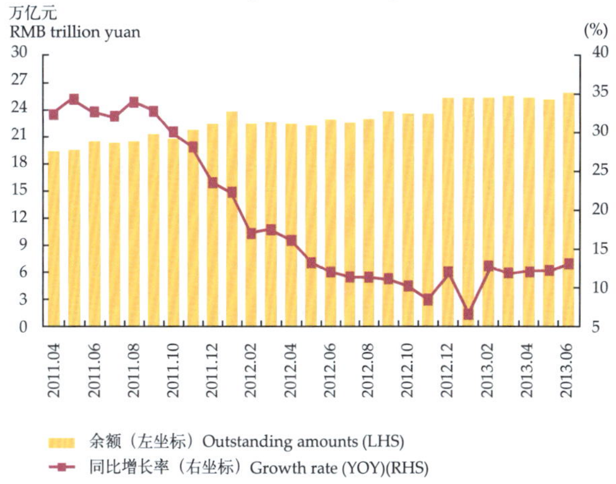

基础货币构成
Composition of monetary base

单位：亿元
Unit: RMB 100 million yuan

年/季 Year/Quarter	货币发行 Currency issue	金融性公司存款 Deposits of financial corporations	其他存款性公司存款 Deposits of other depository corporations	其他金融性公司存款 Deposits of other financial corporations
2009Q1	36 854	87 423	87 319	104
2009Q2	36 721	87 209	87 121	88
2009Q3	40 505	92 902	92 798	104
2009Q4	41 556	102 429	102 281	104
2010Q1	42 836	107 197	107 058	139
2010Q2	42 567	111 668	111 506	161
2010Q3	46 220	115 101	114 946	155
2010Q4	48 646	136 665	136 481	184
2011Q1	49 273	143 293	143 293	—
2011Q2	48 816	154 654	154 654	—
2011Q3	52 203	160 001	160 001	—
2011Q4	55 850	168 792	168 792	—
2012Q1	54 379	172 306	172 306	—
2012Q2	54 294	173 757	173 757	—
2012Q3	59 178	176 855	176 855	—
2012Q4	60 646	191 699	191 699	—
2013Q1	61 331	192 319	192 319	—
2013Q2	59 831	197 945	197 945	—

注：2011年1月起，中国人民银行采用国际货币基金组织关于储备货币的定义，不再将其他金融性公司在货币当局的存款计入储备货币。
Note: Since January 2011, the PBC used the definition of reserve money defined by IMF, deposits of other financial corporation are no longer included in reserve money.

基础货币构成
Composition of monetary base

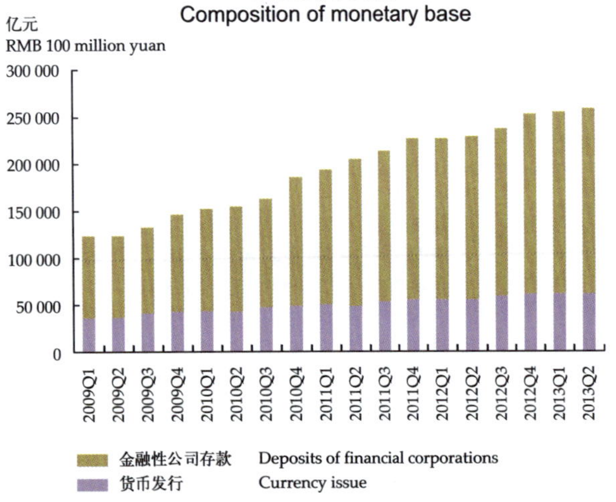

金融机构准备金和超额准备金率
Reserves and excess reserve ratio of financial institutions

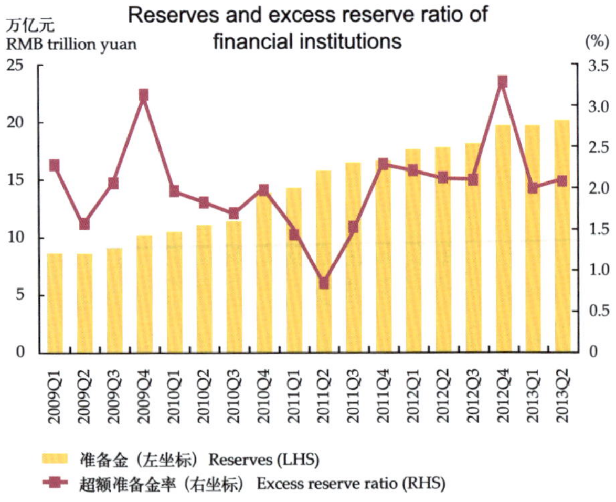

金融机构法定人民币存款准备金率
Official RMB reserve requirement ratios of financial institutions

单位：%
Unit: %

日期 Date	中资全国性大型银行① Chinese-funded large banks operating nationwide[1]	中小金融机构② Medium- and small-sized financial institutions[2]	农村合作银行 Rural cooperative banks	城市信用社 Urban credit cooperatives	农村信用社 Rural credit cooperatives
2003.09.21	7.0	7.0	—	6.0	6.0
2004.04.25	7.5	7.5	7.5	6.0	6.0
2006.07.05	8.0	8.0	7.5	6.5	6.0
2006.08.15	8.5	8.5	7.5	7.0	6.0
2006.11.15	9.0	9.0	8.0	7.5	6.5
2007.01.15	9.5	9.5	8.5	8.0	7.0
2007.02.25	10.0	10.0	9.0	8.5	7.5
2007.04.16	10.5	10.5	9.5	9.0	8.0
2007.05.15	11.0	11.0	10.0	9.5	8.5
2007.06.05	11.5	11.5	10.5	10.0	9.0
2007.08.15	12.0	12.0	11.0	10.5	9.5
2007.09.25	12.5	12.5	11.5	11.0	10.0
2007.10.25	13.0	13.0	12.0	11.5	10.5
2007.11.26	13.5	13.5	12.5	12.0	11.0
2007.12.25	14.5	14.5	13.5	13.0	12.0
2008.01.25	15.0	15.0	14.0	13.5	12.5
2008.03.25	15.5	15.5	14.5	14.0	13.0
2008.04.25	16.0	16.0	15.0	14.5	13.5
2008.05.20	16.5	16.5	15.5	15.0	14.0
2008.06.15	17.0	17.0	16.0	15.5	14.5
2008.06.25	17.5	17.5	16.5	16.0	15.0
2008.09.25	17.5	16.5	15.5	15.0	14.0
2008.10.15	17.0	16.0	15.0	14.5	13.5
2008.12.05	16.0	14.0	13.0	11.5	11.5
2008.12.25	15.5	13.5	11.0	11.0	11.0
2010.01.18	16.0	14.0	11.0	11.0	11.0
2010.02.25	16.5	14.5	11.0	11.0	11.0
2010.05.10	17.0	15.0	11.5	11.5	11.0
2010.11.16	17.5	15.5	12.0	12.0	11.5
2010.11.29	18.0	16.0	12.5	12.5	12.0
2010.12.20	18.5	16.5	13.0	13.0	12.5
2011.01.20	19.0	17.0	13.5	13.5	13.0
2011.02.24	19.5	17.5	14.0	14.0	13.5
2011.03.25	20.0	18.0	14.5	14.5	14.0
2011.04.21	20.5	18.5	15.0	15.0	14.5
2011.05.18	21.0	19.0	15.5	15.5	15.0
2011.06.20	21.5	19.5	16.0	16.0	15.5
2011.12.05	21.0	19.0	15.5	15.5	15.0
2012.02.24	20.5	18.5	15.0	15.0	14.5
2012.05.18	20.0	18.0	14.5	14.5	14.0

注：①包括中国工商银行、中国农业银行、中国银行、中国建设银行、交通银行和中国邮政储蓄银行。
②包括中国农业发展银行、股份制商业银行、城市商业银行、农村商业银行、有关外资金融机构。

Notes: 1. Including Industrial and Commercial Bank of China, Agricultural Bank of China, Bank of China, China Construction Bank, Bank of Communication, Postal Savings Bank of China.

2. Including Agricultural Development Bank of China, joint-stock commercial banks, city commercial banks, rural commercial banks and foreign-funded financial institutions.

4. 社会融资规模

(4) All-system financing aggregate

社会融资规模统计表
Statistics of all-system financing aggregate

单位：亿元
Unit: RMB100 million yuan

日期 Date	社会融资规模 All-system financing aggregate	其中 Of which						
		人民币贷款 RMB bank loans	外币贷款(折合人民币) Foreign currency bank loans (converted into RMB)	委托贷款 Entrusted loans	信托贷款 Trust loans	未贴现的银行承兑汇票 Undiscounted bankers' acceptences	企业债券 Net financing of corporate bonds	非金融企业境内股票融资 Equity financing on the domestic stock market by non-financial enterprises
2011.01	17 560	10 263	862	1 272	-98	3 157	1 012	731
2011.02	6 468	5 377	347	419	141	-1 176	877	270
2011.03	18 212	6 794	572	1 513	47	5 631	2 682	557
2011.04	13 673	7 430	492	1 407	501	2 332	761	448
2011.05	10 854	5 516	842	1 216	180	1 695	721	351
2011.06	10 873	6 339	245	1 202	141	1 630	536	320
2011.07	5 393	4 916	9	1 232	-28	-1 726	422	252
2011.08	10 741	5 484	376	1 409	176	1 652	898	350
2011.09	4 279	4 693	1 025	1 008	-223	-3 361	520	236
2011.10	7 908	5 868	415	518	90	-1 186	1 639	244
2011.11	9 581	5 629	49	595	716	-227	2 077	268
2011.12	12 744	6 406	478	1 173	389	1 851	1 514	350
2012.01	9 754	7 381	-148	1 646	247	-214	442	81
2012.02	10 431	7 107	526	394	522	-284	1 544	229
2012.03	18 703	10 114	950	770	1 018	2 821	1 974	565
2012.04	9 637	6 818	96	1 015	37	279	887	190
2012.05	11 432	7 932	302	215	557	380	1 441	184
2012.06	17 802	9 198	1 040	789	988	3 113	1 982	246
2012.07	10 522	5 401	70	1 279	384	218	2 486	316
2012.08	12 475	7 039	743	1 046	1 238	-846	2 579	208
2012.09	16 462	6 226	1 764	1 449	2 012	2 155	2 278	158
2012.10	12 906	5 054	1 290	941	1 444	729	2 992	88
2012.11	11 225	5 220	1 045	1 218	1 802	-489	1 820	107
2012.12	16 282	4 546	1 486	2 079	2 598	2 637	2 126	135
2013.01	25 446	10 721	1 795	2 061	2 108	5 798	2 248	244
2013.02	10 704	6 200	1 149	1 426	1 825	-1 823	1 453	165
2013.03	25 502	10 625	1 509	1 748	4 312	2 731	3 869	208
2013.04	17 624	7 923	847	1 926	1 942	2 218	2 033	274
2013.05	11 860	6 694	357	1 967	971	-1 141	2 219	231
2013.06	10 375	8 605	133	1 990	1 162	-2 620	410	126

注：1. 社会融资规模是指一定时期内实体经济从金融体系获得的资金总额，是增量概念。
2. 当期数据为初步统计数。
3. 表中的人民币贷款为历史公布数。
4. "—"表示数据缺失或者有关业务量很小。

数据来源：中国人民银行、国家发展和改革委员会、中国证券监督管理委员会、中国保险监督管理委员会、中央国债登记结算有限责任公司和银行间市场交易商协会等部门。

Notes: 1. All-system financing aggregate refers to the total value of funds provided by the financial system to the real economy in a certain period of time. It is a flow.
2. Data for the current period is preliminary.
3. Data for RMB loans in the table are the historical numbers released in the past.
4. "—" indicates that the data are not available or can be omitted due to negligible transaction volume.

Sources: The People's Bank of China, National Development and Reform Commission, China Securities Regulatory Commission, China Insurance Regulatory Commission, China Government Securities Depository Trust and Clearing Co., Ltd., National Association of Financial Market Institutional Investors, and etc..

5. 利率
(5) Interest rates

中央银行基准利率
Central bank benchmark interest rates

单位：年利率%
Unit: annual interest rate%

日期 Date	法定存款准备金 Required reserves	超额存款准备金 Excess reserves	对金融机构贷款 Lending to financial institutions				再贴现 Rediscount
			1年期 1-year	6个月以内 6-month and less	3个月以内 3-month and less	20天以内 20 days and less	
1996.05.01	8.82	8.82	10.98	10.17	10.08	9.00	*
1996.08.23	8.28	7.92	10.62	—	9.72	—	*
1997.10.23	7.56	7.02	9.36	9.09	8.82	8.55	*
1998.03.25	5.22	—	7.92	7.02	6.84	6.39	6.03
1998.07.01	3.51	—	5.67	5.58	5.49	5.22	4.32
1998.12.07	3.24	—	5.13	5.04	4.86	4.59	3.96
1999.06.10	2.07	—	3.78	3.69	3.51	3.24	2.16
2001.09.11	—	—	—	—	—	—	2.97
2002.02.21	1.89	—	3.24	3.15	2.97	2.70	2.97
2003.12.20	—	1.62	—	—	—	—	—
2004.03.25	—	—	3.87	3.78	3.60	3.33	3.24
2005.03.17	—	0.99	—	—	—	—	—
2008.01.01	—	—	4.68	4.59	4.41	4.14	4.32
2008.11.27	1.62	0.72	3.60	3.51	3.33	3.06	2.97
2008.12.23	—	—	3.33	3.24	3.06	2.79	1.80
2010.12.26	—	—	3.85	3.75	3.55	3.25	2.25

注：1. 1998年3月法定准备金和超额准备金两个账户合并为准备金账户。
2. *按同档次中央银行贷款利率下浮5%～10%。

Notes: 1. The required reserves account and excess reserves account were merged into the reserves account in March 1998.
2. *The interest rate is 5%~10% below that of the central bank lending rate of the same tranche.

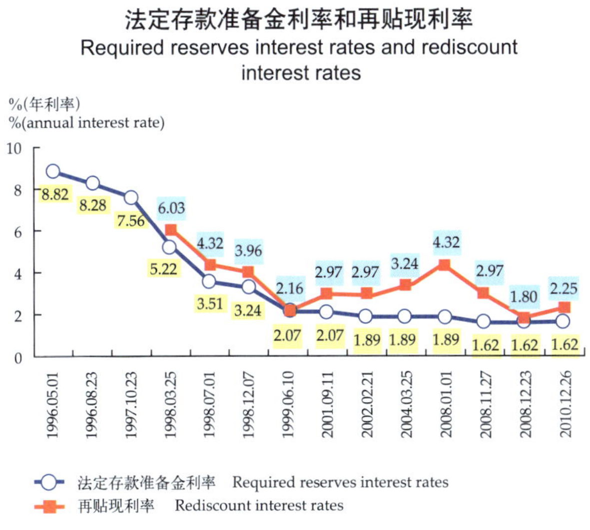

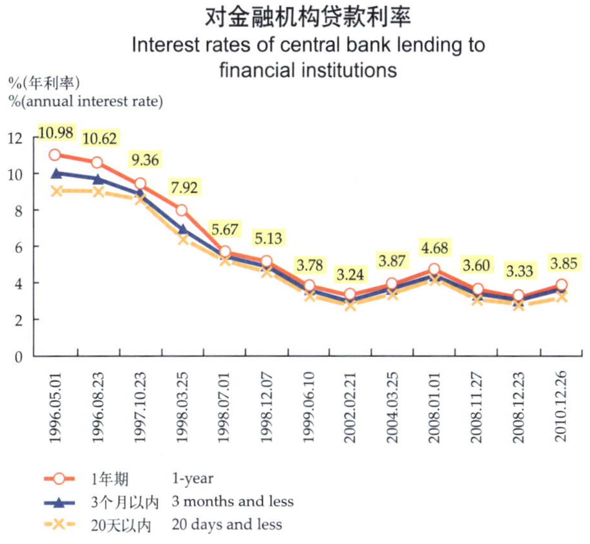

金融机构人民币存款基准利率
RMB deposit benchmark interest rates in financial institutions

单位：年利率%
Unit: annual interest rate %

日期 Date	活期 Demand deposits	定期 Time deposits					
		3个月 3-month	6个月 6-month	1年 1-year	2年 2-year	3年 3-year	5年 5-year
1990.04.15	2.88	6.30	7.74	10.08	10.98	11.88	13.68
1990.08.21	2.16	4.32	6.48	8.64	9.36	10.08	11.52
1991.04.21	1.80	3.24	5.40	7.56	7.92	8.28	9.00
1993.05.15	2.16	4.86	7.20	9.18	9.90	10.80	12.06
1993.07.11	3.15	6.66	9.00	10.98	11.70	12.24	13.86
1996.05.01	2.97	4.86	7.20	9.18	9.90	10.80	12.06
1996.08.23	1.98	3.33	5.40	7.47	7.92	8.28	9.00
1997.10.23	1.71	2.88	4.14	5.67	5.94	6.21	6.66
1998.03.25	1.71	2.88	4.14	5.22	5.58	6.21	6.66
1998.07.01	1.44	2.79	3.96	4.77	4.86	4.95	5.22
1998.12.07	1.44	2.79	3.33	3.78	3.96	4.14	4.50
1999.06.10	0.99	1.98	2.16	2.25	2.43	2.70	2.88
2002.02.21	0.72	1.71	1.89	1.98	2.25	2.52	2.79
2004.10.29	0.72	1.71	2.07	2.25	2.70	3.24	3.60
2006.08.19	0.72	1.80	2.25	2.52	3.06	3.69	4.14
2007.03.18	0.72	1.98	2.43	2.79	3.33	3.96	4.41
2007.05.19	0.72	2.07	2.61	3.06	3.69	4.41	4.95
2007.07.21	0.81	2.34	2.88	3.33	3.96	4.68	5.22
2007.08.22	0.81	2.61	3.15	3.60	4.23	4.95	5.49
2007.09.15	0.81	2.88	3.42	3.87	4.50	5.22	5.76
2007.12.21	0.72	3.33	3.78	4.14	4.68	5.40	5.85
2008.10.09	0.72	3.15	3.51	3.87	4.41	5.13	5.58
2008.10.30	0.72	2.88	3.24	3.60	4.14	4.77	5.13
2008.11.27	0.36	1.98	2.25	2.52	3.06	3.60	3.87
2008.12.23	0.36	1.71	1.98	2.25	2.79	3.33	3.60
2010.10.20	0.36	1.91	2.20	2.50	3.25	3.85	4.20
2010.12.26	0.36	2.25	2.50	2.75	3.55	4.15	4.55
2011.02.09	0.40	2.60	2.80	3.00	3.90	4.50	5.00
2011.04.06	0.50	2.85	3.05	3.25	4.15	4.75	5.25
2011.07.07	0.50	3.10	3.30	3.50	4.40	5.00	5.50
2012.06.08	0.40	2.85	3.05	3.25	4.10	4.65	5.10
2012.07.06	0.35	2.60	2.80	3.00	3.75	4.25	4.75

人民币存款基准利率
RMB deposit benchmark interest rates

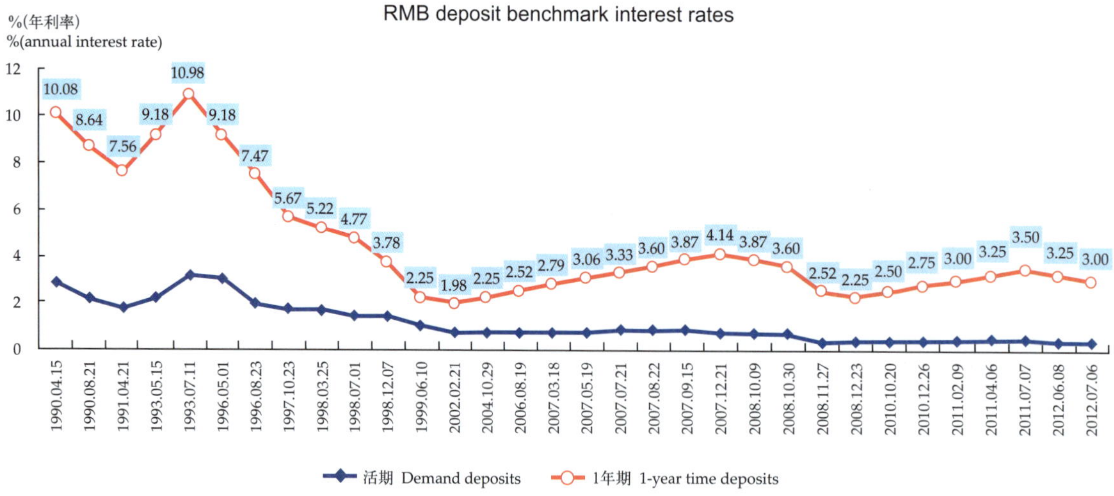

金融机构人民币贷款基准利率
RMB lending benchmark interest rates in financial institutions

单位：年利率%
Unit: annual interest rate %

日期 Date	短期贷款 Short-term loans		中长期贷款 Medium- and long-term loans		
	6个月以内(含6个月) 6-month and less (including 6-month)	6个月至1年(含1年) 6-month to 1-year (including 1-year)	1～3年(含3年) 1 to 3-year (including 3-year)	3～5年(含5年) 3 to 5-year (including 5-year)	5年以上 More than 5-year
1991.04.21	8.10	8.64	9.00	9.54	9.72
1993.05.15	8.82	9.36	10.80	12.06	12.24
1993.07.11	9.00	10.98	12.24	13.86	14.04
1995.01.01	9.00	10.98	12.96	14.58	14.76
1995.07.01	10.08	12.06	13.50	15.12	15.30
1996.05.01	9.72	10.98	13.14	14.94	15.12
1996.08.23	9.18	10.08	10.98	11.70	12.42
1997.10.23	7.65	8.64	9.36	9.90	10.53
1998.03.25	7.02	7.92	9.00	9.72	10.35
1998.07.01	6.57	6.93	7.11	7.65	8.01
1998.12.07	6.12	6.39	6.66	7.20	7.56
1999.06.10	5.58	5.85	5.94	6.03	6.21
2002.02.21	5.04	5.31	5.49	5.58	5.76
2004.10.29	5.22	5.58	5.76	5.85	6.12
2006.04.28	5.40	5.85	6.03	6.12	6.39
2006.08.19	5.58	6.12	6.30	6.48	6.84
2007.03.18	5.67	6.39	6.57	6.75	7.11
2007.05.19	5.85	6.57	6.75	6.93	7.20
2007.07.21	6.03	6.84	7.02	7.20	7.38
2007.08.22	6.21	7.02	7.20	7.38	7.56
2007.09.15	6.48	7.29	7.47	7.65	7.83
2007.12.21	6.57	7.47	7.56	7.74	7.83
2008.09.16	6.21	7.20	7.29	7.56	7.74
2008.10.09	6.12	6.93	7.02	7.29	7.47
2008.10.30	6.03	6.66	6.75	7.02	7.20
2008.11.27	5.04	5.58	5.67	5.94	6.12
2008.12.23	4.86	5.31	5.40	5.76	5.94
2010.10.20	5.10	5.56	5.60	5.96	6.14
2010.12.26	5.35	5.81	5.85	6.22	6.40
2011.02.09	5.60	6.06	6.10	6.45	6.60
2011.04.06	5.85	6.31	6.40	6.65	6.80
2011.07.07	6.10	6.56	6.65	6.90	7.05
2012.06.08	5.85	6.31	6.40	6.65	6.80
2012.07.06	5.60	6.00	6.15	6.40	6.55

人民币贷款基准利率
RMB lending benchmark interest rates

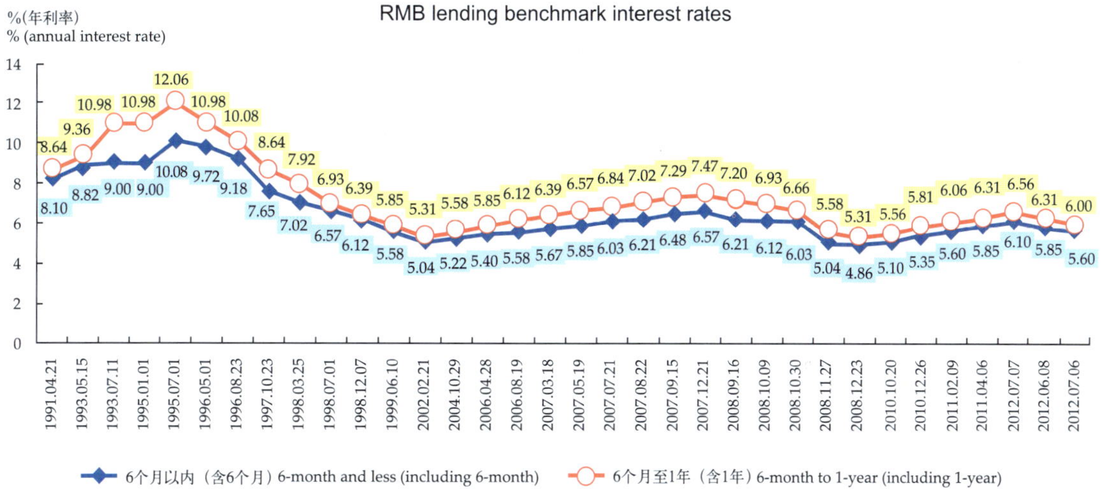

金融机构人民币贷款各利率区间占比表
Share of loans with floating rates in various ranges

单位：% Unit: %

日期 Date	下浮 Floating downward	基准 At benchmark	上浮 Floating upward					
	[0.9, 1.0) *	1.0	小计 Subtotal	(1.0, 1.1]	(1.1, 1.3]	(1.3, 1.5]	(1.5, 2.0]	2.0以上Above 2.0
2011.01	21.35	29.45	49.20	15.97	15.01	6.08	8.67	3.48
2011.02	19.94	31.80	48.26	17.91	14.55	5.61	7.29	2.90
2011.03	13.96	30.22	55.82	18.25	17.76	6.96	9.24	3.60
2011.04	12.54	28.43	59.04	18.72	20.56	7.39	9.14	3.22
2011.05	11.18	27.96	60.87	20.81	21.34	7.29	8.69	2.74
2011.06	9.94	28.91	61.15	20.56	22.70	7.22	8.08	2.60
2011.07	8.53	26.72	64.74	20.75	23.98	8.14	8.99	2.89
2011.08	6.05	25.27	68.67	22.40	25.80	8.42	9.06	3.00
2011.09	6.96	25.86	67.19	21.62	25.47	8.29	8.89	2.91
2011.10	5.06	29.96	64.99	21.54	25.02	7.81	7.87	2.75
2011.11	7.00	26.90	66.10	21.16	25.25	8.20	8.34	3.14
2011.12	7.02	26.96	66.02	21.51	24.20	8.26	8.98	3.08
2012.01	4.79	26.22	68.99	22.33	25.51	8.76	9.22	3.17
2012.02	5.53	27.59	66.88	23.12	23.76	7.98	8.61	3.40
2012.03	4.62	24.95	70.43	21.12	26.99	9.48	9.41	3.43
2012.04	5.03	23.06	71.91	20.76	28.92	10.10	8.98	3.16
2012.05	5.35	24.08	70.57	20.51	28.90	9.73	8.31	3.12
2012.06	7.92	25.08	66.99	19.94	27.87	8.90	7.66	2.63
2012.07	9.51	24.38	66.11	19.74	26.78	9.13	7.61	2.85
2012.08	11.61	22.66	65.73	19.64	26.45	8.30	8.33	3.01
2012.09	11.31	24.57	64.12	20.16	25.18	8.13	7.67	2.98
2012.10	10.88	26.80	62.32	20.15	24.30	7.28	7.53	3.06
2012.11	11.70	25.74	62.56	19.43	24.52	7.64	7.71	3.26
2012.12	14.16	26.10	59.74	18.41	22.87	7.58	7.84	3.04
2013.01	10.62	25.08	64.30	19.84	25.23	7.87	8.29	3.07
2013.02	11.69	25.05	63.26	19.57	23.96	7.88	8.83	3.02
2013.03	11.44	23.79	64.77	19.55	24.71	8.15	9.27	3.09
2013.06	12.55	24.52	62.93	19.47	24.95	7.95	8.04	2.52

注：* 2012年8月以来统计数据的下浮区间为[0.7, 1.0）。
Note: * The downward floating range for statistical data is changed to [0.7,1.0) since August, 2012.

2013年第二季度金融机构人民币贷款各利率区间占比表
Share of loans with rates floating at various ranges in the second quarter of 2013

单位：% Unit: %

	下浮 Floating downward	基准 At benchmark	上浮 Floating upward					
	[0.7, 1.0)	1.0	小计 Subtotal	(1.0, 1.1]	(1.1, 1.3]	(1.3, 1.5]	(1.5, 2.0]	2.0以上 Above 2.0
四大国有商业银行 Four state-owned commercial banks	15.52	29.78	54.70	27.99	23.92	2.51	0.24	0.04
股份制商业银行 Joint-stock commercial banks	10.21	20.05	69.74	24.47	37.29	5.79	0.85	1.34
外资商业银行 Foreign commercial banks	36.33	19.38	44.29	20.47	18.90	3.90	0.76	0.26
城市商业银行 City commercial banks	5.04	16.68	78.28	13.35	34.52	17.26	10.50	2.65
城乡信用社 Urban and rural credit cooperatives	2.71	6.37	90.92	6.33	19.40	20.22	34.33	10.64
政策性银行 Policy banks	21.22	66.05	12.73	10.08	2.55	0.10	0.00	0.00
合计 Total	11.36	23.89	64.75	19.66	25.66	8.27	8.37	2.79

大额美元存款与美元贷款平均利率表
Average interest rates of large-value dollar deposits and loans

单位：% Unit: %

日期 Date	大额存款 Large-value deposits						贷款 Loans				
	活期 Demand	3个月以内 Within 3 months	3(含)～6个月 3~6 months (including 3 months)	6(含)～12个月 6~12 months (including 6 months)	1年 1 year	1年以上 Above 1 year	3个月以内 Within 3 months	3(含)～6个月 3~6 months (including 3 months)	6(含)～12个月 6~12 months (including 6 months)	1年 1 year	1年以上 Above 1 year
2011.01	0.24	1.99	2.01	1.87	3.47	4.45	2.76	2.92	3.04	2.91	3.35
2011.02	0.27	2.14	2.68	2.55	3.34	3.91	2.94	3.16	3.12	3.16	3.16
2011.03	0.32	2.31	2.67	3.01	2.91	4.47	3.04	3.26	3.76	3.25	3.15
2011.04	0.28	2.61	2.58	2.96	4.19	5.20	3.02	3.25	3.57	3.41	3.16
2011.05	0.29	2.63	3.14	3.38	3.60	5.58	3.12	3.44	3.68	3.54	3.60
2011.06	0.26	2.79	2.80	2.66	1.48	3.22	3.16	3.46	3.73	3.78	3.46
2011.07	0.33	2.68	2.98	3.39	2.78	5.47	3.30	3.58	4.23	3.90	3.78
2011.08	0.31	2.95	3.47	3.44	3.58	5.36	3.34	3.69	4.03	3.97	3.58
2011.09	0.35	2.99	3.81	3.15	3.86	5.61	3.37	3.75	4.37	3.70	3.76
2011.10	0.34	2.98	3.48	3.48	1.74	5.03	3.72	4.17	4.76	3.72	4.92
2011.11	0.30	3.36	3.85	4.48	3.84	2.52	3.76	4.29	4.78	4.37	3.74
2011.12	0.31	3.29	3.97	4.08	2.82	3.37	3.85	4.31	4.57	3.89	4.26
2012.01	0.34	3.29	4.24	4.73	5.46	5.87	3.78	4.35	4.81	4.47	4.27
2012.02	0.29	3.16	3.93	4.34	4.64	4.50	3.51	4.08	4.35	4.28	4.29
2012.03	0.27	2.91	3.61	4.34	4.76	5.35	3.56	4.00	4.36	4.03	3.53
2012.04	0.21	2.69	3.54	3.97	4.40	3.32	3.54	3.96	4.44	4.07	3.99
2012.05	0.26	2.37	3.33	3.92	4.12	4.16	3.50	4.11	4.27	4.21	3.90
2012.06	0.26	2.07	2.93	3.39	4.07	4.36	3.38	3.74	3.72	4.02	4.10
2012.07	0.19	2.80	2.57	3.06	3.78	2.13	3.01	3.29	3.54	3.00	3.76
2012.08	0.20	0.96	2.08	2.43	3.21	1.59	2.48	2.70	3.11	2.44	4.04
2012.09	0.17	0.63	1.45	1.65	2.13	1.88	2.05	2.09	2.24	2.15	3.36
2012.10	0.14	0.71	1.30	1.50	2.14	2.17	2.01	2.01	2.05	2.00	3.60
2012.11	0.13	0.60	1.19	1.27	1.86	1.98	1.99	1.89	2.21	2.34	3.73
2012.12	0.17	0.51	1.01	1.52	1.76	1.67	2.02	1.96	1.97	2.73	3.42
2013.01	0.11	0.90	1.35	1.75	1.90	2.45	1.74	2.04	1.87	2.00	3.25
2013.02	0.12	0.84	1.42	1.75	2.04	2.12	2.18	1.91	1.82	2.14	4.08
2013.03	0.11	0.92	1.57	1.91	2.44	1.54	1.97	2.16	2.07	2.35	3.03
2013.04	0.10	0.82	1.36	2.04	2.36	1.27	1.99	2.13	2.22	2.30	3.26
2013.05	0.12	0.80	1.39	1.89	2.31	1.20	2.00	2.11	2.34	2.38	3.02
2013.06	0.12	1.07	1.69	1.86	2.50	1.14	2.23	2.34	2.40	2.78	3.33

八、金融市场
8. Financial Market

1.货币市场
(1) Money market

银行间市场交易量
Transaction volume in the inter-bank market

单位：万亿元
Unit: RMB trillion yuan

年 Year	债券回购 Repurchasing	同业拆借 Inter-bank borrowing	现券买卖 Outright transactions
2000	1.6	0.7	0.1
2001	4.0	0.8	0.1
2002	10.2	1.2	0.4
2003	11.7	2.4	3.1
2004	9.4	1.5	2.5
2005	15.9	1.3	6.0
2006	26.6	2.2	10.2
2007	44.8	10.6	15.6
2008	58.1	15.0	37.1
2009	70.3	19.4	47.3
2010	87.6	27.9	64.0
2011	99.5	33.4	63.6
2012	141.7	46.7	75.2

银行间市场月加权平均利率
Monthly weighted average interest rates in the inter-bank market

单位：% Unit: %

年/月 Year/Month	同业拆借市场 Inter-bank borrowing market	质押式债券回购 Bond-pledged repurchasing
2011.07	4.44	4.61
2011.08	3.30	3.38
2011.09	3.74	3.75
2011.10	3.75	3.75
2011.11	3.49	3.52
2011.12	3.33	3.37
2012.01	4.37	4.68
2012.02	3.38	3.58
2012.03	2.58	2.66
2012.04	3.25	3.29
2012.05	2.19	2.23
2012.06	2.72	2.81
2012.07	2.78	2.85
2012.08	2.84	2.87
2012.09	2.93	3.01
2012.10	2.87	2.82
2012.11	2.57	2.55
2012.12	2.61	2.62
2013.01	2.27	2.25
2013.02	2.77	2.89
2013.03	2.47	2.46
2013.04	2.50	2.55
2013.05	2.92	3.01
2013.06	6.58	6.82

银行间市场交易量
Transaction volume in the inter-bank market

单位：万亿元
Unit: RMB trillion yuan

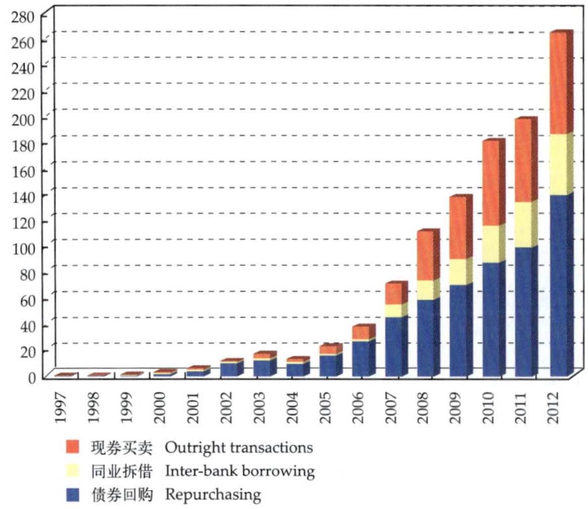

银行间市场月加权平均利率
Monthly weighted average interest rates in the inter-bank market

各品种Shibor走势图
Movements of the Shibor

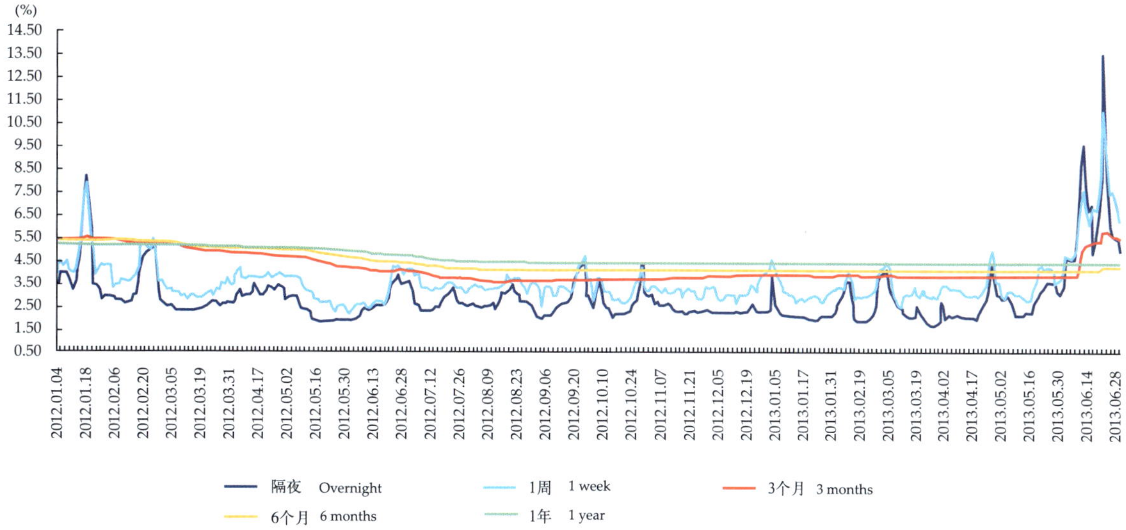

全国银行间同业拆借各期限当月交易量及月加权平均利率
Monthly transaction volume and monthly weighted average interest rates of inter-bank borrowing with different maturities

单位：亿元、%
Unit: RMB 100 million yuan, %

年/月 Year/Month	1天 1 day		7天 7 days		14天 14 days		21天 21 days		1个月 1 month		2个月 2 months		3个月 3 months		4个月 4 months		6个月 6 months		9个月 9 months		1年 1 year	
	交易量 Volume	利率 Rate	交易量 Volume	利率 Rate	交易量 Volume	利率 Rate	交易量 Volume	利率 Rate	交易量 Volume	利率 Rate	交易量 Volume	利率 Rate	交易量 Volume	利率 Rate	交易量 Volume	利率 Rate	交易量 Volume	利率 Rate	交易量 Volume	利率 Rate	交易量 Volume	利率 Rate
2011.07	27 449	4.30	2 899	5.20	517	5.88	29	6.05	171	6.31	55	5.74	180	6.06	68	5.75	65	5.48	12	5.50	15	4.94
2011.08	28 006	3.13	4 891	3.83	1 342	4.00	49	3.66	143	5.40	245	5.34	123	5.70	3	5.36	22	5.82	2	5.30	12	3.90
2011.09	19 211	3.47	4 729	4.06	1 711	4.80	645	5.01	207	5.75	69	5.95	148	5.72	0	—	101	5.79	0	—	1	6.30
2011.10	20 832	3.61	4 850	3.92	1 397	4.23	115	4.90	222	5.42	32	5.81	187	5.70	87	5.86	78	5.83	1	5.90	1	5.60
2011.11	25 440	3.34	5 475	3.78	1 332	4.08	202	3.92	400	5.01	150	5.14	99	5.81	16	5.73	26	5.80	0	—	2	6.51
2011.12	26 132	3.04	5 809	3.94	1 531	4.63	698	4.41	322	4.81	212	5.14	49	5.65	42	5.77	63	5.75	0	—	10	5.55
2012.01	15 741	4.21	3 305	4.55	956	5.64	85	6.01	303	6.04	59	6.08	14	5.76	0	—	25	5.81	0	—	0	—
2012.02	27 771	3.22	3 543	4.06	664	4.38	37	4.67	390	5.03	209	5.14	130	5.32	1	5.40	17	5.09	0	—	0	—
2012.03	42 524	2.47	4 191	3.20	922	3.70	198	4.08	204	4.21	26	4.29	60	4.92	3	4.2	87	4.75	12	4.69	5	4.95
2012.04	37 186	3.18	2 986	3.86	563	3.89	121	4.07	448	4.05	39	4.30	24	5.70	2	5.35	23	4.67	0	—	20	4.67
2012.05	50 007	2.13	2 276	2.98	702	3.15	48	3.34	81	3.58	27	4.00	79	4.47	10	3.27	27	4.05	0	4.20	6	4.67
2012.06	36 646	2.65	3 573	3.26	591	3.14	112	3.36	305	3.15	14	3.90	40	4.76	3	4.21	17	3.68	0	4.70	5	4.45
2012.07	42 053	2.68	3 840	3.52	731	3.76	228	3.58	322	3.93	94	3.21	50	4.19	1	3.20	19	3.50	2	3.60	4	3.95
2012.08	34 303	2.72	3 631	3.54	797	3.79	152	3.78	546	3.64	158	3.67	121	3.84	0	—	6	3.78	0	—	10	4.24
2012.09	30 994	2.79	3 538	3.54	2 022	3.67	361	3.48	422	4.03	62	4.11	91	4.10	0	4.50	11	4.47	3	4.40	20	4.35
2012.10	22 345	2.73	3 658	3.17	1 362	3.59	209	3.76	546	3.88	160	3.71	249	3.78	0	—	98	4.12	0	—	1	4.60
2012.11	32 078	2.41	3 502	3.26	1 112	3.40	228	3.70	430	3.77	500	3.77	186	4.07	42	4.37	32	4.46	7	4.80	15	5.00
2012.12	31 167	2.36	3 891	3.50	1 646	3.77	592	3.99	481	4.09	279	4.27	126	4.62	20	4.2	18	4.48	5	4.25	12	5.08
2013.01	33 896	2.13	3 047	3.27	719	3.14	91	3.68	234	3.89	69	4.17	222	4.11	17	3.86	41	4.16	0	—	9	4.48
2013.02	23 010	2.59	3 102	3.44	1 140	3.67	195	4.00	337	4.16	70	3.75	34	4.03	11	4.48	1	4.40	0	—	6	4.42
2013.03	30 720	2.31	4 302	3.22	564	3.47	98	3.32	767	3.41	38	3.87	112	4.24	1	3.88	2	4.30	0	—	3	4.33
2013.04	37 911	2.38	3 160	3.37	738	3.50	345	3.32	588	3.66	53	3.52	116	3.88	2	4.20	5	4.01	0	—	1	4.00
2013.05	38 622	2.80	3 953	3.71	864	3.69	67	3.34	748	3.88	69	3.57	53	4.26	2	4.03	0	—	0	—	1	4.33
2013.06	11 324	6.43	3 125	6.98	805	7.07	32	7.13	161	6.79	57	6.44	86	5.92	3	5.00	23	5.91	0	—	11	3.97

全国银行间同业拆借各期限月加权平均利率
Monthly weighted average interest rates of inter-bank borrowing with different maturities

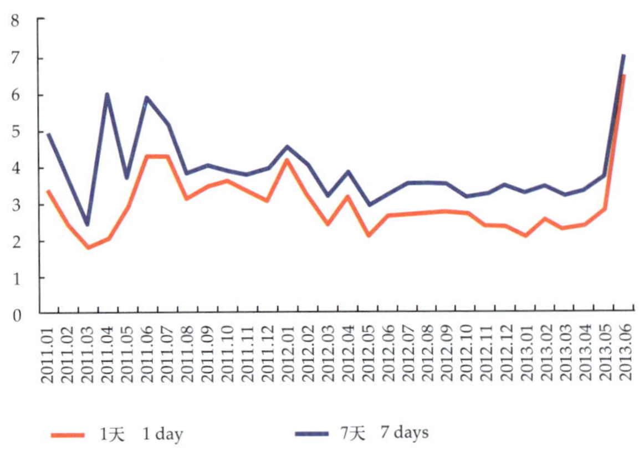

全国银行间同业拆借各期限当月交易量
Monthly transaction volume of inter-bank borrowing with different maturities

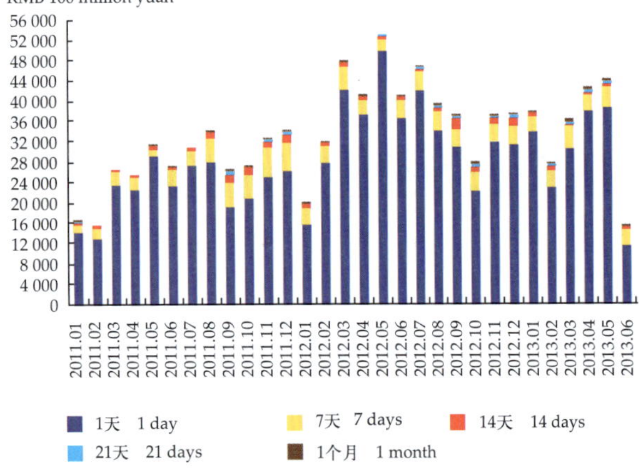

2.债券市场
(2) Bond market

债券回购交易成交金额
Turnover of repurchasing

单位：亿元
Unit: RMB 100 million yuan

年/月 Year/Month	银行间债券市场 Inter-bank bond market	交易所 Stock exchanges
2011.07	89 514	22 073
2011.08	90 811	24 301
2011.09	73 299	21 890
2011.10	73 894	17 848
2011.11	93 163	24 326
2011.12	109 010	25 073
2012.01	70 275	18 498
2012.02	100 057	27 788
2012.03	136 220	26 753
2012.04	114 046	23 840
2012.05	143 590	31 965
2012.06	137 805	32 413
2012.07	133 956	38 150
2012.08	127 722	40 642
2012.09	114 132	34 931
2012.10	100 780	34 774
2012.11	120 104	42 016
2012.12	118 454	41 144
2013.01	138 841	40 964
2013.02	101 705	30 824
2013.03	137 814	45 877
2013.04	147 431	40 396
2013.05	147 189	56 130
2013.06	122 313	50 127

债券现券交易成交金额
Turnover of outright transactions

单位：亿元
Unit: RMB 100 million yuan

年/月 Year/Month	银行间债券市场 Inter-bank bond market	交易所* Stock exchanges *
2011.07	62 290	100
2011.08	61 976	107
2011.09	46 071	171
2011.10	40 051	99
2011.11	54 411	102
2011.12	64 338	63
2012.01	30 850	62
2012.02	51 154	79
2012.03	66 472	89
2012.04	54 518	62
2012.05	70 698	113
2012.06	62 691	72
2012.07	69 011	90
2012.08	75 199	75
2012.09	67 099	54
2012.10	57 997	62
2012.11	72 851	74
2012.12	73 416	55
2013.01	80 027	73
2013.02	51 930	62
2013.03	84 974	70
2013.04	67 927	77
2013.05	26 892	58
2013.06	11 839	69

注：*仅包含政府债券。
Note: * Only including government bonds.

债券回购交易成交金额
Turnover of repurchasing

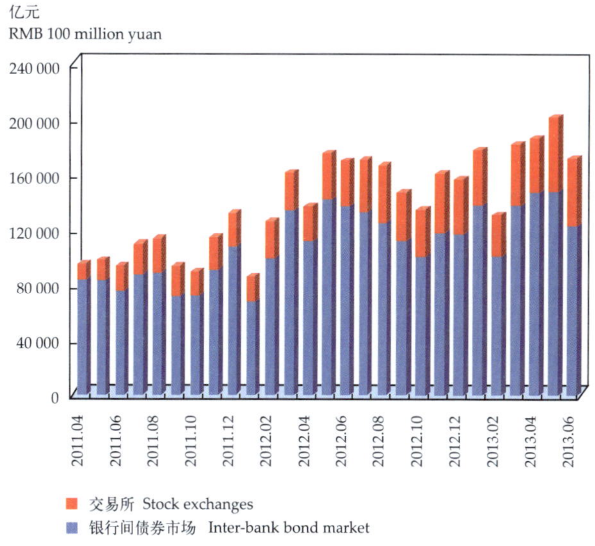

债券现券交易成交金额
Turnover of outright transactions

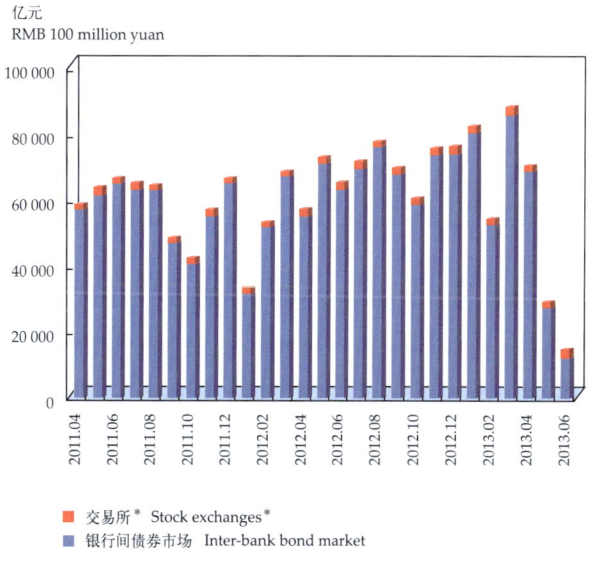

注：*仅包含政府债券。
Note: * Only including government bonds.

国债发行、兑付、期末余额
Issue and redemption values and end-period balance of government bonds

单位：亿元
Unit: RMB 100 million yuan

年/月 Year/Month	发行额 Issue value	兑付额 Redemption value	期末余额 End-period balance
2011.07	1 999	849	71 175
2011.08	2 553	1 078	72 649
2011.09	1 087	974	72 762
2011.10	1 252	783	73 232
2011.11	1 271	1 192	73 310
2011.12	560	44	73 827
2012.01	280	681	73 426
2012.02	840	642	73 624
2012.03	1 059	1 975	72 708
2012.04	1 369	2 181	71 896
2012.05	1 414	1 620	71 689
2012.06	1 858	2 799	70 749
2012.07	2 262	1 564	71 447
2012.08	2 243	4 463	69 227
2012.09	1 992	857	70 362
2012.10	1 147	464	71 045
2012.11	1 118	676	71 487
2012.12	572	66	71 994
2013.01	1 120	881	84 253
2013.02	780	1 063	84 026
2013.03	733	726	84 262
2013.04	2 231	687	85 668
2013.05	2 310	506	87 161
2013.06	1 537	995	88 092

国债发行与兑付
Issue and redemption values of government bonds

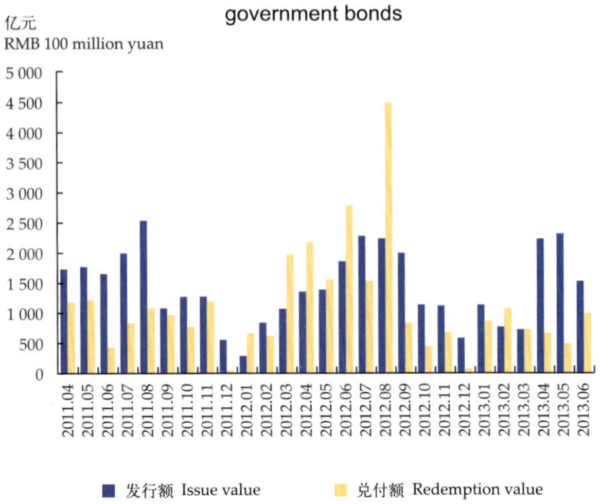

国债期末余额
Outstanding amounts of government bonds at end-period

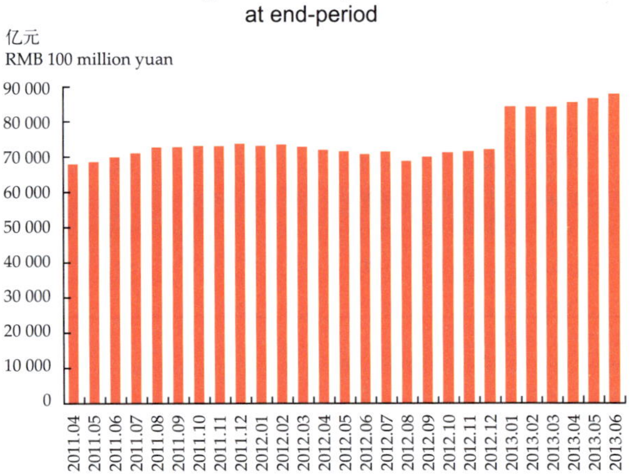

3.股票市场
(3) Stock market

股票成交、发行筹资额
Turnover of stock trading and funds raised in the stock market

年/月 Year/month	成交金额（亿元） Turnover of stock trading (RMB100 million yuan)		A股筹资（亿元） A-shares capital raised (RMB100 million yuan)					B股筹资（亿美元） B-shares capital rasied (USD100 million)	H股筹资（亿美元） H-shares capital rasied (USD100 million)	
	上海证券交易所A股 A-shares on the Shanghai stock exchange	深圳证券交易所A股 A-shares on the Shenzhen stock exchange	首次发行金额 Initial public offering	公开增发 Additional offering	定向增发（现金） Placement (Cash)	配股 Allotment	权证行权 Exercise warrant		首次发行金额 Initial public offering	再筹资金额 Refinancing
2011 1	20 198	14 365	454.1	35.1	141.7	99.7	0.0	0.0	0.0	0.0
2	21 593	15 851	242.9	1.3	19.4	6.8	0.0	0.0	0.0	0.0
3	36 920	26 190	342.6	25.3	208.7	6.1	0.0	0.0	0.0	0.0
4	27 271	18 486	259.7	6.9	270.0	113.7	0.0	0.0	0.0	7.7
5	20 431	13 530	222.9	0.0	128.4	0.0	0.0	0.0	22.5	0.0
6	18 480	12 797	204.8	0.0	111.4	3.3	0.0	0.0	8.5	24.9
7	22 994	19 063	113.6	14.6	145.3	175.6	0.0	0.0	0.0	12.8
8	19 128	17 744	260.7	21.5	240.5	0.0	29.5	0.0	0.0	0.0
9	12 099	10 155	182.2	0.0	53.5	0.0	0.0	0.0	0.0	0.0
10	11 151	9 475	212.4	0.0	31.6	0.0	0.0	0.0	18.3	0.0
11	16 285	16 198	163.0	27.4	68.5	9.0	0.0	0.0	0.0	0.0
12	10 260	9 675	166.5	0.0	245.6	7.7	0.0	0.0	18.6	0.0
2012 1	9 052	7 531	63.6	0.0	17.2	0.0	0.0	0.0	0.0	0.0
2	17 706	15 867	73.6	84.8	48.7	22.1	0.0	0.0	0.0	3.2
3	20 278	18 239	214.3	19.9	375.4	73.0	0.0	0.0	0.0	14.4
4	14 682	12 079	112.2	0.0	98.8	0.0	0.0	0.0	18.5	0.0
5	19 408	15 645	135.2	0.0	60.3	6.2	0.0	0.0	0.0	0.0
6	12 137	11 823	127.2	0.0	214.6	0.0	0.0	0.0	3.5	0.0
7	12 167	12 723	135.0	0.0	181.5	0.0	0.0	0.0	10.9	0.0
8	11 447	12 510	72.9	0.0	432.9	0.0	0.0	0.0	0.0	42.4
9	11 555	11 606	68.5	0.0	122.8	6.3	0.0	0.0	0.0	0.0
10	9 216	8 986	31.6	0.0	56.5	0.0	0.0	0.0	5.3	0.0
11	9 193	8 276	0.4	0.0	101.1	5.7	0.0	0.0	0.0	13.4
12	17 208	14 383	0.0	0.0	157.6	7.7	0.0	0.0	44.3	3.8
2013 1	22 552	20 394	0.0	10.3	452.1	18.5	0.0	0.0	0.0	0.0
2	16 243	13 875	0.0	0.0	165.0	193.5	0.0	0.0	0.0	31.3
3	20 389	18 176	0.0	0.0	159.6	48.4	0.0	0.0	0.0	5.3
4	12 848	12 799	0.0	0.0	238.4	35.7	0.0	0.0	0.0	0.0
5	20 915	23 965	0.0	7.8	262.4	0.0	0.0	0.0	28.9	0.0
6	13 290	15 115	0.0	16.4	83.6	26.4	0.0	0.0	0.0	2.1

月末加权平均市盈率
Weighted average price-earnings ratio at month-end

年/月 Year/Month	上海证券交易所A股 A-shares on the Shanghai stock exchange	上海证券交易所B股 B-shares on the Shanghai stock exchange	深圳证券交易所A股 A-shares on the Shenzhen stock exchange	深圳证券交易所B股 B-shares on the Shenzhen stock exchange
2011.07	16.1	15.7	31.4	12.4
2011.08	15.4	14.7	30.6	11.5
2011.09	14.2	13.5	27.0	9.4
2011.10	15.0	14.4	28.0	10.4
2011.11	14.2	13.1	26.8	9.7
2011.12	13.4	12.3	23.5	9.6
2012.01	14.0	12.7	23.1	10.0
2012.02	14.9	13.8	25.7	11.3
2012.03	13.9	13.2	22.6	9.6
2012.04	14.7	14.2	23.1	10.3
2012.05	12.7	11.9	23.9	9.9
2012.06	11.9	11.8	22.9	9.6
2012.07	11.3	10.7	21.3	8.7
2012.08	11.0	11.3	21.0	8.8
2012.09	11.3	11.6	21.5	8.8
2012.10	11.2	11.6	21.3	9.1
2012.11	10.7	11.5	18.9	9.4
2012.12	12.3	13.2	22.2	12.2
2013.01	13.0	14.9	23.6	15.1
2013.02	12.9	14.9	24.4	13.8
2013.03	12.2	14.2	24.1	13.8
2013.04	11.9	13.7	24.1	13.9
2013.05	11.8	12.3	27.5	14.9
2013.06	10.2	11.2	23.5	13.1

股票成交金额
Turnover of stock trading

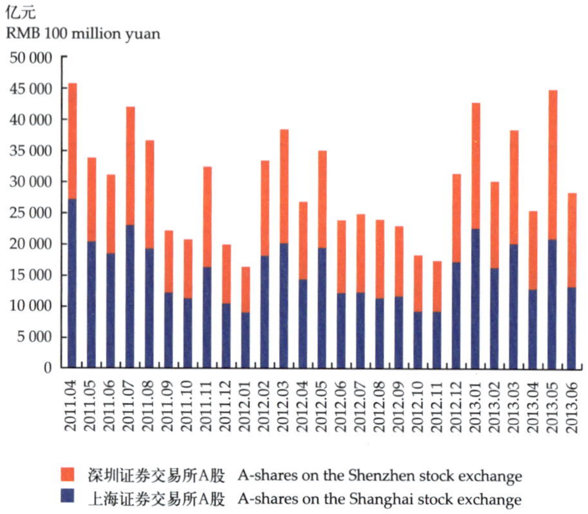

月末加权平均市盈率
Weighted average price-earnings ratio at month-end

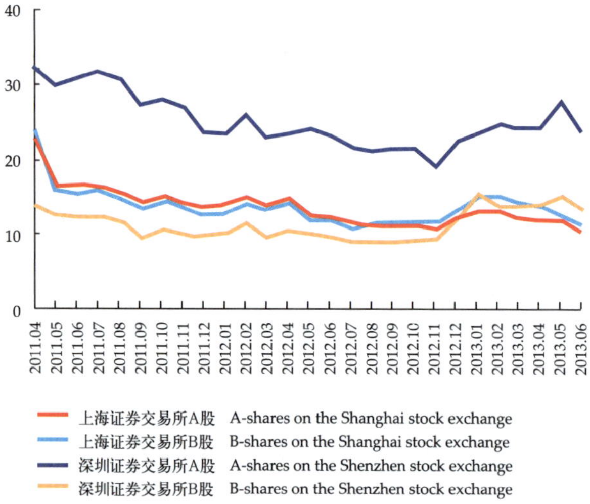

月末收盘指数
Closing index at month-end

4.票据市场
(4) Commercial paper market

票据市场交易额与期末余额
Transactions and outstanding balance of commercial paper market

单位：亿元
Unit: RMB 100 million yuan

年/月 Year/Month	商业汇票 Drafts	贴现 Discount bills	再贴现 Rediscount bills
	发生额 Transactions during the period		
2011.07	10 943	14 033	116
2011.08	11 768	14 608	116
2011.09	12 668	21 207	131
2011.10	10 824	15 600	103
2011.11	13 486	21 141	134
2011.12	14 653	31 902	174
2012.01	10 946	12 481	109
2012.02	12 211	17 143	144
2012.03	17 060	27 288	254
2012.04	13 645	22 632	163
2012.05	26 553	29 828	198
2012.06	7 388	31 360	215
2012.07	13 270	22 458	175
2012.08	13 532	27 826	249
2012.09	16 877	33 654	233
2012.10	12 454	25 941	151
2012.11	17 084	31 292	164
2012.12	17 855	34 508	276
2013.01	22 362	31 346	217
2013.02	11 454	22 159	179
2013.03	20 506	41 691	241
2013.04	16 417	35 659	272
2013.05	18 754	55 447	261
2013.06	17 444	37 239	319
期末余额	Outstanding balance at the end of the period		
2011.07	64 808	12 703	746
2011.08	69 620	14 301	705
2011.09	65 307	14 001	608
2011.10	64 150	13 425	504
2011.11	65 704	14 600	438
2011.12	66 565	15 120	445
2012.01	68 130	15 194	437
2012.02	70 826	16 304	454
2012.03	72 242	17 700	602
2012.04	74 868	20 107	611
2012.05	77 369	22 427	655
2012.06	81 153	22 766	702
2012.07	82 534	24 279	723
2012.08	82 936	25 599	760
2012.09	84 076	23 437	782
2012.10	82 626	22 705	785
2012.11	82 608	22 336	761
2012.12	83 452	20 426	760
2013.01	84 588	20 155	761
2013.02	87 129	20 336	746
2013.03	92 425	21 520	813
2013.04	94 127	23 207	865
2013.05	94 428	24 045	935
2013.06	91 557	23 283	1 034

商业汇票交易情况
Draft transactions

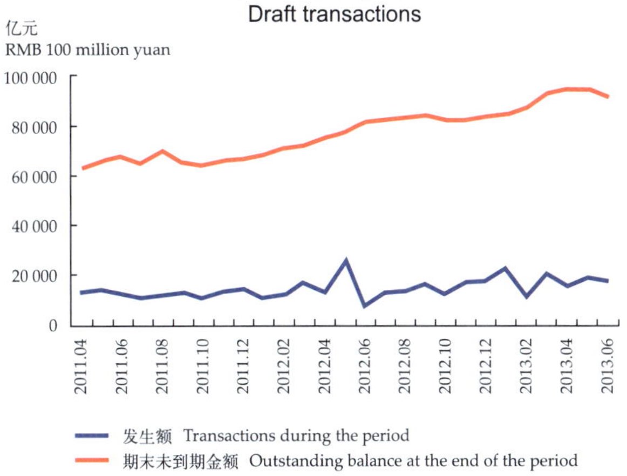

贴现情况
Discount bills

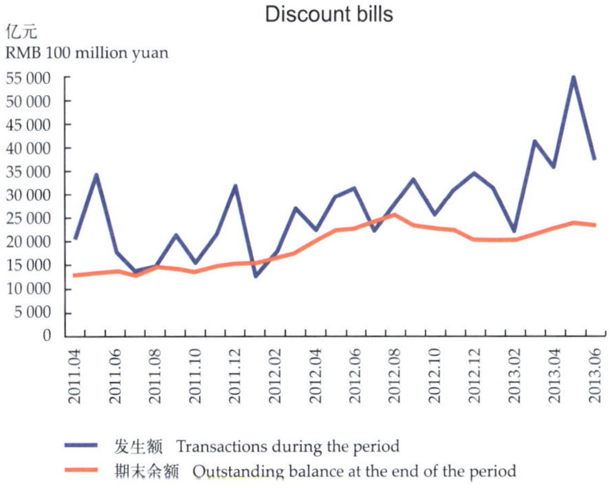

再贴现情况
Rediscount bills

5.外汇市场
(5) Foreign exchange market

世界主要货币兑人民币月平均汇率
Monthly average exchange rate of the RMB against major foreign currencies

年/月 Year/Month	人民币/美元 RMB/USD	人民币/欧元 RMB/EUR	人民币/100日元 RMB/100JPY	人民币/港元 RMB/HKD	卢布/人民币 RUB/RMB
2011.07	6.4614	9.2385	8.1321	0.8296	4.3214
2011.08	6.4090	9.1876	8.3075	0.8219	4.4873
2011.09	6.3833	8.8010	8.3100	0.8189	4.7952
2011.10	6.3566	8.7809	8.2999	0.8174	4.8668
2011.11	6.3408	8.6018	8.1736	0.8148	4.8599
2011.12	6.3218	8.3347	8.1261	0.8136	4.9686
2012.01	6.3168	8.1178	8.2213	0.8135	4.9912
2012.02	6.3000	8.3312	8.0409	0.8124	4.7300
2012.03	6.3081	8.3369	7.6487	0.8127	4.6483
2012.04	6.2966	8.2703	7.7408	0.8112	4.6838
2012.05	6.3062	8.0715	7.9047	0.8122	4.8841
2012.06	6.3178	7.9210	7.9733	0.8142	5.1825
2012.07	6.3235	7.7785	8.0038	0.8153	5.1289
2012.08	6.3404	7.8565	8.0567	0.8175	5.0339
2012.09	6.3395	8.1497	8.1083	0.8175	4.9639
2012.10	6.3144	8.1938	7.9681	0.8146	4.9520
2012.11	6.2953	8.0789	7.7618	0.8122	5.0152
2012.12	6.2900	8.2463	7.4973	0.8112	4.9137
2013.01	6.2787	8.3466	7.0278	0.8098	4.8467
2013.02	6.2842	8.3911	6.7348	0.8103	4.8375
2013.03	6.2743	8.1326	6.6062	0.8086	4.9375
2013.04	6.2471	8.1325	6.3673	0.8047	5.0441
2013.05	6.1970	8.0402	6.1261	0.7984	5.0870
2013.06	6.1718	8.1382	6.3292	0.7953	5.2555

世界主要货币兑人民币期末汇率
Exchange rate of the RMB against major foreign currencies at the end of the period

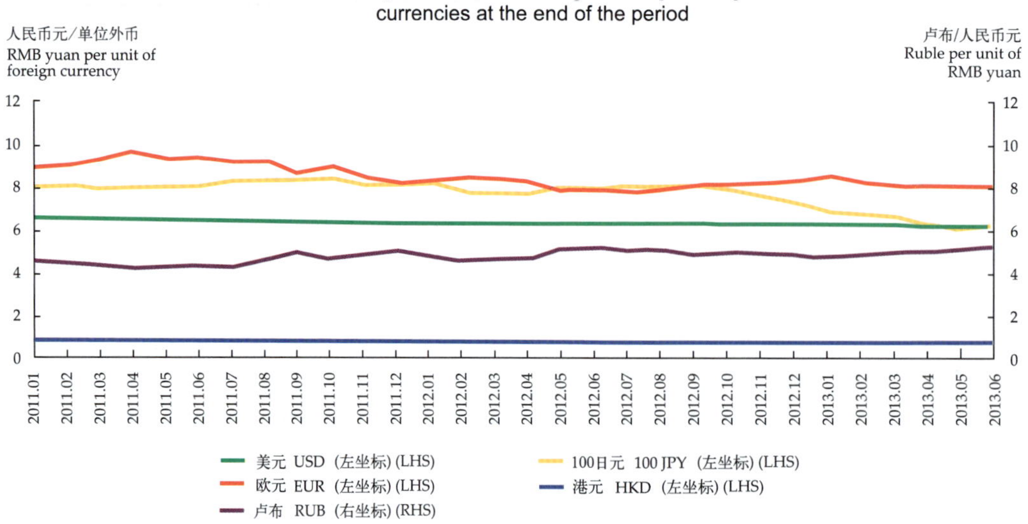

人民币/美元中间价
Central parity of the RMB against the USD
2005年7月21日至2013年6月28日
From July 21, 2005 to June 28, 2013

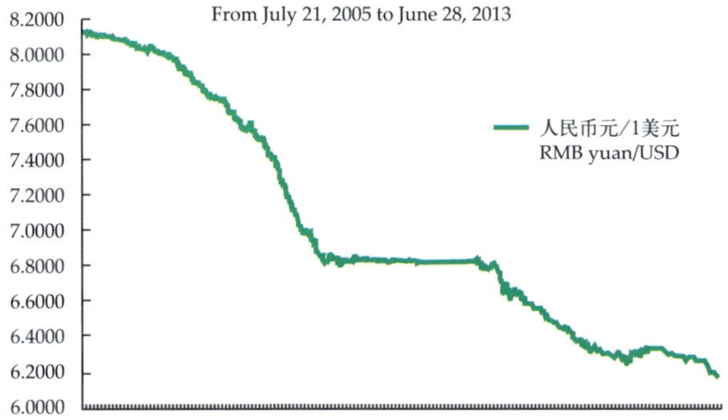

人民币/美元中间价
Central parity of the RMB against the JPY
2005年7月21日至2013年6月28日
From July 21, 2005 to June 28, 2013

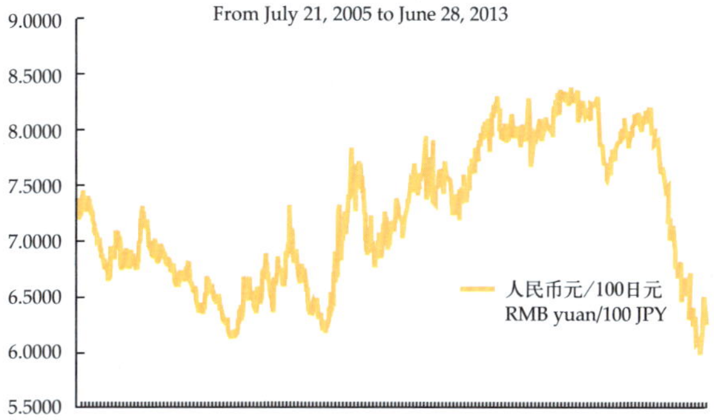

人民币/欧元中间价
Central parity of the RMB against the EUR
2005年7月21日至2013年6月28日
From July 21, 2005 to June 28, 2013

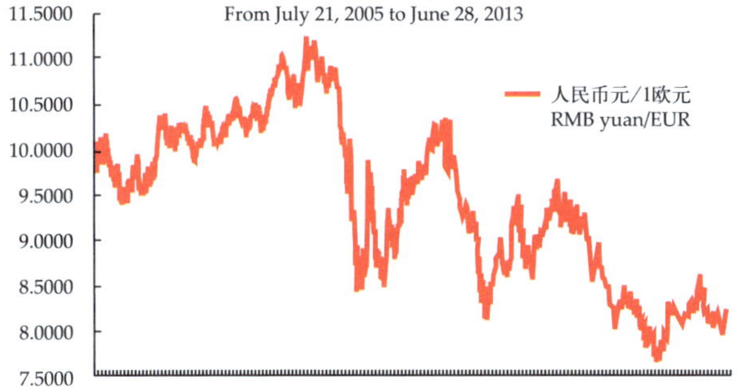

人民币/港元中间价
Central parity of the RMB against the HKD
2005年7月21日至2013年6月28日
From July 21, 2005 to June 28, 2013

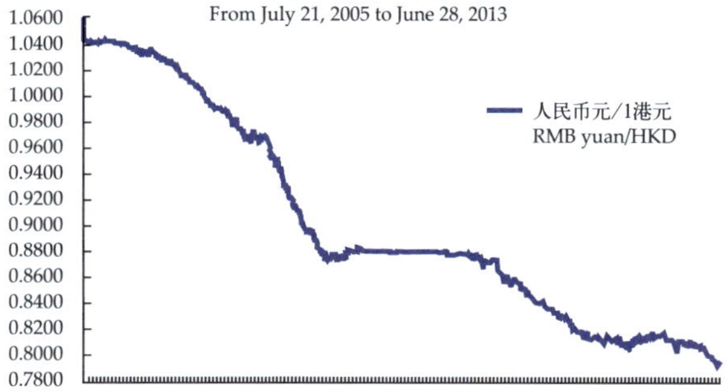

卢布/人民币中间价
Central parity of the RUB against the RMB
2010年11月22日至2013年6月28日
From November 22, 2010 to June 28, 2013

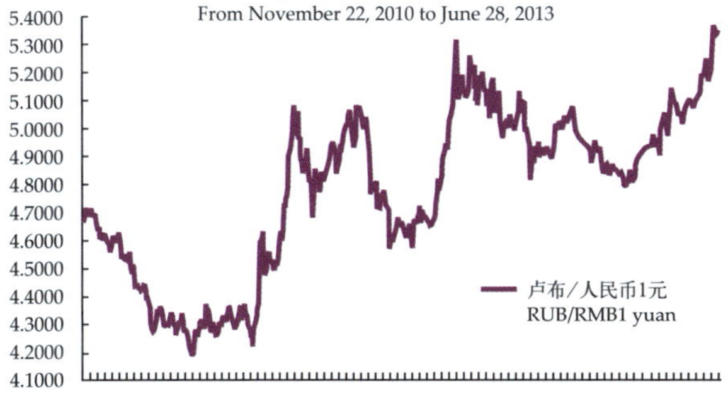

2013年1月4日以来人民币汇率中间价

Central parity of RMB against major foreign currencies
Since January 4, 2013

日期 Date	人民币/美元 RMB/USD	人民币/欧元 RMB/EUR	人民币/100日元 RMB/100JPY	人民币/港元 RMB/HKD	卢布/人民币 RUB/RMB
2013.01.04	6.2897	8.1983	7.1769	0.81145	4.8498
2013.01.07	6.2872	8.2017	7.1235	0.81114	4.8662
2013.01.08	6.2804	8.2377	7.1702	0.81025	4.8672
2013.01.09	6.2814	8.2088	7.1985	0.81036	4.8606
2013.01.10	6.2793	8.1995	7.1150	0.81004	4.8570
2013.01.11	6.2712	8.3187	7.0425	0.80904	4.8364
2013.01.14	6.2695	8.3773	6.9928	0.80871	4.8624
2013.01.15	6.2691	8.3893	6.9876	0.80864	4.8499
2013.01.16	6.2745	8.3467	7.0592	0.80934	4.8655
2013.01.17	6.2767	8.3496	7.1280	0.80964	4.8637
2013.01.18	6.2752	8.3903	6.9657	0.80944	4.8454
2013.01.21	6.2790	8.3536	6.9672	0.80991	4.8590
2013.01.22	6.2796	8.3550	6.9853	0.80991	4.8522
2013.01.23	6.2762	8.3571	7.0680	0.80948	4.8488
2013.01.24	6.2783	8.3527	7.0698	0.80978	4.8401
2013.01.25	6.2805	8.3951	6.9214	0.81005	4.8237
2013.01.28	6.2818	8.4553	6.8796	0.81007	4.8296
2013.01.29	6.2851	8.4528	6.9197	0.81020	4.8373
2013.01.30	6.2806	8.4722	6.9055	0.80952	4.8004
2013.01.31	6.2795	8.5197	6.8802	0.80941	4.8179
2013.02.01	6.2819	8.5509	6.8282	0.81011	4.8121
2013.02.04	6.2860	8.5772	6.7630	0.81043	4.7889
2013.02.05	6.2850	8.4813	6.7941	0.81048	4.8132
2013.02.06	6.2881	8.5421	6.7038	0.81094	4.7987
2013.02.07	6.2898	8.4985	6.7120	0.81120	4.8074
2013.02.08	6.2793	8.4108	6.7024	0.80962	4.8383
2013.02.18	6.2816	8.3797	6.6791	0.81005	4.8247
2013.02.19	6.2821	8.3831	6.6836	0.81011	4.8198
2013.02.20	6.2804	8.4248	6.6927	0.80991	4.8095
2013.02.21	6.2846	8.3488	6.6888	0.81041	4.8353
2013.02.22	6.2871	8.2924	6.7275	0.81065	4.8716
2013.02.25	6.2892	8.2939	6.6714	0.81080	4.8637
2013.02.26	6.2856	8.2231	6.7760	0.81036	4.8878
2013.02.27	6.2842	8.2053	6.8104	0.80996	4.9021
2013.02.28	6.2779	8.2551	6.7884	0.80934	4.8887
2013.03.01	6.2798	8.2049	6.7509	0.80972	4.9070
2013.03.04	6.2822	8.1728	6.6989	0.81009	4.9159
2013.03.05	6.2797	8.1806	6.7096	0.80968	4.9246
2013.03.06	6.2745	8.1917	6.7163	0.80900	4.9092
2013.03.07	6.2785	8.1479	6.6642	0.80948	4.9310
2013.03.08	6.2719	8.2165	6.6029	0.80857	4.9150
2013.03.11	6.2769	8.1540	6.5175	0.80923	4.9386
2013.03.12	6.2746	8.1761	6.4838	0.80890	4.9281
2013.03.13	6.2726	8.1723	6.5283	0.80863	4.9239
2013.03.14	6.2752	8.1361	6.5259	0.80884	4.9429
2013.03.15	6.2723	8.1571	6.5117	0.80852	4.9343
2013.03.18	6.2741	8.0989	6.6002	0.80845	4.9322
2013.03.19	6.2758	8.1312	6.5582	0.80859	4.9436
2013.03.20	6.2716	8.0725	6.5962	0.80805	4.9708
2013.03.21	6.2731	8.1139	6.5298	0.80815	4.9541
2013.03.22	6.2711	8.0963	6.5888	0.80783	4.9638
2013.03.25	6.2692	8.1703	6.5955	0.80760	4.9399
2013.03.26	6.2715	8.0655	6.6539	0.80799	4.9651
2013.03.27	6.2727	8.0698	6.6163	0.80841	4.9558
2013.03.28	6.2742	8.0184	6.6334	0.80824	4.9022
2013.03.29	6.2689	8.0383	6.6486	0.80757	4.9904
2013.04.01	6.2674	8.0166	6.6336	0.80734	4.9884
2013.04.02	6.2586	8.0529	6.7192	0.80622	4.9894
2013.04.03	6.2609	8.0218	6.6802	0.80659	5.0376
2013.04.08	6.2650	8.1379	6.3449	0.80688	5.0639
2013.04.09	6.2639	8.1800	6.2949	0.80683	5.0138
2013.04.10	6.2548	8.1816	6.3023	0.80574	4.9908
2013.04.11	6.2578	8.1667	6.2647	0.80621	4.9736
2013.04.12	6.2506	8.1948	6.2615	0.80533	4.9714
2013.04.15	6.2454	8.1837	6.3303	0.80462	5.0037
2013.04.16	6.2408	8.1414	6.4372	0.80399	5.0707
2013.04.17	6.2342	8.2145	6.3557	0.80316	5.0466
2013.04.18	6.2416	8.1356	6.3574	0.80402	5.1436
2013.04.19	6.2395	8.1444	6.3355	0.80367	5.0945
2013.04.22	6.2415	8.1530	6.2437	0.80390	5.1017
2013.04.23	6.2360	8.1439	6.2782	0.80320	5.0923
2013.04.24	6.2384	8.1109	6.2513	0.80347	5.1007
2013.04.25	6.2300	8.1143	6.2536	0.80240	5.0786
2013.04.26	6.2208	8.0917	6.2675	0.80119	5.0329
2013.05.02	6.2082	8.1784	6.3807	0.80005	5.0638
2013.05.03	6.2152	8.1233	6.3337	0.80095	5.0638
2013.05.06	6.2114	8.1556	6.2685	0.80055	5.0393
2013.05.07	6.2083	8.1183	6.2543	0.80005	5.0139
2013.05.08	6.1980	8.1054	6.2634	0.79859	5.0341
2013.05.09	6.1925	8.1496	6.2507	0.79806	5.0518
2013.05.10	6.2016	8.0767	6.1408	0.79918	5.0656
2013.05.13	6.2072	8.0473	6.0793	0.79982	5.0955
2013.05.14	6.2035	8.0745	6.0944	0.79930	5.0916
2013.05.15	6.2070	8.0315	6.0632	0.79970	5.0896
2013.05.16	6.2096	8.0017	6.0640	0.80002	5.1020
2013.05.17	6.1997	7.9871	6.0534	0.79855	5.1022
2013.05.20	6.1998	7.9528	6.0212	0.79861	5.1044
2013.05.21	6.1911	7.9726	6.0363	0.79754	5.0788
2013.05.22	6.1904	8.0042	6.0243	0.79763	5.0657
2013.05.23	6.1947	7.9484	5.9797	0.79811	5.0977
2013.05.24	6.1867	7.9907	6.0378	0.79694	5.1073
2013.05.27	6.1811	7.9866	6.1169	0.79619	5.0960
2013.05.28	6.1818	7.9693	6.0765	0.79627	5.1094
2013.05.29	6.1856	7.9516	6.0365	0.79667	5.1295
2013.05.30	6.1820	7.9973	6.0982	0.79626	5.1449
2013.05.31	6.1796	8.0622	6.0997	0.79599	5.1662
2013.06.03	6.1806	8.0363	6.1434	0.79614	5.1862
2013.06.04	6.1735	8.0728	6.1935	0.79529	5.1759
2013.06.05	6.1757	8.0707	6.1494	0.79572	5.1999
2013.06.06	6.1737	8.0752	6.2099	0.79555	5.2372
2013.06.07	6.1620	8.1588	6.3246	0.79381	5.2341
2013.06.13	6.1612	8.2304	6.4521	0.79347	5.2487
2013.06.14	6.1607	8.2319	6.4781	0.79345	5.2036
2013.06.17	6.1598	8.2166	6.5060	0.79371	5.1655
2013.06.18	6.1651	8.2390	6.4927	0.79454	5.1763
2013.06.19	6.1677	8.2626	6.4470	0.79493	5.2087
2013.06.20	6.1698	8.2015	6.4005	0.79530	5.2633
2013.06.21	6.1766	8.1639	6.3380	0.79645	5.3637
2013.06.24	6.1807	8.1010	6.2741	0.79671	5.3356
2013.06.25	6.1767	8.1060	6.3147	0.79614	5.3304
2013.06.26	6.1779	8.0829	6.2924	0.79639	5.3331
2013.06.27	6.1797	8.0457	6.3188	0.79652	5.3515
2013.06.28	6.1787	8.0536	6.2607	0.79655	5.3294

九、中央银行公开市场业务
9. Central Bank Open Market Operations

中央银行公开市场业务交易
Central bank open market operations

日期 Date		操作工具 Mode of transaction	招标方式 Mode of bidding	期限品种(天) Maturity (Day)	招标数量(亿元) Bidding amount (RMB 100 million yuan)	操作量／买入面额(亿元) Transaction volume/ Purchasing face value (RMB 100 million yuan)	发行价格(元)／买入金额(亿元) Issue price (RMB yuan)/ purchasing amount (RMB 100 million yuan)	中标利率／参考收益率(%) Interest rate of successful bidding/ reference yield (%)
2013.01.05	周六 Saturday	逆回购 Repurchase	利率招标 Interest rate bidding	5天 5-day	900	900	—	3.30
2013.01.08	周二 Tuesday	逆回购 Repurchase	利率招标 Interest rate bidding	7天 7-day	200	200	—	3.35
2013.01.08	周二 Tuesday	逆回购 Repurchase	利率招标 Interest rate bidding	28天 28-day	180	180	—	3.60
2013.01.10	周四 Thursday	逆回购 Repurchase	利率招标 Interest rate bidding	7天 7-day	150	150	—	3.35
2013.01.10	周四 Thursday	逆回购 Repurchase	利率招标 Interest rate bidding	14天 14-day	400	400	—	3.45
2013.01.15	周二 Tuesday	逆回购 Repurchase	利率招标 Interest rate bidding	14天 14-day	100	100	—	3.45
2013.01.17	周四 Thursday	逆回购 Repurchase	利率招标 Interest rate bidding	14天 14-day	100	100	—	3.45
2013.01.22	周二 Tuesday	逆回购 Repurchase	利率招标 Interest rate bidding	7天 7-day	430	430	—	3.35
2013.01.24	周四 Thursday	逆回购 Repurchase	利率招标 Interest rate bidding	7天 7-day	580	580	—	3.35
2013.01.29	周二 Tuesday	逆回购 Repurchase	利率招标 Interest rate bidding	7天 7-day	800	800	—	3.35
2013.01.31	周四 Thursday	逆回购 Repurchase	利率招标 Interest rate bidding	7天 7-day	1 000	1 000	—	3.35
2013.02.05	周二 Tuesday	逆回购 Repurchase	利率招标 Interest rate bidding	14天 14-day	4 500	4 500	—	3.45
2013.02.07	周四 Thursday	逆回购 Repurchase	利率招标 Interest rate bidding	14天 14-day	4 100	4 100	—	3.45
2013.02.19	周二 Tuesday	正回购 Reverse repurchase	利率招标 Interest rate bidding	28天 28-day	300	300	—	2.75
2013.02.21	周四 Thursday	正回购 Reverse repurchase	利率招标 Interest rate bidding	28天 28-day	100	100	—	2.75
2013.02.21	周四 Thursday	正回购 Reverse repurchase	利率招标 Interest rate bidding	91天 91-day	100	100	—	3.05

中央银行公开市场业务交易
Central bank open market operations

续表

日期 Date		操作工具 Mode of transaction	招标方式 Mode of bidding	期限品种(天) Maturity (Day)	招标数量(亿元) Bidding amount (RMB 100 million yuan)	操作量/买入面额(亿元) Transaction volume/ Purchasing face value (RMB 100 million yuan)	发行价格(元)/买入金额(亿元) Issue price (RMB yuan)/ purchasing amount (RMB 100 million yuan)	中标利率/参考收益率(%) Interest rate of successful bidding/ reference yield (%)
2013.02.26	周二 Tuesday	正回购 Reverse repurchase	利率招标 Interest rate bidding	28天 28-day	50	50	—	2.75
2013.03.07	周四 Thursday	正回购 Reverse repurchase	利率招标 Interest rate bidding	28天 28-day	50	50	—	2.75
2013.03.12	周二 Tuesday	正回购 Reverse repurchase	利率招标 Interest rate bidding	28天 28-day	260	260	—	2.75
2013.03.14	周四 Thursday	正回购 Reverse repurchase	利率招标 Interest rate bidding	28天 28-day	180	180	—	2.75
2013.03.19	周二 Tuesday	正回购 Reverse repurchase	利率招标 Interest rate bidding	28天 28-day	390	390	—	2.75
2013.03.21	周四 Thursday	正回购 Reverse repurchase	利率招标 Interest rate bidding	28天 28-day	480	480	—	2.75
2013.03.26	周二 Tuesday	正回购 Reverse repurchase	利率招标 Interest rate bidding	28天 28-day	320	320	—	2.75
2013.03.28	周四 Thursday	正回购 Reverse repurchase	利率招标 Interest rate bidding	28天 28-day	300	300	—	2.75
2013.04.02	周二 Tuesday	正回购 Reverse repurchase	利率招标 Interest rate bidding	28天 28-day	300	300	—	2.75
2013.04.09	周二 Tuesday	正回购 Reverse repurchase	利率招标 Interest rate bidding	28天 28-day	300	300	—	2.75
2013.04.11	周四 Thursday	正回购 Reverse repurchase	利率招标 Interest rate bidding	28天 28-day	460	460	—	2.75
2013.04.16	周二 Tuesday	正回购 Reverse repurchase	利率招标 Interest rate bidding	28天 28-day	580	580	—	2.75
2013.04.18	周四 Thursday	正回购 Reverse repurchase	利率招标 Interest rate bidding	28天 28-day	430	430	—	2.75
2013.04.23	周二 Tuesday	正回购 Reverse repurchase	利率招标 Interest rate bidding	28天 28-day	100	100	—	2.75
2013.04.25	周四 Thursday	正回购 Reverse repurchase	利率招标 Interest rate bidding	28天 28-day	180	180	—	2.75
2013.05.02	周四 Thursday	正回购 Reverse repurchase	利率招标 Interest rate bidding	28天 28-day	300	300	—	2.75
2013.05.07	周二 Tuesday	正回购 Reverse repurchase	利率招标 Interest rate bidding	28天 28-day	550	550	—	2.75
2013.05.09	周四 Thursday	中央银行票据 Central bank bills	价格招标 Price bidding	91天 91-day	100	100	99.28	2.9089
2013.05.09	周四 Thursday	正回购 Reverse repurchase	利率招标 Interest rate bidding	28天 28-day	370	370	—	2.75

中央银行公开市场业务交易
Central bank open market operations

续表

日期 Date		操作工具 Mode of transaction	招标方式 Mode of bidding	期限品种(天) Maturity (Day)	招标数量(亿元) Bidding amount (RMB 100 million yuan)	操作量/买入面额(亿元) Transaction volume/Purchasing face value (RMB 100 million yuan)	发行价格(元)/买入金额(亿元) Issue price (RMB yuan)/purchasing amount (RMB 100 million yuan)	中标利率/参考收益率(%) Interest rate of successful bidding/reference yield (%)
2013.05.14	周二 Tuesday	中央银行票据 Central bank bills	价格招标 Price bidding	91天 91-day	270	270	99.28	2.9089
2013.05.14	周二 Tuesday	正回购 Reverse repurchase	利率招标 Interest rate bidding	28天 28-day	520	520	—	2.75
2013.05.16	周四 Thursday	中央银行票据 Central bank bills	价格招标 Price bidding	91天 91-day	170	170	99.28	2.9089
2013.05.16	周四 Thursday	正回购 Reverse repurchase	利率招标 Interest rate bidding	28天 28-day	400	400	—	2.75
2013.05.21	周二 Tuesday	中央银行票据 Central bank bills	价格招标 Price bidding	91天 91-day	100	100	99.28	2.9089
2013.05.21	周二 Tuesday	正回购 Reverse repurchase	利率招标 Interest rate bidding	28天 28-day	90	90	—	2.75
2013.05.23	周四 Thursday	中央银行票据 Central bank bills	价格招标 Price bidding	91天 91-day	60	60	99.28	2.9089
2013.05.23	周四 Thursday	正回购 Reverse repurchase	利率招标 Interest rate bidding	28天 28-day	50	50	—	2.75
2013.05.28	周二 Tuesday	中央银行票据 Central bank bills	价格招标 Price bidding	91天 91-day	70	70	99.28	2.9089
2013.05.28	周二 Tuesday	正回购 Reverse repurchase	利率招标 Interest rate bidding	28天 28-day	120	120	—	2.75
2013.05.30	周四 Thursday	中央银行票据 Central bank bills	价格招标 Price bidding	91天 91-day	150	150	99.28	2.9089
2013.05.30	周四 Thursday	正回购 Reverse repurchase	利率招标 Interest rate bidding	28天 28-day	130	130	—	2.75
2013.06.04	周二 Tuesday	中央银行票据 Central bank bills	价格招标 Price bidding	91天 91-day	70	70	99.28	2.9089
2013.06.04	周二 Tuesday	正回购 Reverse repurchase	利率招标 Interest rate bidding	28天 28-day	140	140	—	2.75
2013.06.06	周四 Thursday	中央银行票据 Central bank bills	价格招标 Price bidding	91天 91-day	110	110	99.28	2.9089
2013.06.06	周四 Thursday	正回购 Reverse repurchase	利率招标 Interest rate bidding	28天 28-day	100	100	—	2.75
2013.06.18	周二 Tuesday	中央银行票据 Central bank bills	价格招标 Price bidding	91天 91-day	20	20	99.28	2.9089
2013.06.20	周四 Thursday	中央银行票据 Central bank bills	价格招标 Price bidding	91天 91-day	20	20	99.28	2.9089

附录四 世界主要经济体经济和金融指标

Appendix 4 Economic and Financial Indicators of Major Economies

一、经济增长率

1. Economic Growth Rate

世界经济增长率

World economic growth rate

单位：% Unit: %

		2010	2011	2012	2013年4月预计 Projection in April, 2013		2013年6月预计 Projection in June, 2013	
					2013	2014	2013	2014
国际货币基金组织 IMF	按购买力平价方法计算的实际GDP增长率 Real GDP growth rate based on PPP	5.1	3.9	3.1	3.3	4.0	3.1	3.8
	按市场汇率法计算的实际GDP增长率 Real GDP growth rate based on market exchange rate	4.1	2.9	2.4	2.6	3.4	2.4	3.2
世界银行 World Bank	按2005年不变价及市场汇率法计算的实际GDP增长率 Real GDP growth rate based on 2005 constant price and market exchange rate	4.1	2.8	2.3	—	—	2.2	3.0

数据来源：国际货币基金组织《世界经济展望更新》（2013年7月），世界银行《全球经济展望》（2013年6月）。
Source: *World Economic Outlook Update*, IMF, July, 2013; *Global Economic Prospects Forecast*, The World Bank, June, 2013.

世界经济增长率

World economic growth rate

单位：% Unit: %

年 Year	国际货币基金组织按购买力平价方法计算的实际GDP增长率 Real GDP growth rate based on PPP (IMF)	国际货币基金组织按市场汇率法计算的实际GDP增长率 Real GDP growth rate based on market exchange rate (IMF)
1985	3.6	3.6
1986	3.5	3.3
1987	3.7	3.5
1988	4.5	4.5
1989	3.7	3.7
1990	2.9	2.8
1991	1.5	1.0
1992	2.0	1.2
1993	2.0	1.2
1994	3.4	3.0
1995	3.3	2.9
1996	3.7	3.2
1997	4.0	3.5
1998	2.5	2.1
1999	3.5	3.1
2000	4.7	4.1
2001	2.2	1.5
2002	2.8	1.9
2003	3.6	2.6
2004	4.9	4.0
2005	4.4	3.4
2006	5.1	3.9
2007	5.2	3.7
2008	3.0	1.8
2009	-0.7	-2.3
2010	5.1	4.1
2011	3.9	2.9
2012	3.1	2.4
2013*	3.1	2.4
2014*	3.8	3.2

注：＊为预测数。

Note: * Projection.

世界经济增长

World economic growth

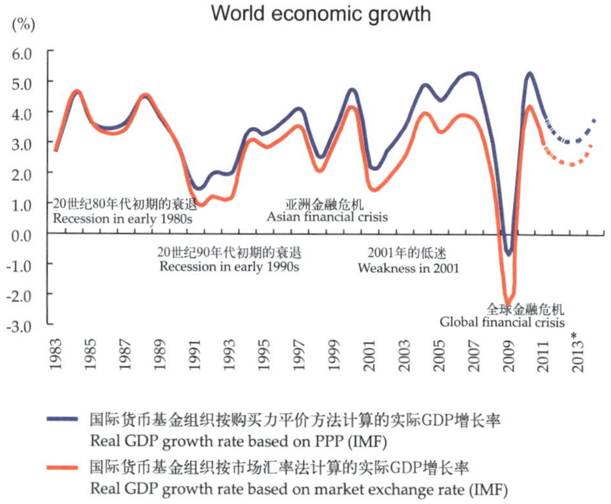

注：＊为预测数。

Note: * Projection.

GDP年度增长率
Annual growth rate of GDP

单位：% Unit: %

年 Year	美国 U.S.	日本 Japan	欧元区 Euro Area	英国 U.K.
2001	0.8	0.2	1.9	2.4
2002	1.6	0.3	0.9	2.1
2003	2.5	1.4	0.8	2.8
2004	3.6	2.7	2.1	3.3
2005	2.9	1.9	1.6	1.8
2006	2.8	2.4	2.8	2.8
2007	2.1	2.3	2.7	2.6
2008	0.0	-1.2	0.5	-0.1
2009	-3.5	-6.3	-4.3	-4.9
2010	2.4	4.5	2.0	1.8
2011	1.8	-0.6	1.5	1.0
2012	2.2	1.9	-0.6	0.3
2013*	1.7	2.0	-0.6	0.9
2014*	2.7	1.2	0.9	1.5

注：*为预测数。
Note: *Projection.

GDP季度同比增长率
Year-on-year growth rate of GDP

单位：% Unit: %

年/季 Year/Quarter	美国 U.S.	日本 Japan	欧元区 Euro Area	英国 U.K.
2009Q3	1.3	-5.6	-4.0	-5.0
2009Q4	3.9	-0.5	-2.0	-2.5
2010Q1	1.6	4.9	0.8	0.5
2010Q2	3.9	4.4	2.0	2.0
2010Q3	2.8	6.0	2.0	2.4
2010Q4	2.8	3.3	1.9	1.8
2011Q1	-1.3	0.0	2.4	1.7
2011Q2	3.2	-1.5	1.7	0.8
2011Q3	1.4	-0.6	1.3	1.0
2011Q4	4.9	-0.2	0.7	1.1
2012Q1	3.7	3.4	0.0	0.6
2012Q2	1.2	3.8	-0.4	0.0
2012Q3	2.8	0.3	-0.6	0.1
2012Q4	0.1	0.4	-0.9	0.0
2013Q1	1.1	0.3	-1.0	0.3
2013Q2	2.5	1.2	-0.5	1.5

GDP年度增长率
Annual growth rate of GDP

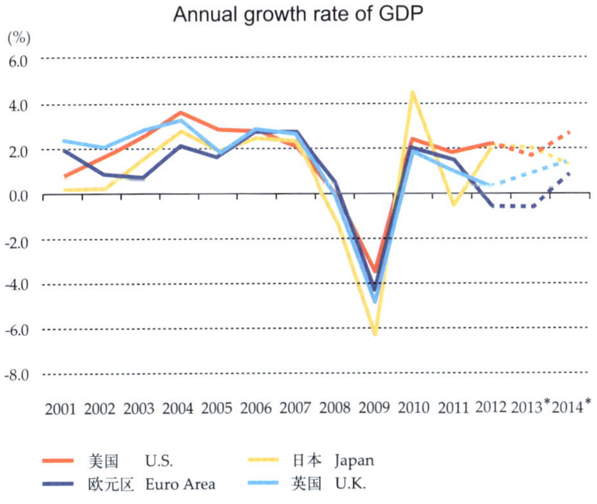

注：*为预测数。
Note: * Projection.
数据来源：国际货币基金组织《世界经济展望》(2013年4月)。
Source: *World Economic Outlook*, IMF, April, 2013.

GDP季度同比增长率
Year-on-year growth rate of GDP

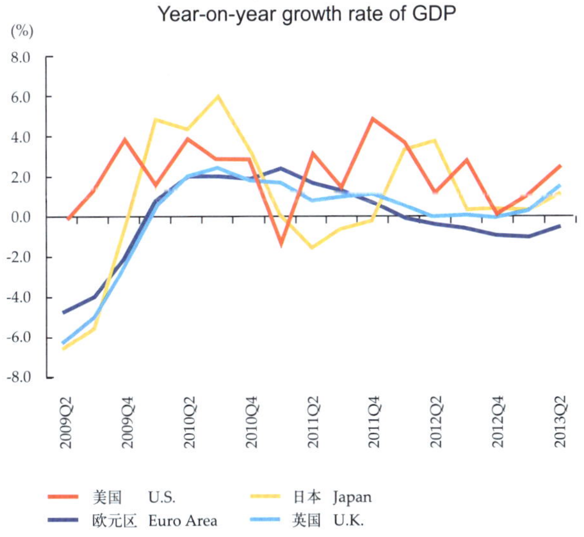

注：美国GDP增长率为环比折年率季节调整后的数据，折年率方法为 $[(GDP_1/GDP_0)^4-1]x100$。
Note: The U.S. GDP growth rate is an annualized rate after a seasonal adjustment. It can be written as $[(GDP_1/GDP_0)^4-1]x100$.
数据来源：各经济体官方统计网站。
Source: Official Statistical Websites of the Economies.

二、消费价格指数
2. CPI

消费价格当月同比指数
Monthly CPI (YOY)

单位：% Unit: %

年/月 Year/Month	美国 U.S.	日本 Japan	欧元区 Euro Area	英国 U.K.
2012.04	2.3	0.4	2.6	3.0
2012.05	1.7	0.2	2.4	2.8
2012.06	1.7	-0.2	2.4	2.4
2012.07	1.4	-0.4	2.4	2.6
2012.08	1.7	-0.4	2.6	2.5
2012.09	2.0	-0.3	2.6	2.2
2012.10	2.2	-0.4	2.5	2.7
2012.11	1.8	-0.2	2.2	2.7
2012.12	1.8	-0.1	2.2	2.7
2013.01	1.6	-0.3	2.0	2.7
2013.02	2.0	-0.7	1.8	2.8
2013.03	1.5	-0.9	1.7	2.8
2013.04	1.1	-0.7	1.2	2.4
2013.05	1.4	-0.3	1.4	2.7
2013.06	1.8	0.2	1.6	2.9

数据来源：各经济体官方统计网站。
Source: Official Statistical Websites of the Economies.

三、失业率
3. Unemployment Rate

失业率（季节调整后）
Unemployment rate
(after seasonal adjustment)

单位：% Unit: %

年/月 Year/Month	美国 U.S.	日本 Japan	欧元区 Euro Area	英国 U.K.
2012.04	8.1	4.5	11.2	8.0
2012.05	8.2	4.4	11.3	8.0
2012.06	8.2	4.3	11.4	8.0
2012.07	8.3	4.3	11.4	7.8
2012.08	8.1	4.2	11.5	7.8
2012.09	7.8	4.3	11.6	7.8
2012.10	7.9	4.2	11.7	7.8
2012.11	7.8	4.2	11.8	7.8
2012.12	7.8	4.3	11.8	7.8
2013.01	7.9	4.2	12.0	7.8
2013.02	7.7	4.3	12.0	7.8
2013.03	7.6	4.1	12.1	7.8
2013.04	7.5	4.1	12.1	7.8
2013.05	7.6	4.1	12.1	7.8
2013.06	7.6	3.9	12.1	7.8

数据来源：各经济体官方统计网站。
Source: Official Statistical Websites of the Economies.

消费价格当月同比指数
Monthly CPI (YOY)

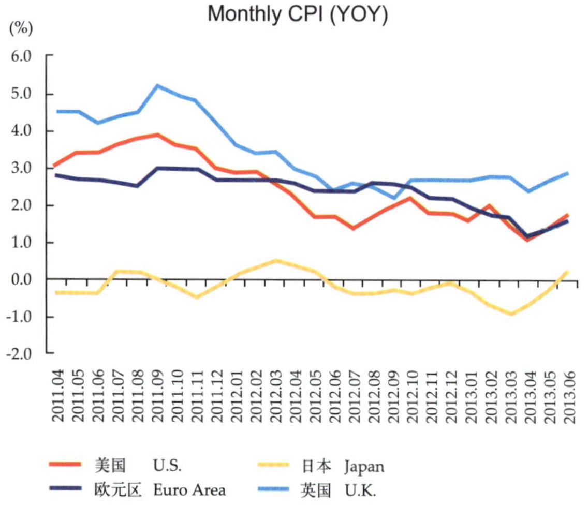

数据来源：各经济体官方统计网站。
Source: Official Statistical Websites of the Economies.

失业率（季节调整后）
Unemployment rate
(after seasonal adjustment)

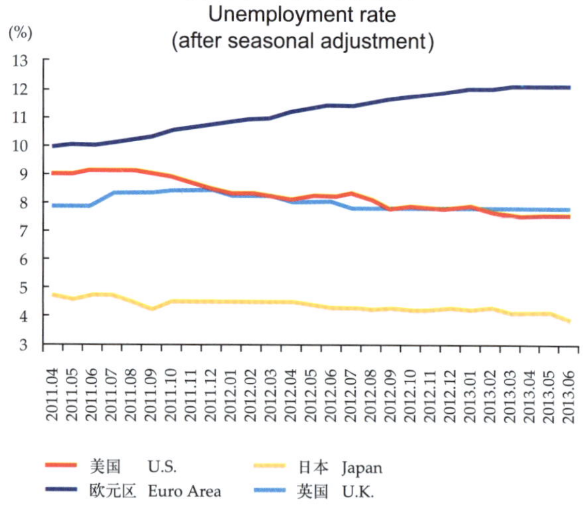

数据来源：各经济体官方统计网站。
Source: Official Statistical Websites of the Economies.

四、国际收支①
4. BOP [1]

经常项目差额
Current account balance

单位：10亿美元
Unit: USD billion

年/季 Year/Quarter	美国 U.S.	日本 Japan	欧元区 Euro Area	英国 U.K.
2008Q2	-178.62	37.31	-55.98	-13.33
2008Q3	-194.84	39.60	-51.36	-15.07
2008Q4	-152.17	19.07	-32.55	-11.29
2009Q1	-78.00	27.88	-34.73	-7.08
2009Q2	-90.05	34.42	-17.21	-16.78
2009Q3	-110.96	45.10	14.11	-9.73
2009Q4	-102.62	39.62	23.63	-3.46
2010Q1	-91.10	57.54	-18.43	-16.98
2010Q2	-118.56	41.52	-10.53	-15.28
2010Q3	-135.10	58.51	9.98	-22.99
2010Q4	-104.72	46.36	22.32	-19.98
2011Q1	-95.36	48.45	-22.40	-7.70
2011Q2	-124.15	18.81	-14.91	-1.50
2011Q3	-123.58	39.84	8.07	-18.05
2011Q4	-114.64	11.96	48.38	-5.51
2012Q1	-100.43	25.92	-3.72	-17.68
2012Q2	-118.34	14.19	23.52	-26.89
2012Q3	-122.48	20.62	51.09	-28.90
2012Q4	-99.18	0.13	85.73	-20.08
2013Q1	-83.22	13.75	42.94	-24.39

资本项目差额
Capital account balance

单位：10亿美元
Unit: USD billion

年/季 Year/Quarter	美国 U.S.	日本 Japan	欧元区 Euro Area	英国 U.K.
2008Q2	-0.02	-0.72	2.68	1.93
2008Q3	6.04	-1.10	2.20	1.12
2008Q4	-0.01	-2.11	2.73	1.17
2009Q1	-0.02	-1.04	3.24	1.05
2009Q2	-0.03	-0.76	3.40	1.43
2009Q3	-0.04	-1.98	2.21	1.25
2009Q4	-0.06	-1.21	1.90	1.41
2010Q1	0.00	-1.34	3.34	1.74
2010Q2	0.00	-0.75	1.56	1.28
2010Q3	-0.15	-1.91	1.55	1.12
2010Q4	-0.01	-0.96	0.55	1.60
2011Q1	-0.03	-2.04	3.26	0.91
2011Q2	-0.83	-0.06	1.26	1.49
2011Q3	-0.30	-0.10	2.60	1.62
2011Q4	-0.06	2.69	8.19	1.16
2012Q1	0.00	0.76	4.20	1.46
2012Q2	-0.24	0.28	1.84	1.53
2012Q3	-0.47	-1.51	5.03	1.58
2012Q4	7.67	-0.54	8.29	1.41
2013Q1	—	-2.49	2.22	0.94

经常项目差额
Current account balance

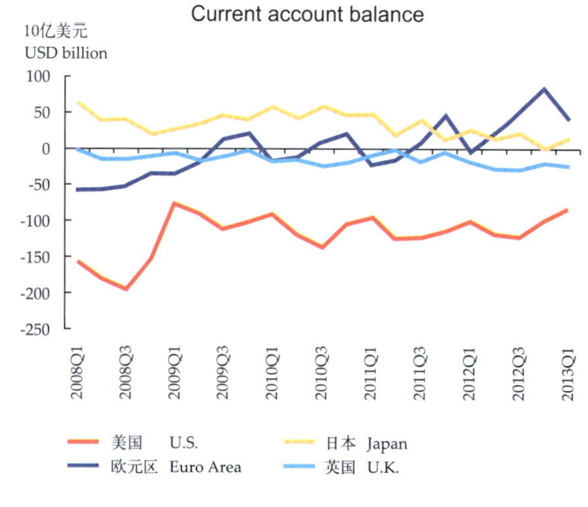

数据来源：国际货币基金组织《国际金融统计》(2013年9月)。
Source: *International Finance Statistics*, IMF, September, 2013.

资本项目差额
Capital account balance

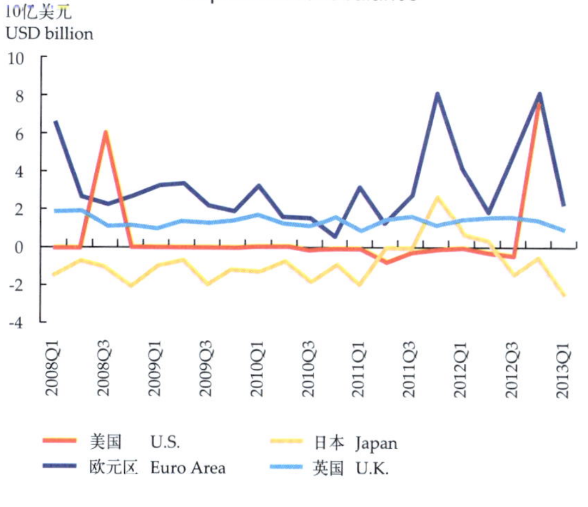

数据来源：国际货币基金组织《国际金融统计》(2013年9月)。
Source: *International Finance Statistics*, IMF, September, 2013.

---

①国际货币基金组织《国际金融统计》自2012年8月起，将国际收支统计规则由BPM5调整至BPM6。数据从2005年起调整。根据BMP6，金融账户由"贷方和借方"改为"金融资产净获得和负债净产生"，金融账户的总差额为净贷款/净借款。净贷款表示，考虑了金融资产的取得和处置以及负债的发生和偿还后，一个经济体向世界其他地方提供资金。

1. The IMF's International Financial Statistics (IFS) is publishing balance of payments data on BPM6 presentational basis instead of BPM5 since the August 2012.The data series stars in 2005. In BPM6, the headings of the financial account have been changed from "credit and debits" to "net acquisition of financial assets" and "net incurrence of liabilities". The overall balance on the financial account is called net lending/net borrowing. Net lending means the economy supplies funds to the rest of the world, taking into account acquisition and disposal of financial assets and incurrence and repayment of liabilities.

金融项目差额
Financial account balance

单位：10亿美元
Unit: USD billion

年/季 Year/Quarter	美国 U.S.	日本 Japan	欧元区 Euro Area	英国 U.K.
2008Q2	-154.02	37.24	-52.59	-9.92
2008Q3	-172.34	28.34	-53.23	-16.74
2008Q4	-215.10	40.88	-36.59	-25.59
2009Q1	-7.27	63.40	-45.42	6.83
2009Q2	-15.84	20.55	-16.12	-30.80
2009Q3	-81.20	28.18	-40.41	-44.43
2009Q4	-178.88	18.02	24.25	-2.72
2010Q1	-72.59	61.60	-17.80	-13.78
2010Q2	-24.26	16.74	-6.32	-3.70
2010Q3	-230.58	40.75	8.38	-21.76
2010Q4	-112.44	11.38	0.56	-34.42
2011Q1	-203.55	39.64	5.11	0.29
2011Q2	-139.16	-11.01	-3.06	-13.95
2011Q3	-167.97	-6.00	30.38	-0.78
2011Q4	-56.91	-105.09	59.67	-5.71
2012Q1	-257.96	36.28	1.04	5.38
2012Q2	-13.01	37.92	22.13	-38.75
2012Q3	-23.72	28.90	54.89	-12.43
2012Q4	-149.13	-4.44	113.09	-42.67
2013Q1	-72.94	-4.35	56.51	-18.20

金融项目差额
Financial account balance

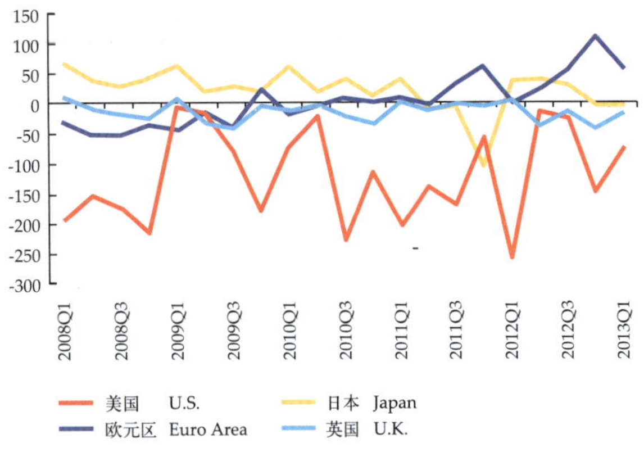

数据来源：国际货币基金组织《国际金融统计》(2013年9月)。
Source: *International Finance Statistics*, IMF,September, 2013.

五、利率

5. Interest Rates

1.中央银行目标利率

(1) Central bank base rates

中央银行目标利率
Central bank base rates

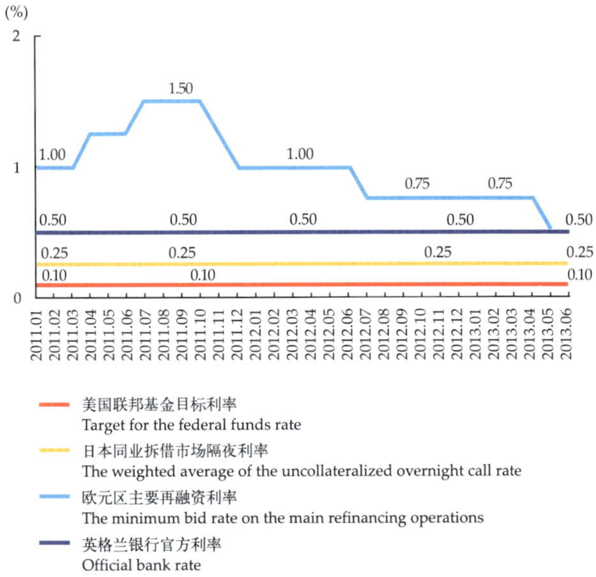

数据来源：各经济体中央银行网站。
Source: Central Bank Websites of the Economies.

2.短期利率
(2) Short-term interest rates

3个月期银行间市场拆借利率（年率，月平均）
3-month inter-bank rate (annualized, monthly average)

单位：% Unit: %

年/月 Year/Month	美元 USD	日元 JPY	欧元 EUR	英镑 GBP
2012.04	0.47	0.20	0.74	1.06
2012.05	0.47	0.20	0.68	1.01
2012.06	0.47	0.20	0.66	0.97
2012.07	0.45	0.20	0.50	0.86
2012.08	0.43	0.19	0.33	0.70
2012.09	0.39	0.19	0.25	0.64
2012.10	0.33	0.19	0.21	0.54
2012.11	0.31	0.19	0.19	0.50
2012.12	0.31	0.18	0.19	0.50
2013.01	0.30	0.17	0.20	0.49
2013.02	0.29	0.16	0.22	0.49
2013.03	0.28	0.16	0.21	0.49
2013.04	0.28	0.16	0.21	0.49
2013.05	0.27	0.16	0.20	0.49
2013.06	0.27	0.15	0.21	0.49

3个月期银行间市场拆借利率（年率，月平均）
3-month inter-bank rate
(annualized, monthly average)

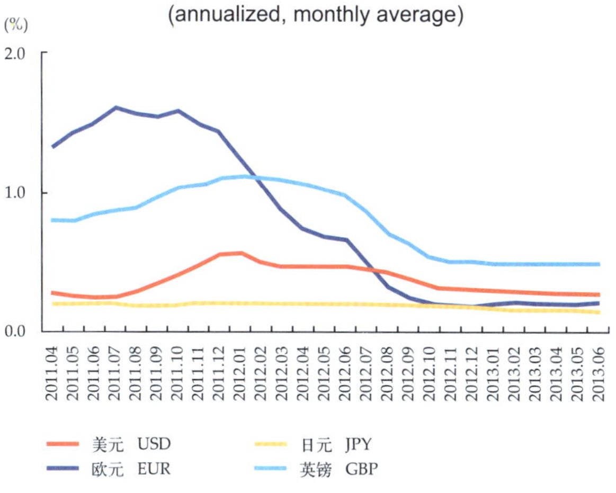

数据来源：《欧洲中央银行统计月报》及CEIC。
Source: *Monthly Bulletin of ECB*, CEIC.

3.长期利率
(3) Long-term interest rates

10年期国债收益率（年率，月平均）
10-year government bond yield
(annualized, monthly average)

单位：% Unit: %

年/月 Year/Month	美元 USD	日元 JPY	欧元 EUR	英镑 GBP
2012.04	2.05	1.01	3.39	2.25
2012.05	1.80	0.86	3.53	1.99
2012.06	1.62	0.86	3.41	1.82
2012.07	1.53	0.84	3.25	1.69
2012.08	1.68	0.77	3.01	1.72
2012.09	1.72	0.81	2.43	1.76
2012.10	1.75	0.77	2.31	1.81
2012.11	1.65	0.78	2.25	1.82
2012.12	1.72	0.73	2.10	1.89
2013.01	1.91	0.82	2.40	2.13
2013.02	1.98	0.80	2.86	2.24
2013.03	1.96	0.64	3.03	2.04
2013.04	1.76	0.55	2.86	1.83
2013.05	1.93	0.60	2.69	2.01
2013.06	2.30	0.86	3.07	2.38

10年期国债收益率（年率，月平均）
10-year government bond yield
(annualized, monthly average)

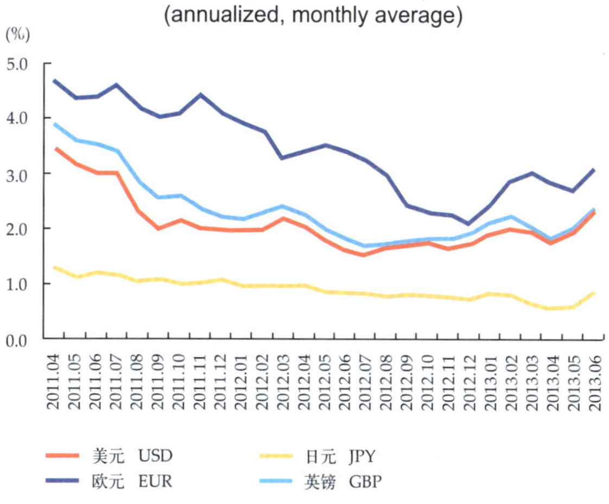

数据来源：CEIC。
Source: CEIC.

六、汇率
6. Exchange Rates

汇率（月平均）
Exchange rates (monthly average)

年/月 Year/Month	美元/欧元 USD/EUR	美元/英镑 USD/GBP	日元/美元 JPY/USD
2012.04	1.3162	1.6000	81.49
2012.05	1.2789	1.5920	79.72
2012.06	1.2526	1.5564	79.32
2012.07	1.2284	1.5589	78.98
2012.08	1.2400	1.5713	78.67
2012.09	1.2857	1.6119	78.17
2012.10	1.2974	1.6083	78.97
2012.11	1.2828	1.5966	80.79
2012.12	1.3194	1.6144	83.58
2013.01	1.3288	1.5967	89.16
2013.02	1.3359	1.5482	93.17
2013.03	1.2964	1.5074	94.79
2013.04	1.3026	1.5296	97.70
2013.05	1.2982	1.5307	101.08
2013.06	1.3189	1.5503	97.33

实际有效汇率（月平均，2005年=100）
Real effective exchange rates
(monthly average, year 2005=100)

年/月 Year/Month	美元 USD	欧元 EUR	日元 JPY	英镑 GBP
2012.03	88.8	92.9	100.4	87.3
2012.04	89.1	93.0	101.5	88.7
2012.05	90.3	91.4	104.3	90.0
2012.06	91.6	90.7	105.4	89.3
2012.07	90.9	88.6	105.5	90.7
2012.08	90.1	88.5	104.5	90.5
2012.09	89.0	90.8	104.1	90.6
2012.10	88.9	91.4	102.6	90.4
2012.11	89.4	90.7	100.1	90.6
2012.12	88.7	92.7	96.2	90.2
2013.01	89.0	93.5	89.9	89.1
2013.02	90.0	94.5	85.8	86.3
2013.03	90.9	93.1	85.1	86.1
2013.04	90.4	93.3	82.4	87.3
2013.05	90.8	93.4	79.7	87.8
2013.06	91.3	95.1	82.8	88.0

汇率(月平均)
Exchange rates (monthly average)

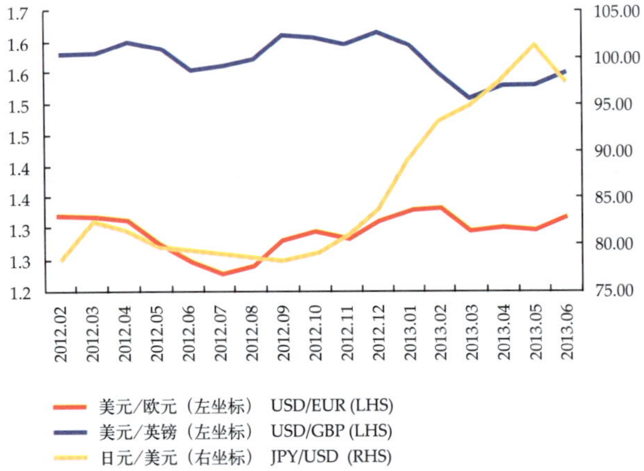

数据来源：国际货币基金组织《国际金融统计》(2013年9月)。
Source: *International Finance Statistics*, IMF, September, 2013.

实际有效汇率(月平均，2005年=100)
Real effective exchange rates
(monthly average, year 2005=100)

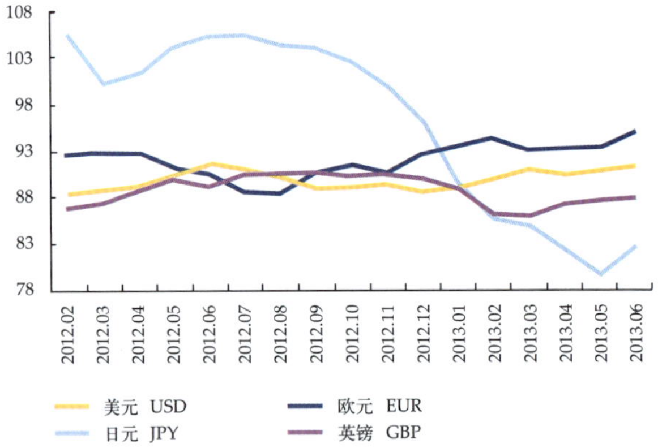

数据来源：国际货币基金组织《国际金融统计》(2013年9月)。
Source: *International Finance Statistics*, IMF, September, 2013.

七、股票市场指数
7. Stock Market Indices

主要股票市场指数（期末）

Major stock market indices (end-period)

年/月 Year/Month	美国道琼斯30种股票平均价格指数 Dow Jones 30	纳斯达克综合指数 NASDAQ	日本日经225种股票平均价格指数 Nikkei 225	道琼斯欧元区STOXX50股票指数 Dow Jones EURO STOXX 50
2012.04	13 214	3 046	9 521	2 306
2012.05	12 393	2 827	8 543	2 119
2012.06	12 880	2 935	9 007	2 265
2012.07	13 009	2 940	8 695	2 326
2012.08	13 091	3 067	8 840	2 441
2012.09	13 437	3 116	8 870	2 454
2012.10	13 096	2 977	8 928	2 504
2012.11	13 026	3 010	9 446	2 575
2012.12	13 104	3 020	10 395	2 636
2013.01	13 861	3 142	11 139	2 703
2013.02	14 054	3 160	11 559	2 634
2013.03	14 579	3 268	12 398	2 624
2013.04	14 840	3 329	13 861	2 712
2013.05	15 116	3 456	13 775	2 770
2013.06	14 910	3 403	13 677	2 603

主要股票市场指数（期末）

Major stock market indices (end-period)

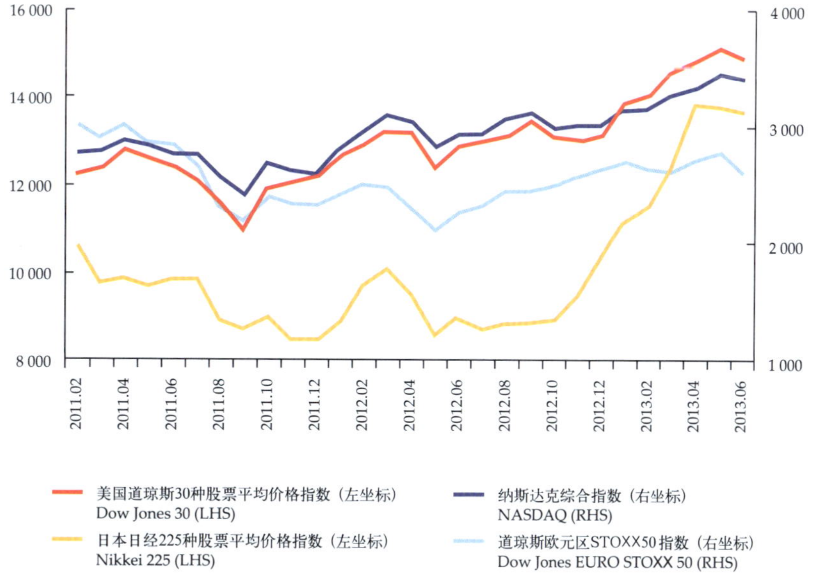